Niveau débutant

Exercices

grammaire expliquée du français

Roxane Boulet
Anne Vergne-Sirieys
Sylvie Poisson-Quinton
Célyne Huet-Ogle

CLE

INTERNATIONAL

www.cle-inter.com

D1262462

AVANT-PROPOS

Ce cahier d'exercices s'adresse aux adultes et grands adolescents débutants et faux-débutants.

Les exercices proposés ont été conçus comme l'application des notions abordées dans la *Grammaire expliquée du français*, niveau débutant. On les retrouve donc regroupés selon les mêmes catégories :

LE GROUPE DU NOM
LE VERBE
LES MOTS INVARIABLES
LES DIFFÉRENTS TYPES DE PHRASES
COMMENT EXPRIMER... (une dernière partie notionnelle)

Cette organisation permet de se reporter facilement à la *Grammaire expliquée du français* ; le manuel peut néanmoins être utilisé indépendamment de la grammaire.

Les chapitres de chaque partie sont organisés selon une progression permettant de mettre en évidence les différents aspects relevant d'une même notion grammaticale tout en proposant des difficultés croissantes. Des exercices bilans jalonnent le manuel : ce sont des « lieux de rencontre » où les notions grammaticales travaillées indépendamment se retrouvent ; l'apprenant prend ainsi conscience des liens sous-jacents entre les différents outils grammaticaux dans l'utilisation de la langue.

L'apprenant peut aborder les chapitres dans l'ordre qui lui convient, exactement comme il se servirait d'une grammaire : il n'y a pas véritablement de progression dans la difficulté au fil du manuel.

Si ces exercices, élaborés suivant l'organisation de la *Grammaire expliquée du français*, permettent à l'apprenant de comprendre le fonctionnement de la langue, ils devraient lui donner l'occasion d'apprécier le rôle de la grammaire dans la communication : en nous référant à un lexique de niveau débutant (environ 1 300 mots), nous avons choisi d'utiliser un français écrit et oral, reflet de l'usage courant de la langue. À ce titre, nous avons cherché à contextualiser les exercices, à en varier les types, à toucher les différents domaines de la vie quotidienne ; et lorsque certains mots du français quotidien ou certaines expressions idiomatiques ne relevant pas d'un lexique de débutant apparaissent dans les textes, nous en précisons le sens.

Édition : Marie-Christine Couet-Lannes
Illustrations : Stevan Roudaut
Couverture : Laurence Durandau

© CLE International-2003
ISBN : 2-09-033708-7

SOMMAIRE

LE GROUPE DU NOM

Les articles définis et indéfinis
(le, la, les, un, une, des)

1. Complétez avec l'article défini qui convient (le, la, l').

la maison	.... homme	.... pluie
.... voiture	.... table	.... train
.... chien	.... matin	.... couleur
.... rue	.... voisin	.... soleil
.... exemple	.... bras	.... histoire
.... soirée	.... autoroute	.... société
.... âge	.... prénom	.... île
.... neige	.... salle	.... jour

2. Complétez avec l'article indéfini qui convient (un, une).

1. Tu veux **un** café ?
2. Elle a .... sœur.
3. Max achète .... livre.
4. C'est .... nouvelle robe ?
5. Tu apprends .... langue rare.
6. Il manque .... lettre.
7. Ils cherchent .... camping.
8. Brice a ouvert .... discothèque.
9. J'écoute .... concert.
10. C'est .... bonne idée.
11. Tom mange .... pomme.
12. Je bois .... verre de lait.
13. Il me donne .... conseil.
14. C'est .... écrivain.
15. Nous avons passé .... examen.
16. On a gagné .... voyage.

3. Féminin / Masculin ? À vous de décider.

amie	journalisme	émission	une, la, l' ....
journal	couleur	âge	....
année	télévision	journée	....
beauté	voiture	main	....
confiture	carnaval	pain	un, le, l' ....
industrie	directrice	entrée	....
invitation	cambriolage	changement	....
bâtiment	ambulance	société	....

4. Donnez le singulier ou le pluriel des mots suivants.

Ex. : *un train* → ***des trains***
       la route → ***les routes***

1. le ballon   → ....
2. une veste   → ....
3. .... → les chaussettes
4. .... → des docteurs
5. l'accident   → ....
6. .... → les villes
7. un enfant   → ....
8. .... → des affiches

5. Transformez l'article défini en indéfini ou l'inverse.

Ex. : *un jardin* → ***le jardin***
       les amies → ***des amies***

1. le fruit → ....   9. une cravate → ....
2. une vie → ....   10. les étages → ....
3. des chambres → ....   11. un cinéma → ....
4. le fils → ....   12. des restaurants → ....
5. les glaces → ....   13. l'école → ....
6. l'hôtel → ....   14. un cocktail → ....
7. des serveurs → ....   15. le sourire → ....
8. la fleur → ....   16. l'histoire → ....

6. Complétez le texte suivant avec des articles définis et indéfinis.

L'histoire se passe dans .... forêt. Dans .... forêt, il y a ....
château. Dans .... château, il y a .... groupe de quatre personnes.
.... groupe se compose de trois filles et d' .... garçon. ....
garçon s'appelle Octave. Il a .... chien. .... chien est noir comme
.... nuit. .... trois filles et .... garçon sont en vacances.
.... château est isolé. Tout à coup, ... homme caché sous
.... grand chapeau entre dans .... château.

7. Reliez.

1. Qui est-ce ? ————————————   a. Pour Noël.
2. Où est Léo ?   b. Un cadeau !
3. C'est une fille ou un garçon ?   c. Il est sur la table.
4. Qu'est-ce que tu aimes faire ?   d. Non, c'est le propriétaire.
5. Où est le livre de grammaire ?   e. Sur la plage.
6. C'est un locataire ?   f. C'est la police !
7. Qu'est-ce que c'est ?   g. Un beau garçon de trois kilos !
8. Quand est-ce que j'aurai un vélo ?   h. De la danse africaine.

8. Quels sont leurs goûts ?

1. Fanny aime la **glace au chocolat**
mais déteste la ....

2. Jean aime le ....
mais déteste le ....

3. Marius aime l' ....
mais déteste l' ....

4. Mina aime les ....
mais déteste les ....

9. Article défini ou indéfini ?

1. **Le** soleil est très fort ; j'ai besoin d' .... chapeau.

2. – Tu veux .... bière ?

– Non merci, ... bière me rend malade.

3. .... famille de Félix vit dans .... quartier riche.

4. – Tu aimes .... mathématiques et .... sciences ?

– Non, je préfère .... français et .... histoire.

5. – C'est .... bibliothèque ?

– Oui, c'est .... plus grande bibliothèque de Paris.

6. – Tu veux .... orange, ... banane ou .... pomme ?

_ .... orange, s'il te plaît.

7. – Vous désirez .... cigarette ?

– Non merci, après .... repas, j'aime bien .... bon cigare.

8. C'est .... soldes ! Je vais acheter .... pantalon, ...
pull et .... chaussures.

10. Lisez ce texte...

Joyeux anniversaire

Demain, c'est l'anniversaire de Lola. Ses parents organisent une fête dans un restaurant. Tous ses amis sont invités : Béa a acheté une chemise, Bob va offrir un livre, Tina et Théo, la sœur et le frère de Lola, vont offrir le dernier CD de Noir Désir. Les parents de Lola ont acheté un animal. Mais c'est une surprise ; personne ne sait si c'est un chat ou un chien. Il va manquer une seule personne : la meilleure amie de Lola, Chloé, a la grippe et doit rester au lit.

... et répondez aux questions suivantes :

1. Où se passe l'anniversaire de Lola ? ....
2. Qui est invité ? ....
3. Qu'est-ce que Bob a acheté à Lola ? ....
4. Qu'est-ce que Béa va offrir à Lola ? ....
5. Qui sont Tina et Théo ? ....
6. Quel est le cadeau des parents de Lola ? ....
7. Quel est le cadeau de Tina et Théo ? ....
8. Qui est Chloé ? ....

11. Complétez ces phrases.

Ex. : *La Chine est en Asie.*

1. .... Algérie et .... Zaïre font partie du continent africain.
2. .... Cambodge et .... Chine appartiennent au continent asiatique.
3. .... Pays-Bas et .... Allemagne font partie de l'Europe.
4. .... Brésil et .... Mexique appartiennent au continent américain.
5. .... Maroc et .... Tunisie sont au nord de l'Afrique.
6. .... Inde est au sud de l'Asie.
7. .... Canada est au nord de l'Amérique.
8. .... Écosse, ... Angleterre et .... Irlande sont à l'ouest de l'Europe.

Les articles partitifs
(du, de la, de l', des)

1. Complétez ces phrases avec un article partitif *(du, de la, de l', des)*.

➜ (Voir aussi le chapitre « L'idée de quantité »)

Vous voulez **du** café ? .... tarte aux pommes ?

.... gâteaux ? .... croissants ?

.... bière ? .... argent ?

.... jus d'orange ? .... thé ?

.... eau ? .... charcuterie ?

.... jambon ? .... champagne ?

.... confiture ? .... chocolat ?

.... glace ? .... crème ?

2. Complétez le dialogue suivant avec des articles partitifs.

➜ (Voir aussi le chapitre « L'idée de la quantité »)

Le serveur : Bonjour madame ! Vous avez choisi ?

La cliente : Oui, merci. Je vais prendre **des** œufs mayonnaise.

Le serveur : Avec .... salade ?

La cliente : Non, seulement .... œufs. Ensuite, je désirerais .... poisson.

Le serveur : Avec .... pommes de terre ou .... légumes ?

La cliente : Avec .... riz, s'il vous plaît. Je prendrai aussi .... fromage.

Le serveur : .... camembert, ... emmenthal ou ....
roquefort ?

La cliente : .... emmenthal et pour finir .... fraises.

Le serveur : Vous désirez .... vin ?

La cliente : Non, ... eau minérale, merci.

3. Faites des phrases.

➜ (Voir aussi le chapitre « L'idée de la quantité »)

1. Sam mange des   a. thé.
2. Il voudrait de l'   b. chance !
3. Elvire cherche du   c. argent.
4. Elle boit du   d. salade.
5. Gédéon achète des   e. huîtres.
6. Suzie prépare de la   f. eau.
7. Tu as de la   g. bouteilles de lait.
8. Nous préférons boire de l'   h. travail.

4. Entourez la (ou les) proposition(s) correcte(s).

➔ (Voir aussi le chapitre « L'idée de quantité »)

1. Les enfants mangent des : (glaces) / fruit / (gâteaux) / bouteilles
2. La secrétaire boit du : bière / lait / jus d'orange / café
3. Nous achetons de la : pluie / farine / confitures / chance
4. Ils demandent toujours de l' : eau / heure / oranges / argent
5. Dans la vie, il faut de la : affection / patience / courage / chance
6. En Bretagne, il y a du : vent / pluie / cidre / bon air
7. Les clients commandent des : crêpes / gâteaux / fruits /sandwichs
8. Peux-tu couper du : bois / pain / tarte / gâteaux

5. Défini ou partitif ? Complétez avec *le, la, l', les, du, de la, des, de l'*.

1. – Est-ce que tu aimes **le** soleil ?

– Oh oui ! Quand il y a .... soleil, je me sens en pleine forme !

2. – Vous désirez .... plat du jour ?

– Non, je vais juste prendre .... salade et .... eau.

3. – Au petit déjeuner, tu préfères .... thé ou .... café ?

– Je prends .... café, ... jus d'orange et .... tartines beurrées avec .... confiture.

4. – Plus tard, j'aimerais avoir .... enfants, ... travail et .... argent. Et toi ?

– Pour moi, ce qui compte c'est .... santé.

5. .... temps est terrible aujourd'hui : il y a .... vent et .... pluie. En plus, ... vent est violent et .... pluie est glacée.

6. Pour faire .... gâteau préféré de Tim, Lou doit acheter .... farine, ... œufs et .... sucre.

7. – Vous voulez .... addition ?

– Oui, mais avant je vais reprendre .... café. Vous avez .... heure, s'il vous plaît ?

8. – Tu aimes .... musique ?

– Oui, j'adore .... rock, ... musique classique et .... opéra.

6. Vous faites des courses. Dites à chaque commerçant ce que vous voulez. (Utilisez *de la, du, une, un et des*.)

➔ (Voir aussi le chapitre « L'idée de quantité »)

Ex. : *À la boulangerie (baguette, tartes aux fraises)*
    Bonjour, je voudrais une baguette et des tartes aux fraises.

1. À la boucherie-charcuterie (pâté, petit saucisson, jambon, steaks)

....

....

2. À l'épicerie (pâtes, vin, bière, fromage, café, boîte de thon, chocolat, litre de lait, moutarde)

....

....

3. Chez le marchand de fruits et légumes (tomates, avocats, raisin, carottes)

....

....

4. À la papeterie (stylos, cahier, crayons, paire de ciseaux)

....

....

7. Trouvez le bon article... et le bon ingrédient !

→ (Voir aussi le chapitre « L'idée de la quantité »)

Ex. : *Pour faire **un** gâteau, il faut **du** sucre.*

1. Pour faire .... omelette, il faut ....

2. Pour faire .... salade de tomates, il faut ....

3. Pour faire .... poires au chocolat, il faut .... et ....

4. Pour faire .... bouquet, il faut ....

5. Pour faire .... confiture, il faut .... et ....

8. Indiquez si *du* est un article défini contracté (*de + le*) ou un article partitif (*du*).

1. Tu veux encore *du* chocolat ? **article partitif**

2. L'employé *du* magasin est très poli. → ....

3. La barbe *du* directeur est trop longue. → ....

4. Je préfère boire *du* vin blanc avec le poisson. → ....

Indiquez si *des* est un article indéfini pluriel (*un, une, des*) ou un article défini contracté (*de + les*).

5. *Des* champignons poussent dans les bois. → ....

6. Nous bavardons avec les enfants *des* voisins. → ....

7. L'agriculteur plante *des* carottes dans le champ. → ....

8. Les horaires *des* trains sont affichés dans la gare. → ....

Les articles contractés
(du, de la, de l', des, au, à la, à l', aux)

1. Complétez avec *au, à la* ou *aux*.

Ex. : *Loïc parle **aux** enfants des Bergaux.*

1. Tu as rendu la clé .... voisin ?

2. Ce soir, Marc va .... opéra pour la première fois.

3. Je vais .... boulangerie, et toi, tu vas .... bureau de poste.

4. Il fait beau ; on va .... plage maintenant ?

5. J'ai envie de manger .... restaurant ce soir, pas toi ?

6. Nous pensons souvent .... vacances de l'année prochaine.

7. Vous téléphonerez .... voisines ?

8. Tu ne fais pas attention .... histoire que je raconte !

2. Qui est le coupable ? Complétez comme dans l'exemple.

1. Je pense que **c'est l'homme à la casquette.**

2. Non, moi je crois plutôt que c'est la femme ....

3. À mon avis, c'est le jeune homme ....

4. Je suis sûr que c'est l'homme ....

5. Peut-être que c'est la jeune fille ....

3. Complétez avec *du, de l', de la* ou *des*.

Ex. : *Tu reviens **du** marché ?*

1. Carlos joue .... violon depuis dix ans.

2. Le présentateur parle .... émission d'hier.

3. Philippe fait toujours .... foot ; et toi, tu fais encore .... danse ?

4. Si tu as peur .... avion, prends le train !

5. Je m'occupe .... courses et toi, tu t'occupes .... repas, d'accord ?

6. Le matin, Kevin et Sandra partent .... maison à sept heures et demie.

7. Annie a horreur .... ascenseurs, elle préfère les escaliers.

8. Je vous remercie .... renseignement !

4. Complétez en utilisant *du, de la, de l', des* ou *de*.

1. Il a parlé cinq minutes avec l'homme **du** restaurant.

2. Tiens, voilà le chien .... Mme Piraud.

3. Non, ce n'est pas le fils .... boulanger, c'est le fils .... Claude.

4. Le jeune homme .... aéroport parle avec la vendeuse.

5. Le fils .... voisins revient ; ils sont très contents.

6. La poste est juste à côté .... boulangerie.

7. La librairie est en face .... bureau de tabac.

5. Reliez A et B.

A	B
1. Elle a horreur du	a. toilettes.
2. La secrétaire répond aux	b. directeur.
3. Ils viennent du	c. clients.
4. Nous parlons au	d. bruit.
5. Il va aux	e. salle de bains.
6. Il parle des	f. bureau de tabac.
7. La boulangerie est en face du	g. Canada.
8. La chambre est à côté de la	h. vacances.

6. Complétez avec l'article contracté qui convient.

1. Tous les matins, je sors à huit heures moins le quart, je vais **au** bureau à pied, il est à cinq minutes .... maison, juste à côté .... gare. Je téléphone .... clients, je réponds .... courrier, je parle .... dossiers en retard .... directeur. Je termine mon travail à dix-sept heures trente ; souvent, je vais faire des courses avant de rentrer .... maison.

2. Je vais .... lycée en bus. À midi, je mange .... cantine avec mes copains ; la cantine est juste en face .... gymnase. Souvent, nous parlons .... professeurs, ... cours, ... emploi .... temps, mais aussi .... vacances !

7. Complétez avec un article contracté (*à la, à l', au, aux, du, de la, de l', des*) ou *de*.

Drôle de rencontre !

Un homme parle avec sa femme.

– Je vais .... bureau ce matin, et tu sais qui je vois ? L'homme .... imperméable vert et .... casquette rose !

– L'homme .... aéroport ?

– Oui, lui-même !

– Ça alors !

– Il s'appelle Pierre, Pierre Véranges. En ce moment, il habite chez sa tante, à côté .... boulangerie, tu sais, la boulangerie .... boulevard Magenta. Mais il cherche un appartement près .... centre-ville.

– Et qu'est-ce qu'il fait comme travail ?

– Architecte, comme moi ! Son bureau est .... deuxième étage, juste au-dessus .... mon bureau ! Il est très sympathique ; il fait .... tennis, comme moi !

– Mais tu sais tout !

• Avec les noms de pays : *au(x), du, d', des*

8. Faites des phrases.

		Canada
	AU	France
Natacha travaille	**EN**	Philippines
	AUX	Portugal
	DES	Espagne
Sa famille arrive	**DU**	Belgique
	DE	Zaïre
	D'	États-Unis

1. **Natacha travaille au Canada.**

2. ....

3. ....

4. ....

5. ....

6. ....

7. ....

8. ....

9. Répondez aux questions suivantes.

Ex. : – *D'où viens-tu ?* (Irlande)

      – ***Je viens d'Irlande.***

1. Où est ton cousin ? *(Thaïlande)* ....

2. Où voulez-vous aller ? *(États-Unis)* ....

3. Où sont les Duchemin ? *(Écosse)* ....

4. D'où vient ton cousin ? *(Mexique)* ....

5. Où habite Karl ? *(Suisse)* ....

6. D'où est ta famille ? *(Corée)* ....

7. D'où arrives-tu ? *(Mozambique)* ....

8. Où vit Kader ? *(Maroc)* ....

Les adjectifs démonstratifs
(ce, cet, cette, ces)

1. Complétez avec *ce, cet, cette* ou *ces*.

Ex. : *J'ai bien compris **cet** exercice.*

1. Où va .... train ? à Marseille ?

2. .... été, nous partons à la montagne.

3. J'ai visité Naples plusieurs fois ; j'adore .... ville.

4. .... gants-là sont très chers !

5. Il a neigé deux fois .... semaine.

6. Occupe-toi de ton chat ; j'en ai assez de .... animal !

7. Je n'aime pas beaucoup .... pantalon-là.

8. Qu'est-ce que vous faites .... hiver ?

2. Complétez avec un article défini ou un adjectif démonstratif.

D'habitude, l'été, nous louons un appartement au bord de .... mer, en Breta-gne. Mais, ... été, nous sommes allés dans .... maison de mes cou-sins, à .... campagne. Elle n'est pas très grande, mais il y a tout .... confort : .... eau, ... électricité, ... gaz, même .... télé ! Nous avons fait beaucoup de promenades, ... paysage est magnifique. Nous avons adoré .... endroit ! Nous y retournons .... été prochain !

3. Complétez avec un article défini *(le, la, l', les)* ou un adjectif démonstratif *(ce, cette, cet, ces)*.

1. Voulez-vous encore un peu de **ce** gâteau ?

2. Souvent, ... soir, ils vont au cinéma ; mais .... soir, ils sont invités chez des amis.

3. C'est .... huitième fois qu'il passe son permis de conduire ; alors j'espère que .... fois, il va l'avoir !

4. – Tu Trouves que .... robe me va bien ?

– Très bien ! Et puis .... rouge est une couleur qui me plaît.

5. – J'ai mangé avec Philippe à .... cantine.

– Je ne connais pas .... garçon ; c'est un nouveau copain ?

6. – Regarde .... homme-là !

– Lequel ? .... brun ou .... blond ?

7. .... été, ils sont allés près de Biarritz et .... été prochain, ils iront dans la région d'Avignon.

Les adjectifs possessifs

1. Mettez une croix dans la colonne A ou dans la colonne B.

	A	B
	Le ou les objet(s) sont à une seule personne ☺	*Le ou les objet(s) sont à plusieurs personnes* ☺ ☺ ☺ ☺
1. Les enfants n'ont pas pris **leurs** livres.	....	X
2. Oh ! ils ont oublié **leur** valise !	....	....
3. Mesdames, messieurs, avez-vous **vos** tickets ?	....	....
4. Voici **votre** manteau, monsieur.	....	....
5. Tu as rangé **tes** chaussures ?	....	....
6. Il a pris **son** parapluie et **son** imperméable.	....	....
7. **Notre** voiture est noire.	....	....
8. Sophie et Thomas, où est **votre** voiture ?	....	....

2. Récrivez chaque paragraphe en remplaçant les adjectif possessifs par ceux qui conviennent.

1. Quand je voyage, je n'ai pas besoin d'aller à l'hôtel : **mon** fils et **ma** belle-fille habitent à Marseille, **ma** fille vit seule dans un grand appartement à Lille, **mes** amis sont à Nantes et **mes** cousins habitent à Strasbourg !

→ Quand **nous voyageons**, **nous n'avons pas besoin** d'aller à l'hôtel : **notre** fils et....

....

....

....

2. Marc, avant de partir, laisse-moi **ta** nouvelle adresse, **ton** numéro de téléphone et **ton** e-mail ; et n'oublie pas **tes** clés sur la cheminée.

→ Sophie et Marc, avant de partir, **laissez-moi** ....

.... et n'**oubliez** pas ....

....

3. Je ne vais plus chez Courduc : **son** magasin est trop sombre, **ses** fruits ne sont jamais mûrs et **ses** légumes sont trop chers !

→ Je ne vais plus chez **les Courduc** : ....

....

4. Elle adore les grandes marques : **son** parfum, c'est Dior, **ses** chaussures, c'est Jourdan, **ses** vêtements, c'est Chanel et **son** sac, c'est Vuitton !

→ Elles adorent les grandes marques : ....

....

3. Complétez avec l'adjectif possessif qui convient.

1. J'ai pris **ma** montre et .... papiers, mais j'ai oublié .... agenda.

2. J'aime bien cette présentatrice, ... voix est agréable, ... émission me plaît et je trouve que .... invités sont intéressants.

3. En ce moment, mes voisins ont des problèmes : la semaine dernière, ils ont perdu .... clés ; avant-hier, ... fille s'est cassé la jambe ; et aujourd'hui, ... chien est mort !

4. – Monsieur, ... papiers s'il vous plaît !

– Pourquoi ? Qu'est-ce que j'ai fait ?

– Vous n'avez pas mis .... ceinture !

– Tenez, voilà .... permis de conduire.

5. – Tu peux me rendre .... disques demain ?

– .... disques ? Quels disques ? Tu ne m'as jamais prêté de disques !

6. – Victor et Juliette se sont encore disputés ce soir !

– C'est .... problème ; moi, j'en ai assez de* .... histoire !

* En avoir assez de quelqu'un ou de quelque chose : être fatigué par quelqu'un ou quelque chose.

4. Complétez avec un article défini ou un adjectif possessif.

C'est l'heure d'aller au lit.

– Tu as fait **ta** toilette ?

– Oui maman.

– Tu es sûr ? Tu t'es brossé .... dents, tu t'es lavé .... visage et .... mains ?

– C'est fait, maman.

– Alors mets .... pyjama et va dans .... chambre, couche-toi ; je viendrai te dire bonsoir dans cinq minutes.

5. Retrouvez les extraits de quelques chansons d'amour célèbres en France.

1. Tu me fais tourner **la** tête

.... manège à moi, c'est toi.

Je suis toujours à la fête

quand tu me prends dans .... bras.

Edith Piaf, Mon manège à moi.

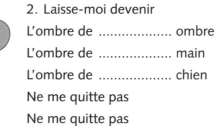

2. Laisse-moi devenir

L'ombre de .... ombre

L'ombre de .... main

L'ombre de .... chien

Ne me quitte pas

Ne me quitte pas

Ne me quitte pas

Jacques Brel, Ne me quitte pas.

3. Il joue avec .... cœur,

Il joue avec .... vie,

Il dit des mots menteurs

Et moi je crois tout ce qu'il dit.

Refrain

.... mec[1] à moi

Il me parle d'aventures

Et quand elles brillent dans .... yeux

Je pourrais y passer la nuit

Patricia Kaas, Mon mec à moi.

1. Un mec = un homme (familier).

4. Mais la nuit

Dans .... rêves,

On m'appelait

.... p'tit Lu[1]

.... colombe,[2]

.... Jésus,

.... loukoum[3]

Ou .... fève[4].

Thomas Fersen, Dugenou.

_____

1. Un p'tit Lu : marque de gâteau.
2. Une colombe : un oiseau.
3. Un loukoum : un bonbon oriental.
4. Une fève : petit objet caché dans un gâteau.

Les adjectifs indéfinis
(autre, même, aucun(e), quelques, plusieurs, tout(e), toutes, tous, chaque)

1. Reliez A et B.

→ (Voir aussi le chapitre « L'expression de la quantité »)

A	B
1. Je n'entends	a. aucun problème.
2. Aucune sortie	b. n'est autorisée.
3. Ce professeur n'accepte	c. aucun bruit.
4. Aucun invité	d. ne joue comme lui.
5. Aucun pianiste	e. aucune faute.
6. Il n'y a	f. n'est arrivé.

2. Choisissez le bon déterminant pour faire une phrase correcte.

→ (Voir aussi les chapitres « L'idée de la quantité » et « La phrase négative »)

	chaque	toute	tout	toutes	tous	
1. Il a fait beau	....	**x**	....	....	....	cette semaine.
2. Je vais au cinéma	....	....	....	....	....	les trois jours.
3. Il dit bonjour à	....	....	....	....	....	le monde.
4. Il vit en Italie	....	....	....	....	....	l'année.
5. Il prend le bus	....	....	....	....	....	jour.
6. Il a fabriqué	....	....	....	....	....	les meubles.
7. Ici, un train passe	....	....	....	....	....	les heures.
8. Il a serré la main à	....	....	....	....	....	personne.

3. Complétez comme dans l'exemple.

→ (Voir aussi les chapitres « L'idée de la quantité » et « La phrase négative »)

Ex. :

Hôpital
visite
animal

Règlement de l'hôpital
• **Aucune visite n'est autorisée après 19 h 30.**
• **Aucun animal n'est accepté dans l'hôpital.**

Hôtel
bruit après 22 h 30
animal

Règlement de l'hôtel
• ....
• ....

<table>
<tr><td>

Un examen
dictionnaire
bavardage

</td><td>

Règlement de l'examen

• ....

• ....

</td></tr>
</table>

4. Complétez avec *quelques* ou *plusieurs*.

➜ (Voir aussi le chapitre « L'idée de la quantité »)

1. Ce n'est pas grave ; **quelques** jours de repos et tout ira bien.

2. Les .... personnes qui étaient ici sont parties.

3. J'ai essayé .... fois, mais je n'y arrive toujours pas.

4. Donnez-moi ces .... livres, s'il vous plaît.

5. Vous avez de la chance, il reste seulement .... places libres.

6. Ça a duré longtemps : il m'a posé .... questions.

7. J'ai déjà .... rendez-vous vendredi ; pouvez-vous venir jeudi ?

8. Je vous en prie, restez encore .... instants.

5. Décrivez les endroits proposés en utilisant des adjectifs indéfinis.

Ex. : Un quai de métro à 7 heures 30.

Tout le monde attend le métro : **quelques** personnes sont assises ; **plusieurs** femmes sont debout. Deux lycéens parlent de leurs cours.

....

....

....

....

....

....

Les adjectifs interrogatifs et exclamatifs
(quel, quelle, quels, quelles)

1. Complétez avec _quel, quelle, quels_ ou _quelles_.

➜ (Voir aussi les chapitres « La phrase interrogative » et « La phrase exclamative »)

1. Mais **quel** temps ! Il n'arrête pas de pleuvoir.

2. .... sont vos couleurs préférées ?

3. .... bonheur de te retrouver en pleine forme !

4. Il se demande .... gants il va acheter.

5. .... sont les disques que tu peux me prêter ?

6. Ils reviennent du cinéma à .... heure ?

7. Ils se téléphonent depuis bientôt une heure ; mais .... bavards !

8. .... chance tu as de partir ce soir !

2. Retrouvez la question en utilisant l'adjectif interrogatif _quel, quelle, quels_ ou _quelles_.

➜ (Voir aussi le chapitre « La phrase interrogative »)

Ex. : – **_Quel est votre nom ?_** (nom)
  – _Bardillan._

Une interview à la radio

1. – .... ? _(prénom)_

– Sophie.

2. – .... ? _(nationalité)_

– Je suis française.

3. – .... ? _(métier)_

– Je suis pianiste.

4. – C'est un métier difficile, non ? Et .... ? _(musiciens préférés)_

– Mozart et Rachmaninov, mais surtout Chopin.

5. – .... ? _(heures de travail)_

– En général, je travaille de neuf heures à quinze heures tous les jours.

6. – .... ? _(projets)_

– Bientôt je vais jouer salle Pleyel.

7. – .... ? _(dates)_

– Les 8, 9 et 10 octobre.

8. – Avant de nous séparer, vous allez jouer un morceau de piano ; .... ?
(morceau de piano)

– Je peux vous jouer un concerto de Chopin si vous voulez.

– Nous vous écoutons avec plaisir.

BILAN 1

Les déterminants du nom

1. Trouvez le bon article.

Une journée qui commence bien

Ce matin, Clara s'est réveillée en retard. D'habitude, elle prend **un** café au lait, ... œufs et du pain, mais aujourd'hui elle a seulement pris .... verre de jus d'orange et .... croissant. Pas de chance, elle a manqué .... bus. En plus, ... pluie tombe. .... jeune homme lui propose son parapluie. .... jeune homme est grand et charmant. Il porte .... long imperméable et .... bottes. Ils se sont arrêtés au kiosque à journaux où .... jeune homme a acheté .... *Parisien*. Il a proposé à Clara de boire .... café, mais elle lui a dit qu'elle n'avait pas .... temps. Avant de la quitter, il a donné à Clara .... rendez-vous pour .... soir suivant. Clara a pensé que .... retards étaient parfois formidables !

2. Complétez ce texte avec des articles définis *(le, la, l', les)*, indéfinis *(un, une, des)*, partitifs *(du, de la, de l', des)* et contractés *(du, de la, de l', des, au, à la, à l', aux)*.

Une journée bien remplie

Aujourd'hui, Isidore va avoir **une** longue journée. .... matin, il doit aller chez .... docteur car il a .... fièvre. Ensuite, il va aller .... bibliothèque pour rapporter .... livres. À midi, il a rendez-vous avec .... collègue .... restaurant. .... après-midi, il doit retirer .... argent .... banque et faire .... courses .... boucherie, ... boulangerie et .... supermarché. Il a besoin d'acheter .... viande, ... pain, ... eau et .... légumes. Dans .... soirée, il ira .... aéroport chercher .... amie, Marina, qui revient de Cuba. .... soir, Isidore et son amie sont invités chez .... parents d'Isidore pour fêter .... retour de Marina. Pas de doute, Isidore sera ensuite content d'aller .... lit.

3. Complétez avec un adjectif possessif *(mon, ma, mes...)*, un adjectif démonstratif *(ce, cet, cette, ces)*, un article défini *(un, une, des)*, ou un article défini *(le, la, les)*.

1. Moi, **mon** sport préféré, c'est .... équitation ; j'adore .... chevaux.

2. – Où étiez-vous .... 7/11/02 ?

– .... jour-là, je suis restée chez moi toute .... journée. Je suis sortie vers cinq heures pour aller acheter .... fleurs.

3. – Vous aimez .... animaux ?

– Oui, beaucoup. Chez moi, j'ai .... poissons rouges, ... chien et .... petite souris.

4. – Madame, que désirez-vous ?

– .... grand café et .... croissants, s'il vous plaît.

5. – C'est .... père sur .... photo-là ?

– Oui, c'est .... père.

– Tu lui ressembles.

6. Méral avait .... grande maison au bord de .... mer ; un jour, elle l'a vendue pour aller vivre dans .... appartement de ses parents à .... montagne.

7. – .... nom, s'il vous plaît ?

– Cobran.

– .... prénom et .... numéro de téléphone ?

– Pourquoi me demandez-vous cela ?

– J'ai besoin de .... renseignements.

8. José et Eva sont allés chez .... docteur .... matin ; .... fils a eu de la fièvre toute .... nuit.

4. Complétez ces phrases avec un article défini, indéfini, partitif, contracté, un adjectif démonstratif, possessif, indéfini ou interrogatif.

1. À qui est .... voiture là-bas ? Il est interdit de se garer devant l'hôpital.

2. Tu devrais arrêter de boire .... whisky. C'est mauvais pour la santé.

3. .... est l'adresse d'Agathe ? J'ai promis de lui écrire.

4. Anselme a des problèmes d'argent. Il est .... chômage depuis deux ans.

5. Elle connaît toutes .... chansons de Jacques Brel par cœur.

6. Je vais me mettre en colère ; les enfants n'ont pas rangé .... jouets.

7. Nous sommes sortis hier soir et nous avons découvert .... très bon restaurant.

8. Blaise est courageux ; il se lève .... les matins à cinq heures trente.

5. Replacez dans le texte les adjectifs indéfinis suivants : *chaque, même, autre, tout, toutes, aucun, quelques.*

Chaque fois, c'est la .... chose ! Tu me dis que tu vas prendre .... jours de vacances ; je ne prends .... rendez-vous, je prépare .... les affaires, je range .... l'appartement. Et le lendemain, tu me dis que ce n'est pas possible, et que nous partirons une .... fois !

Le nom

1. Complétez avec *le, la, l', les,* seulement si c'est nécessaire.

Enfin un immeuble calme !

.... Joséphine Brédoux, ... concierge de notre immeuble, est ravie : .... locataires se préparent à partir en vacances et .... entrée de .... immeuble restera propre quelques jours ! .... Lorenzo Pierdoni, ... Italien du quatrième, prend .... avion demain pour .... Rome ; .... Santini partent quelques jours à .... montagne ; .... Jean-Pierre Virniès, ... célibataire du premier, a décidé de visiter .... Maroc et .... étudiantes du deuxième vont faire un stage d'espagnol à .... Mexico.

2. Mettez une majuscule aux mots soulignés si c'est nécessaire.

Ex. : *C'est un <u>français</u> qui habite à <u>naples</u>.*
     *C'est un **Français** qui habite à **Naples**.*

1. J'ai un ami <u>espagnol</u> qui vient de <u>madrid</u> et je connais aussi un <u>espagnol</u> qui est de <u>séville</u>.
2. Les livres de l'écrivain <u>français</u> <u>victor hugo</u> sont traduits dans beaucoup de langues.
3. Dans « <u>l'auberge espagnole</u> », un film de <u>cédric klapisch</u>, les personnages viennent de différents pays <u>européens</u>.
4. Qu'est-ce qu'il a acheté comme voiture : une <u>renault</u> ou une <u>bmw</u> ?
5. Mes cousins <u>parisiens</u> habitent rue <u>mouffetard.</u>
6. Dans mon immeuble, il y a plusieurs <u>français</u>, quelques <u>cambodgiens</u>, un couple <u>russe</u>, deux <u>italiens</u> et une famille <u>espagnole</u>.

3. Masculin ou féminin ? Mettez une croix dans la bonne colonne. (Parfois, les deux solutions sont possibles.)

	masculin	féminin		masculin	féminin
1. employé	❏	❏	8. artiste	❏	❏
2. peur	❏	❏	9. appartement	❏	❏
3. fleur	❏	❏	10. touriste	❏	❏
4. malheur	❏	❏	11. lycée	❏	❏
5. médecin	❏	❏	12. fromage	❏	❏
6. personne	❏	❏	13. page	❏	❏
7. musée	❏	❏	14. cirage	❏	❏

4. Trouvez le masculin ou le féminin des mots suivants.

Ex. : *un oncle → **une tante***
     ***un pharmacien** → une pharmacienne*

1. un père → ....
2. un neveu → ....

3. .... → une chatte

4. un chien → ....

5. .... → une directrice

6. un serveur → ....

7. un frère → ....

5. Associez chaque nom masculin avec le nom féminin correspondant et classez chaque paire dans le tableau.

un ami – une pianiste – une boulangère – un cousin – une amie – une marchande – un retraité – un boulanger – une cousine – une infirmière – un architecte – un pianiste – un marchand – une retraitée – une architecte – un infirmier.

La prononciation est la même au masculin et au féminin	La prononciation est différente au masculin et au féminin
un ami / une amie	**un boulanger / une boulangère**
....	....
....	....
....	....
....	....
....	....
....	....
....	....

6. Mettez les mots soulignés au pluriel.

Ex. : *Il construit un mur.* → *Il construit **des murs**.*

1. Il habite avec un Irlandais et un Espagnol.

→ ....

2. En allant chercher le gâteau, tu pourras prendre le journal ?

→ ....

3. C'est toujours désagréable de trouver un cheveu dans le plat.

→ ....

4. Mademoiselle, madame, monsieur, suivez-moi s'il vous plaît.

→ ....

5. Je vais reprendre une pomme de terre, si vous permettez.

→ ....

6. Dans le magasin, il y a un Italien et un Français.

→ ....

7. Avec ce cheval, il a déjà fait un concours.

→ ....

Les adjectifs qualificatifs

→ (Pour ce chapitre, voir aussi le chapitre « La cáractérisation des choses et des personnes »)

1. Mettez les adjectifs au féminin.

Ex. : *Il est gentil.* → *Elle est **gentille**.*

1. Alexandre est grand.   → Anna est ....
2. Son père est malade.   → Sa mère est ....
3. Le ballon est rond.   → La balle est ....
4. Mon ami est seul.   → Mon amie est ....
5. Cet exercice est simple.   → Cette leçon est...
6. Le petit garçon est blond.   → La petite fille est ....
7. Le couloir est vide.   → La pièce est...
8. Il est calme.   → Elle est ....

2. Dites le contraire.

Ex. : *Léo est mince / Léa (gros).*
Léo est mince mais Léa est grosse.

1. L'immeuble est neuf / la maison *(vieux)*.

....

2. Ton copain est drôle / sa copine *(ennuyeux)*.

....

3. Le chat est noir / la chienne *(blanc)*.

....

4. Le gâteau est mauvais / la crème *(bon)*.

....

5. Le comédien est nul / la pièce de théâtre *(intéressant)*.

....

6. Le lièvre est rapide / la tortue *(lent)*.

....

7. Dino est heureux / sa sœur *(malheureux)*.

....

8. Le quartier est sûr / la route *(dangereux)*.

....

3. Voici Tom. Écrivez le même texte en remplaçant *Tom* par *Lola*.

> Tom est jeune. Il a vingt ans. Il est grand et mince. Il a les cheveux blonds et les yeux verts. Il est beau. Il est aussi intelligent et drôle. Non, il n'est pas parfait! Il a un caractère difficile. Il est parfois têtu et paresseux. En plus, il est souvent triste. Mais il est si charmant! Et pourtant, Tom est toujours seul… C'est vrai qu'il est très timide. Peut-être aussi aime-t-il la solitude.

Lola est ....

....

....

....

....

4. Accordez quand c'est nécessaire.

David habite dans un *(beau)* **beau** quartier. La bibliothèque *(public)* ....
est *(neuf)* .... La cathédrale est *(ancien)* ....
et *(magnifique)* .... Il y a beaucoup de restaurants : cuisine *(français)*
.... *(traditionnel)* ...., cuisine *(japonais)*
..........................., *(turc)* ...., *(grec)* ....,
(italien) .... ou *(africain)* .... : les *(nombreux)* .... habitants du quartier ont le choix ! Le soir, David va
dans un bar *(tranquille)* .... ou parfois dans une *(grand)*
.... discothèque *(moderne)* .... Cette discothèque est souvent *(plein)* ...., l'ambiance y est un peu *(fou)*
.... Mais on y rencontre toujours des personnes *(intéressant)*
.... et *(original)* .... Ensuite, David aime
retrouver le calme de son *(nouveau)* .... appartement et de son
(vieux) .... immeuble.

5. Mettez au pluriel.

Ex. : *une fenêtre carrée* → ***des fenêtres carrées.***

1. une histoire mystérieuse   → ....
2. un journal hebdomadaire   → ....
3. une ambassade américaine → ....
4. une vie normale   → ....
5. un changement brutal   → ....
6. un garçon doux   → ....
7. une femme âgée   → ....
8. un jardin japonais   → ....

6. Accordez les adjectifs entre parenthèses.

1. Ma *(meilleur)* **meilleure** amie travaille dans le *(nouveau)* ....
aéroport.

2. Les touristes *(hollandais)* .... ont acheté de *(beau)*
.... souvenirs.

3. Les filles des voisins sont toujours *(gai)* ...., *(gentil)*
.... et *(amusant)* ....

4. Hélène et Sophie sont *(brun)* .... et ont la peau très *(blanc)*
....

5. Le ministère des Affaires *(étranger)* .... s'occupe des problèmes *(international)* ....

6. Les enfants sont *(heureux)* .... d'avoir de *(nouveau)*
.... jouets.

7. Les services *(social)* .... s'occupent de ce *(vieux)*
.... homme *(malade)* ....

8. Samantha est *(inquiet)* .... car les rues de la ville sont *(dangereux)* ....

7. Entourez le ou les adjectif(s) correct(s).

1. Les assiettes sont : bleus / (sales) / pleins / vide
2. Les nuages sont : gris / noirs / blanches / bas
3. Les comédiens sont : ennuyeuses / drôle / mauvais / timides
4. Ces enfants sont : beau / heureux / anglais / blondes
5. Les jours sont : courts / fériés / ensoleillés / longues
6. Les exercices sont : faux / faciles / amusant / fondamentales
7. Les croissants sont : chères / délicieux / secs / chaud
8. Les avenues sont : étroits / larges / longs / belle

8. Mettez les phrases suivantes dans l'ordre.

Ex. : *délicieuses. – des – mangé – steak – Il – frites – a – gros – et – un*
  → *Il a mangé un gros steak et des frites délicieuses.*

1. opéra – Nous – une – et – vu – suédoise. – avons – italien – un – pièce
→ ....

2. mon – mettre – bleue – Je – noir. – vais – chemise – et – ma – pantalon
→ ....

3. un – a – ancien. – Viviane – bureau – acheté – beau
→ ....

4. prépare – mère – nous – petit déjeuner. – Ma – un – bon
→ ....

5. des – professeur – australiens. – Le – étudiants – a – américains – et
→ ....

6. vieux – aime – n' – rouge. – plus – manteau – Je – mon

→ ....

7. dans – de – Nous – ciel. – gros – voyons – nuages – le – noirs

→ ....

8. jeune – et – une – fille. – belle – Xavière – est – grande

→ ....

9. Placez l'adjectif dans la phrase.

Ex. : *J'ai vu un film hier.* (passionnant)
    J'ai vu un film passionnant hier.

1. Maurice a éclaté de rire quand il a vu ton air. *(étonné)*

....

2. Ce client a acheté une table. *(ronde)*

....

3. Nous avons rencontré Pedro avec une fille. *(belle)*

....

4. Hier, j'ai aperçu ta fille avec un garçon. *(brun)*

....

5. Vous aimez les films en noir et blanc ? *(vieux)*

....

6. Un monsieur est penché à sa fenêtre. *(très élégant)*

....

7. Je crois qu'un orage se prépare. *(bel)*

....

10. Choisissez la proposition correcte en fonction du sens.

Ex. : *Ce livre n'est pas
    compliqué :*   ☒ *C'est une histoire simple.*   ❑ *C'est une simple histoire.*

1. Il mesure 1,95 m :   ❑ C'est un grand homme.   ❑ C'est un homme grand.

2. Emmy n'a pas d'amis : ❑ C'est une seule fille.   ❑ C'est une fille seule.

3. Ne t'inquiète pas
pour eux :   ❑ C'est une simple dispute. ❑ C'est une dispute simple.

4. Je viens de laver
ce pantalon :   ❑ C'est un propre pantalon. ❑ C'est un pantalon propre.

5. Martin Luther King
a lutté contre le racisme : ❑ C'était un grand homme. ❑ C'était un homme grand.

6. J'aurai bientôt fini : ❑ C'est un simple exercice. ❑ C'est un exercice simple.

7. Clara est ma fille :   ❑ J'ai une seule fille.   ❑ J'ai une fille seule.

8. Je lis un livre
d'Hervé Bazin :   ❑ Il y raconte sa propre vie. ❑ Il y raconte sa vie propre.

11. Placez les adjectifs suivants dans ce texte : *triste, étrange, grande, rouges, jeunes, heureux, claire, premier* **et** *étonnés.*

Le professeur Lamarche entre dans la salle de classe. La salle est **grande** et .... Les .... élèves regardent le professeur. Il est .... aujourd'hui. Les élèves sont .... : d'habitude il a une figure .... Mais ce matin, il sourit, ses joues sont ...., il a l'air .... Le professeur regarde les enfants et leur dit : « Mes enfants, c'est le .... jour du printemps ! »

12. Choisissez entre *à* **et** *de* **(ou** *d'***).**

1. Bien sûr, Albert est fidèle **à** Régine ! C'est normal, il est fou .... elle !

2. Toute vérité n'est pas bonne .... dire.

3. Je suis curieux .... savoir pourquoi tu as l'air si content .... toi.

4. Cet élève est toujours fatigué. Je crois qu'il est nécessaire .... voir ses parents.

5. Si vous êtes fatigué .... travailler, il est inutile .... continuer.

6. Nous sommes désolés .... vous l'apprendre mais c'est contraire .... notre règlement.

7. Mario a été étonné .... apprendre que tu étais prêt .... tout laisser.

8. C'est pourtant simple .... comprendre ! Il ne veut pas y aller !

13. Accordez les adjectifs si nécessaire.

À l'agence matrimoniale

– Bonjour monsieur. Je vous écoute.

– Bonjour madame. Voilà, je suis *(seul)* **seul** et je voudrais rencontrer la femme *(idéal)* .... mais je suis trop *(timide)* ....

– Vous aimez les femmes *(petit)* ...., *(grand)* ...., *(blond)* ...., *(brun)* ...., *(mince)* .... ?

– Pour moi, la beauté n'est pas *(important)* .... Ce que je voudrais, c'est qu'elle soit *(gentil)* .... et *(doux)* .... J'aime aussi les femmes *(intelligent)* .... et qui ont un *(bon)* .... caractère.

– Je suis *(étonné)* .... ; d'habitude les hommes qui viennent à l'agence sont *(différent)* .... Avez-vous d'autres choses à ajouter ?

– J'aimerais rencontrer une femme qui travaille et qui sache cuisiner ; j'aime beaucoup les *(bon)* .... *(petit)* .... plats. Mais, dites-moi, vous êtes très *(sympathique)* .... : êtes-vous *(marié)* .... ?

Le complément du nom

1. Remettez la phrase dans l'ordre.

→ (Voir aussi le chapitre « Les prépositions »)

Ex. : *acheter – Ma sœur – de – veut – une – laine. – veste*
   *→ **Ma sœur veut acheter une veste de laine.***

1. mes – vois – ne – pas – Je – voiture – cousins. – de – la

→ ....

2. moto. – Bressange – des – acheter – une – Le – va – fils

→ ....

3. s'il vous plaît. – Je – verre – voudrais – d' – un – eau

→ ....

4. quinze – François – Lise – un – habitent – et – de – immeuble – étages. – dans

→ ....

5. à – Elle – pas – trouve – cheveux. – ne – sa – brosse

→ ....

6. kilo – pommes. – Je – de – un – voudrais

→ ....

7. couverture – laine – est – Cette – de – chaude. – très

→ ....

8. cravates – Mon – adore – les – à – mari – rayures.

→ ....

2. Complétez avec *de* ou *à*.

→ (Voir aussi le chapitre « Les prépositions »)

Ce soir il y a des invités

– Maman, quelle nappe on met pour le repas **de** ce soir ?

– Mets la nappe .... fleurs, tu sais, celle .... tante Monique. Elle ira très bien avec les serviettes bleues. Et n'oublie pas les assiettes .... soupe !

– Je prends quels couteaux ?

– Il faut les couteaux .... poisson et les couteaux .... fromage.

– Je mets aussi les cuillères .... dessert ?

– Oui bien sûr ! Mets aussi un petit bouquet .... fleurs à côté de chaque assiette.

– Ça va être une table .... roi !

BILAN 2

Le nom et ce qui complète le nom

1. Accordez les articles et les adjectifs.

Le rêve d'Albertine

Cette nuit, j'ai fait *(un)* .... rêve *(étrange)* .... Je marchais dans *(un)* .... rue *(étroit)* .... et *(sombre)* .... Devant moi, il y avait *(un)* .... *(haut)* .... tour. Je suis entrée dans *(le)* .... tour et j'ai monté *(le)* .... *(nombreux)* .... marches. Je voyais *(un)* .... couleurs *(vert)* ...., *(jaune)* .... et *(bleu)* .... sur *(le)* .... murs *(sale)* .... Il faisait *(un)* .... chaleur *(lourd)* .... Arrivée en haut de *(le)* .... tour, j'ai vu *(un)* .... hommes et *(un)* .... femmes *(étrange)* .... dans *(un)* .... *(grand)* .... pièce *(carré)* .... Il y avait *(un)* .... *(vieux)* .... homme avec *(un)* .... barbe *(blanc)* ...., *(un)* .... femme *(mystérieux)* .... habillée avec *(un)* .... *(long)* .... robe *(noir)* ...., *(un)* .... *(jeune)* .... hommes *(grand)* .... et *(mince)* .... *(Un)* .... *(petit)* .... femme aux yeux *(doux)* .... m'a dit : « Nous vous attendions depuis *(un)* .... années. »

2. Mettez les mots soulignés au pluriel.

Ex. : *Il m'a offert <u>un beau cadeau</u>.*
        *Il m'a offert **de beaux cadeaux**.*

1. Paul et Bérénice ont invité <u>leur neveu anglais.</u>

....

2. J'ai visité <u>un hôpital très moderne</u>.

....

3. <u>Madame, monsieur</u>, voici <u>le gâteau</u> !

....

4. Ils ont <u>un fils courageux</u>.

....

5. Patrick a vendu <u>son vieux bateau</u>.

....

6. Il y a <u>un mauvais acteur</u> dans ce film.

....

3. Mettez les adjectifs proposés à la bonne place, comme dans l'exemple. (Attention : *des* devient *de* devant un adjectif au pluriel.)

Ex. : grande – grises – rectangulaire
C'est une pièce avec des chaises.
→ *C'est une **grande** pièce **rectangulaire** avec des chaises **grises**.*

Une salle d'attente

1. *bleu – grandes*
Sur le mur, il y a des affiches.

→ ....

2. *ronde – vieux – petite*
Au milieu, sur une table, on voit des magazines.

→ ....

3. *petit – blonde*
Une femme et un garçon sont assis ; ils attendent.

→ ....

4. *marron – noirs – long*
La femme porte un manteau et elle a des gants.

→ ....

5. *fatigué – vieil*
Il y a aussi un homme dans cette salle.

→ ....

6. *maigre – petites – blanche*
Un homme avec des lunettes et une blouse ouvre la porte.

→ ....

7. *petit – jeune*
La femme et le garçon se lèvent et le suivent.

→ ....

4. Entourez la ou les bonne(s) réponse(s) :

Ex. : *un enfant :* (triste) / *de verre* / *étonnés* / (de Paris)

1. un verre :   pleine / de lait / à vin / compliqué
2. un roman :   de Balzac / ennuyeuse / de quatre jours / facile
3. la bicyclette : bleu / des voisins / à vendre / rouge
4. un opéra :   de trois heures / de velours / italien / moderne
5. La fille :   vieil / des Mariani / de soie / heureux

Les pronoms personnels sujets
(je, j', tu, vous, il, elle, on, nous, vous, ils, elles)

1. Reliez A et B.

A
1. S'il te plaît, tu
2. Monsieur, vous
3. Demain, je
4. D'accord, on
5. Je pense qu'elles
6. Cet été, nous
7. Vous êtes sûrs que vous

B
a. vais à la piscine.
b. sont italiennes.
c. danses avec moi ?
d. êtes journaliste ?
e. va à la poste.
f. partez tous ensemble ?
g. restons en France.

2. Mettez une croix dans la colonne qui convient.

Les Français et leurs médecins

C'est un Français qui parle à sa femme :

	on = les autres	on = nous, les Français	on = nous, toi et moi
1. **On** dit souvent qu'en France…	X	....	....
2. **On** adore aller chez le médecin.	....	....	....
3. Il paraît qu'**on** est champion du monde pour l'achat de médicaments.	....	....	....
4. Mais toi et moi, **on** va chez le docteur deux ou trois fois par an, c'est tout !	....	....	....
5. En fait, je crois qu'**on** dit ça parce qu'**on** est jaloux de notre Sécurité Sociale !	....	....	....

3. Complétez avec le pronom personnel qui convient.

Une bonne nouvelle

– Allô maman ? **Je** te téléphone du bureau ; .... ai une très bonne nouvelle
à t'annoncer : .... vas être grand-mère !

– Oh ! c'est vrai ?

– Eh oui ! Véra et moi, ... a vu le médecin tout à l'heure.

– Mais c'est merveilleux ! Et c'est un garçon ou une fille ?

– Ah ça, ... ne sait pas encore. Le bébé a seulement trois mois, ...
est trop petit !

– .... êtes contents ?

– .... nageons dans le bonheur* !

_____
* Nager dans le bonheur : être très heureux.

Les pronoms toniques
(moi, toi, lui, elle, nous, vous, eux, elles)

1. Complétez les phrases avec un pronom tonique.

→ (Voir aussi le chapitre « La mise en relief »)

1. – **Lui**, il a vingt ans et ...., tu as quel âge ?

2. – ...., j'ai vingt-deux ans.

3. – ...., nous jouons au golf tous les samedis, et .... ?

4. – ...., nous ne faisons jamais de sport.

5. – ...., elles viennent de Marseille. Et .... ?

6. – ...., ils viennent de Lille.

7. – Qui veut encore du gâteau ?

– .... ! .... !

8. – Ah non, ..., tu en as déjà pris deux fois.

2. Même exercice.

1. – Tu es plus jeune que ta sœur ?

– Oui, j'ai deux ans de moins qu'**elle**.

2. La fête est finie ! Tout le monde rentre chez .... !

3. – Vous partez en vacances avec .... ?

– Oui, ils ont une grande voiture.

4. Tu as plus de chance que .... J'ai toujours des problèmes.

5. Huguette s'inquiète pour son fils ; elle n'a pas de nouvelles de ....

6. Réponds au téléphone, c'est certainement pour ....

7. Monsieur, c'est à ...., ce chapeau ?

8. Vous rentrez avec .... ? Nous avons encore deux places dans la voiture.

3. Reliez les phrases suivantes.

1. Qui est là ?
2. C'est toi qui as gagné ?
3. Je suis fatiguée, pas toi ?
4. On va chez vous ou chez nous ?
5. Qui a pris mon livre ?
6. Eux, ils sont maliens. Et vous ?
7. Fred vient avec nous ?
8. Je n'aime pas les carottes.

a. C'est lui !
b. Si, moi aussi.
c. Nous, nous sommes sénégalais.
d. Non, il va avec elle.
e. C'est nous !
f. Moi non plus.
g. Non, c'est lui.
h. Chez nous, c'est plus près.

Les pronoms des verbes pronominaux
(me, te, se, nous, vous, se)

1. Complétez les phrases avec le pronom qui convient.

➜ (Voir aussi le chapitre « La forme pronominale »)

Ex. : *Marie, il est temps que tu **te** couches. Ce n'est plus l'heure de s'amuser.*

1. Je vous demande de .... taire et de .... asseoir ! Hubert, tu as entendu ? Je ne veux pas que tu .... lèves !

2. Tristan .... marie la semaine prochaine. Il est temps, ça fait dix ans que lui et sa fiancée .... connaissent.

3. Tu .... ennuies ? Tu devrais .... inscrire à un cours de danse ou de musique.

4. Ma mère .... appelle Néfertiti. Je sais que c'est ridicule mais je .... en moque.

5. Est-ce que tu vas enfin .... décider à nous rendre visite ? Depuis que nous .... sommes installés en banlieue, nous ne te voyons plus.

6. Vous .... souvenez de Brice ? Il .... est inscrit au concours d'agent de police.

7. Mes parents .... disputent tout le temps mais quand ils ne sont pas ensemble ils .... ennuient.

8. Tu .... moques de moi ! Tu .... es réveillé à midi et tu veux encore .... reposer !

2. Mettez les phrases suivantes à la forme négative.

➜ (Voir aussi le chapitre « La forme pronominale ».)

Ex. : *Nous nous lèverons tôt demain.*
  Nous ne nous lèverons pas tôt demain.

1. Nous nous intéressons aux anciennes églises.

....

2. Ils se sont promenés dans les bois hier.

....

3. Barbara s'habille toujours en noir.

....

4. Tu vas te battre avec lui ?

....

5. Nous nous trompons de chemin.

....

6. Elles se sont mariées le même jour.

....

7. Vous vous êtes amusés à la fête ?

....

8. Je me suis garé devant le théâtre.

....

3. Soyez autoritaire ! Transformez les phrases suivantes comme dans l'exemple.

➜ (Voir aussi le chapitre « L'impératif »)

Ex. : T*u dois te décider.* → ***Décide-toi !***

1. Vous devez vous taire. → ....

2. Nous devons nous dépêcher. → ....

3. Tu dois te lever. →..

4. Nous devons nous débrouiller. → ....

5. Vous devez vous occuper de vos affaires. →...

6. Tu dois te coucher de bonne heure. → ....

7. Nous devons nous décider rapidement. → ....

8. Vous devez vous inscrire à l'université. →...

4. Complétez le texte avec le pronom *se* ou l'adjectif démonstratif *ce*.

Demande en mariage

John y a pensé toute la nuit. Il ne sait pas quoi faire. Voilà : Rosy veut qu'ils **se**
marient mais John .... demande si .... n'est pas un peu tôt. Rosy
et John .... sont rencontrés la semaine dernière. .... matin-là,
Rosy portait une robe verte et des chaussures jaunes ; John avait été amusé par
.... goût étrange. Depuis .... jour-là, ils .... voient tous
les jours, toutes les nuits. Mais voilà : Rosy veut .... marier et elle attend
une réponse pour .... matin. John .... gratte la tête, il ....
demande que faire.

Les pronoms personnels COD (compléments d'objet direct) (me, m', te, t', le, la, nous, vous, les)

1. Complétez avec *me, m', te, t', nous* ou *vous*.

– Allô, Antoine ? C'est Karine. Tu **m'**entends ?

– Oui, je .... entends très bien. Ça va ?

– Très bien ! Je .... appelle pour te dire que Sylvia et moi, nous arrivons demain à la gare de Lyon. Tu seras là ?

– Oui, pas de problème. Je .... attendrai au bar de la gare ; ensuite, je .... emmènerai au restaurant.

– Tu .... invites ?

– Oui, cela me fait plaisir.

– Tu es un ange* ! Je .... embrasse.

– Moi aussi. À demain.

* Tu es un ange : tu es très gentil(le).

2. Cochez la ou les réponses possibles.

Ex. : *Je l'adore.*

      ☒ *la jupe*   ❑ *les chaussures*   ❑ *le bonnet*

1. Je les oublie souvent.
❑ mon porte-monnaie   ❑ mes papiers   ☒ mes clés

2. Je le rencontre tous les jours au bureau.
❑ Sylvain   ❑ Caroline   ❑ mes amis

3. Je l'invite ce soir.
❑ mes parents   ❑ mon copain   ❑ ma sœur

4. Je la connais très bien.
❑ la France   ❑ le Mexique   ❑ l'Allemagne

5. Je le regarde ce soir à vingt heures quarante-cinq.
❑ l'émission télévisée   ❑ le film   ❑ la pièce de théâtre

6. Nous les emmènerons au cinéma cet après-midi.
❑ les enfants   ❑ Sandra et Anne   ❑ Julien

7. Je ne le comprends pas très bien.
❑ la leçon   ❑ l'exercice   ❑ le cours

8. Il les prendra demain.
❑ les chaussures   ❑ l'imperméable   ❑ les gants

3. Remplacez les mots soulignés par le pronom complément qui convient.

Ex. : *Sophie comprend très bien le chinois.*
    *Sophie **le** comprend très bien.*

1. Cette émission intéresse beaucoup mon frère.

....

2. Il écoute cette émission tous les jours.

....

3. J'adore les spaghettis.

....

4. Victor apprend sa leçon dans sa chambre.

....

5. Louise et Clément rencontrent Julien samedi.

....

6. Nous prenons le petit déjeuner ensemble.

....

7. Tu invites les Devaux et les Vaillant lundi prochain ?

....

4. Répondez comme dans l'exemple.

Préparatifs de voyage

1. – Tu prends la valise bleue ?
– Non, je ne **la** prends pas.

2. – Tu emmènes ton costume gris ?
– Non, ...

3. Mais tu emportes ta chemise blanche ?
– Non, ...

4. – Tu veux peut-être tes gants ?
– Non, ...

5. – Tu mettras tes chaussures noires ?
– Non, ...

6. – Et tu prends ta cravate à rayures ?
– Non, ...

7. – Tu liras ce magazine dans le train ?
– Non, ...

8. – Au moins, tu appelleras tes parents à Lyon ?
– Non, ...

– Décidément, tu es de mauvaise humeur !

5. Cochez la bonne réponse.

→ (Pour les exercices 5 à 10, voir aussi le chapitre « Le passé composé »)

Ex. : *Je l'ai reconnue tout de suite.*
   ❑ *Sylvie et Alain*   ❑ *Alexandre*   ☒ *Sylvie*

1. Jacques les a goûtés tout à l'heure.
❑ les fruits   ❑ les bananes   ❑ le café

2. Paul l'a vu trois fois aujourd'hui.
❑ la directrice   ❑ le directeur   ❑ les professeurs

3. Il les a rangées dans le tiroir.
❑ le tube de colle   ❑ les ciseaux   ❑ les enveloppes

4. Nous vous avons écouté pendant dix minutes.
❑ monsieur   ❑ messieurs   ❑ madame

5. Nous l'avons écoutée à la radio.
❑ les informations   ❑ la météo   ❑ le journaliste

6. Vous les avez invités hier soir.
❑ votre voisin   ❑ vos amis   ❑ vos amies

7. Vous l'avez perdu quand ?
❑ votre agenda   ❑ vos clés   ❑ votre carte d'identité

8. Nous vous avons reconnues tout de suite.
❑ Céline et Julien   ❑ Céline et Laurence   ❑ Céline

6. Remettez les phrases dans l'ordre…

1. l' – beaucoup – Je – aimé – ai → **Je l'ai beaucoup aimé.**

2. intéressée. – m' – L'histoire – a
→ ....

3. m' – fin – a – La – étonnée.
→ ....

4. Catherine Deneuve, – l' – je – adorée. – ai
→ Catherine Deneuve, ...

5. Gérard Depardieu, – excellent. – je – trouvé – ai – l'
→ Gérard Depardieu, ...

6. la – Mais – je – détestée. – musique – ai – l'
→ Mais la musique, ...

… puis cochez la bonne réponse.

La personne qui parle est :   ❑ une fille   ❑ un garçon
La personne parle :   ❑ d'un film   ❑ d'une émission télévisée

7. Barrez les réponses fausses comme dans l'exemple.

Yasmina se souvient

1. Damien, tu te rappelles le jour où tu m'as ~~rencontré~~ | rencontrée | ~~rencontrés~~ ?

2. J'étais avec des amis ; tu nous a | suivis | suivies | suivi | jusqu'au supermarché.

3. Tu nous a | croisé | croisées | croisés | sept fois dans les rayons.

4. Au rayon des céréales, tu n'arrivais pas à choisir. Je t'ai conseillé│conseillée│conseillés.

5. Je t'ai montré les tomates au rayon des légumes ; tu les as pris│prises│prise.

6. Tu as vu les yaourts dans mon Caddie ; tu m'as demandé où je les avais trouvé│trouvées│trouvés.

7. Nous t'avons retrouvés│retrouvées│retrouvé derrière nous à la caisse. Il nous manquait deux euros ; tu nous les as donnés│donné│donnée.

8. Le soir, nous t'avons invités│invitée│invité ; et depuis, nous ne nous sommes plus quittés !

8. Barrez les réponses fausses.

MESSAGE

Monsieur,

Votre femme vous a **appelé – appelés – appelée**.
Elle a perdu ses clés de voiture ;
elle ne les a pas **retrouvés – retrouvé – retrouvées**.
Elle ne pourra pas venir vous chercher ce soir.

La secrétaire

P.S. : je vous ai **cherchés – cherchée – cherché** partout,
Mais je ne vous ai pas **vue – vu – vus**.

9. Récrivez ce texte en mettant les verbes soulignés au passé composé et faites les accords nécessaires.

Un homme en colère

Écoute, Cécile, ça ne va plus du tout !
Je t'<u>invite</u> au restaurant, je t'<u>attends</u> pendant une demi-heure, je t'<u>écoute</u> pendant tout le repas ; au dessert, tu <u>aperçois</u> tes amis, tu les <u>invites</u> à notre table pour prendre le café, je vous <u>écoute</u> pendant vingt minutes sans rien dire, je <u>paye</u> l'addition ; et quand nous <u>sortons</u>, tu les <u>accompagnes</u> au cinéma et tu me <u>laisses</u> tout seul !

Écoute, Cécile, ça ne va plus du tout ! Je t'**ai invitée** au restaurant, ...

....

....

....

....

10. Répondez comme dans l'exemple.

Ex. : – *Est-ce que tu as rangé* ***la maison ?***
    – ***Non, je ne l'ai pas rangée.***

1. – Tu as posté **les lettres** ?

– Non, ...

2. – Mais tu as acheté **le journal** ?

– Non, ...

3. – Tu as peut-être préparé **le repas** ?

– Non, ...

4. – Alors, tu as mis **la table** ?

– Non, ...

5. – Et tu as sorti **le chien** ?

– Non, ...

6. – Mais qu'est-ce que tu as fait toute la journée ? Tu as regardé **la télé** ?

– Non, ...

11. Donnez des conseils en remplaçant les mots soulignés par les pronoms qui conviennent ; d'abord à l'infinitif, puis à l'impératif (2e personne du pluriel).

→ (Pour les exercices 11 à 13, voir aussi le chapitre « L'impératif »)

Un agenda bien chargé !

1. Envoyer <u>les lettres</u> lundi.	**Les** envoyer lundi.	Envoyez-**les** lundi.
2. Acheter <u>le billet</u> mardi.	....	....
3. Apporter <u>le linge</u> à la laverie.	....	....
4. Inviter <u>les Sargis</u> mercredi.	....	....
5. Appeler <u>M. Farois</u> jeudi.	....	....
6. Ranger <u>la maison</u> vendredi.	....	....
7. Faire <u>les valises</u> samedi.	....	....
8. Prendre <u>l'avion</u> dimanche.	....	....

12. Complétez comme dans l'exemple.

Ex. : *Je vous parle…*   regarder

   Je vous parle, regardez-moi.

1. Je vous en prie, ...   *s'asseoir*

2. Nous avons quelque chose à te dire, ...   *écouter*

3. Tu vas être en retard, ...   *se lever*

4. Je ne veux pas y aller toute seule, s'il te plaît, ...   *accompagner*

5. Je vous parle, alors ....   *écouter*

6. Monsieur, c'est par ici, je vous en prie, ...   *suivre*

7. Tu es fatiguée, alors ....   *se reposer*

8. Tu vas trop vite, je ne peux pas te suivre, ...   *attendre*

13. Retrouvez l'ordre.

Je ne veux plus te voir, alors...

1. me – regarde – ne – plus, → **ne me regarde plus,**

2. m' – plus – attends – ne – soir, – le → ....

3. accompagne – à – ne – m' – plus – la maison, →.................................

4. plus, – m' – ne – invite →...

5. ne – plus ! – appelle – m' → ....

14. Complétez en remplaçant par le pronom qui convient.

1. – Tu sais faire <u>cet exercice</u>, toi ?

– Oui, je sais **le** faire.

– Alors tu peux m'aider ?

– Non, tu dois .... faire tout seul.

2. – Éric, tu as fait <u>tes devoirs</u> ?

– Je finis de .... faire, maman ; après, je pourrai regarder <u>la télé</u> ?

– Oui, tu pourras .... regarder.

3. – Tu aimes ranger <u>ta chambre</u>, toi ?

– Ça ne me dérange pas.

– Moi, j'aime .... voir en ordre, mais je déteste .... ranger.

15. Faites des phrases en remplaçant les mots soulignés par les pronoms qui conviennent, comme dans l'exemple.

➜ (Voir aussi le chapitre « Le conditionnel »)

Si j'avais plus de temps...

Ex. : – *Vous pourriez emmener <u>les enfants</u> à l'école ?* (pourrais)
 – *Oui, je pourrais <u>les</u> emmener à l'école !*

1. – Vous voudriez visiter <u>les musées</u> ? *(voudrais)*

– ....

2. – Vous iriez promener <u>votre chien</u> ? *(irais)*

– ....

3. – Vous recommenceriez à lire <u>les journaux</u> ? *(recommencerais)*

– ....

4. – Vous aimeriez préparer <u>les repas</u> ? *(aimerais)*

– ....

5. – Vous finiriez de peindre <u>la salle de bains</u> ? *(finirais)*

– ....

6. – Vous aimeriez regarder <u>les photos de vacances</u> ? *(aimerais)*

– ....

Les pronoms personnels COI
(compléments d'objet indirect)
(me, te, lui, nous, vous, leur)

1. Répondez avec *lui* ou *leur*, comme dans l'exemple.

Ex. : – *Tu écris à Karl ?*
   – ***Oui, je lui écris.***

1. – Son frère parle à ta mère ? – ....

2. – Antoine plaisait à Cléo ? – ....

3. – Il rendra visite à ses parents ? – ....

4. – Nadia sourit à ces garçons ? – ....

5. – Les étudiants écrivent au ministre ? – ....

6. – Vous écrirez aux Reed ? – ....

7. – Pedro téléphone à sa femme ? – ....

8. – Tu répondras à ton professeur ? – ....

2. Transformez les phrases suivantes avec un pronom COI.

Ex. : *Le client a demandé des oranges au commerçant.*
   → ***Le client lui a demandé des oranges.***

1. La petite fille a fait peur à sa mère.

→ ....

2. L'agent de police a dit bonjour à mes collègues.

→ ....

3. J'ai souhaité un joyeux anniversaire à Lili.

→ ....

4. J'ai apporté des bonbons aux enfants.

→ ....

5. James a juré à Tania qu'il reviendrait.

→ ....

6. Elle avait montré la tour Eiffel aux touristes.

→ ....

7. Cet appartement a plu à mes amis.

→ ....

8. Tim avait promis une surprise à ses amis.

→ ....

3. Complétez avec un pronom *(me, m', te, t', lui, nous, vous, leur)*.

Le grand départ

Thérèse : Tu as annoncé la nouvelle à Hector ?

Élise : Non, je n'ai pas osé **lui** dire que je partais.

Thérèse : Mais il faut que tu .... parles !

Élise : Je .... écrirai.

Thérèse : Comment ? ! Tu .... étonnes. Je .... rappelle que c'est ton copain.

Élise : Je sais, tu ne .... apprends rien. Tu as raison, je vais .... téléphoner.

Thérèse : Et tes parents, tu .... as dit ?

Élise : Oui, bien sûr. Ils .... ont dit : « Ma chérie, ça .... fait plaisir que tu aies ce nouveau travail à l'étranger mais nous voulons que tu .... écrives toutes les semaines. »

Thérèse : Et à moi, tu vas .... écrire ?

Élise : Évidemment, je vais .... envoyer des e-mails.

Thérèse : Donc, tout va bien ?

Élise : Oui. Tu peux .... croire : Hector ne va pas .... manquer !

4. Répondez aux questions comme dans l'exemple.

Ex. : – *Il va parler à <u>Sacha</u> ?* (Oui)
   – *Oui, il va <u>lui</u> parler.*
   ou (Non)
   – *Non, il ne va pas <u>lui</u> parler.*

1. Héloïse veut offrir un bouquet <u>à sa grand-mère</u> ? *(Oui)*

....

2. Le directeur va donner <u>aux employés</u> l'autorisation de fumer ? *(Non)*

....

3. Il peut téléphoner <u>à son avocat</u> ? *(Non)*

....

4. Ma femme va ressembler <u>à sa mère</u> plus tard ? *(Oui)*

....

5. Elle peut répéter la question <u>au professeur</u> ? *(Oui)*

....

6. Vous voulez répondre <u>à cette demoiselle</u> ? *(Oui, je)*

....

7. Ils vont rendre ses livres <u>à Jules</u> ? *(Non)*

....

8. Tes enfants veulent rendre visite <u>à leur oncle</u> ? *(Non)*

....

5. Transformez les phrases selon l'exemple.

→ (Voir aussi le chapitre « L'impératif »)

Ex. : *Est-ce que je dois lui obéir ?* (Oui)
> **Oui, obéis-lui !**
> ou (Non)
> **Non, ne lui obéis pas !**

1. Est-ce qu'il faut que nous leur écrivions ? *(Oui)* ....

2. Nous devons lui sourire ? *(Non)* ....

3. Il faut que je leur dise bonjour ? *(Oui)* ....

4. Est-ce qu'il faut vraiment que nous lui téléphonions ? *(Non)* ....

....

5. Est-ce qu'on peut vous parler ? *(Non)* ....

6. Tu veux vraiment que je te réponde ? *(Oui)* ....

7. Pouvons-nous lui faire confiance ? *(Oui)* ....

8. Vous voulez que nous leur fassions peur ? *(Non)* ....

6. Mettez les phrases suivantes dans l'ordre.

Ex. : *soir – lui – veut – ce – parler – Elle*
> → **Elle veut lui parler ce soir.**

1. vérité. – ai – ne – Je – la – dit – lui – jamais

→ ....

2. lui – ne – sa – John – prêter – pas – devrait – voiture.

→ ....

3. e-mails ? – des – t' – ou – des – Nora – lettres – envoyait

→ ....

4. crois – nous – leur – ne – jamais. – que – pardonnerons – Je

→ ....

5. quel – Sais – m' – ils – offrir ? – cadeau – vont – tu

→ ....

6. que – adresse ? – a – Boris – êtes – leur – Vous – donné – sûr – son

→ ....

7. me – écrivez – plus ! – Ne – téléphonez – m' – ne – plus – et

→ ....

8. nous – et – gentil, – souris – réponds – nous ! – Sois

→ ....

Le pronom complément « en »

1. Reliez A et B.

A
1. Elle parle de sa nouvelle voiture.
2. Elle parle de Louise.
3. Il a envie d'un bon petit déjeuner.
4. Ils reviennent des États-Unis.
5. Nous avons horreur de la pluie.
6. Il a rêvé de ses vacances.
7. Il a rêvé de sa voisine.
8. Il sort du bureau à 14 heures.

B
a. Nous en avons horreur.
b. Il en a envie.
c. Il a rêvé d'elle.
d. Elle en parle.
e. Il en a rêvé.
f. Elle parle d'elle.
g. Il en sort à 14 heures.
h. Ils en reviennent.

2. Cochez la bonne réponse.

→ (Voir aussi le chapitre « L'idée de la quantité »)

Ex. : *J'en veux bien encore un morceau.*
☒ *de ce gâteau*   ❑ *le gâteau*   ❑ *le poulet*

1. Ajoutes-en encore un peu.
❑ le poivre   ❑ du sel   ❑ le paquet de sel

2. J'en rêve toutes les nuits.
❑ d'Élisa   ❑ de mes vacances   ❑ de Pierre

3. Il faut en acheter deux.
❑ des baguettes   ❑ du lait   ❑ de la charcuterie

4. J'en aurai lundi.
❑ le poisson   ❑ les champignons   ❑ des yaourts

5. Il en a beaucoup.
❑ des disques   ❑ ses disques   ❑ les cassettes

6. Tu en parles souvent.
❑ de tes problèmes   ❑ d'Anne et de Laurence   ❑ de tes parents

7. Vous pouvez m'en donner quatre ?
❑ du fromage   ❑ des steaks   ❑ le jus de fruits

3. Répondez comme dans l'exemple.

→ (Voir aussi le chapitre « L'idée de la quantité »)

Ex. : – *Beaucoup de Français boivent du café noir au petit déjeuner ? (65 %)*
    – **65 % de Français en boivent, mais 35 % n'en boivent pas.**

1. – Beaucoup de Français ajoutent du lait dans leur café ? (23 %)

– ....

2. – Combien de Français boivent du thé au petit déjeuner ? (15 %)

– ....

3. – Combien de Français mangent des tartines au petit déjeuner ? (75 %)

– ....

4. – Beaucoup de Français boivent du Coca-Cola avec les steaks-frites ? (25 %)

– ....

5. – Combien de femmes boivent du vin à table en France ? (11 %)

– ....

6. – Combien d'hommes boivent du vin à table en France ? (28 %)

– ....

4. Répondez comme dans l'exemple.

Ex. : – *Marc est revenu du Canada ?*
       – *(Oui, lundi)* **Oui, il en est revenu lundi.**

1. – Il a parlé de ses vacances ?

– *(Oui, hier)* ....

2. – Il a fait beaucoup de photos ?

– *(Oui, six pellicules)*..

3. – Il a visité des musées ?

– *(Oui, quelques-uns)*..

4. – Il a rapporté du sirop d'érable ?

– *(Oui, trois bouteilles)* ....

5. – Il a rapporté des souvenirs ?

– *(Oui, plusieurs)*..

6. – Et il a dépensé beaucoup d'argent ?

– *(Oui, beaucoup)* ....

5. Remettez les phrases en ordre, comme dans l'exemple.

→ (Voir aussi le chapitre « L'idée de la quantité »)

Ex. : *tomates, – je – acheté. – ai – n' – en – Des*
        → **Des tomates, je n'en ai pas acheté.**

1. pas – Du – on – n' – bu. – en – champagne, – a

→ ....

2. goûté. – la – en – tarte, – De – n' – a – on – pas

→ ....

3. jamais – Du – il – n' – a – vin, – en – bu.

→ ....

4. en – n' – a – elle – acheté. – pas – charcuterie, – De – la

→ ....

5. légumes, – jamais – je – ai – n' – vendu. – en – Des

→ ....

6. Répondez aux questions comme dans l'exemple.

Ex. : – *Joël fait du tennis ?* (pouvoir)
     – **Non, il ne peut pas en faire.**

1. – Vous achetez du poisson ? *(vouloir)*

– Non, ...

2. – Corinne s'occupe de son jardin ? *(avoir le temps de)*

– Non, ...

3. – Tu reprends du café ? *(désirer)*

– Non, ...

4. – Louise et Théo mangeront un peu de tarte ? *(avoir envie de)*

– Non, ...

7. Complétez les phrases avec les verbes proposés.

➜ (Voir aussi le chapitre « L'impératif »)

Ex. : – *Il reste encore des yaourts ?*
     – *Non, il n'y en a plus.*
     – **Alors, achètes-en.** (en acheter)

1. – Je ne comprends pas. J'ai souvent mal à la tête. Tu crois que c'est grave ?

– .... à ton médecin. *(en parler)*

2. – Vous vendez des écharpes, madame ?

– Je suis désolée, je n'en ai plus ; .... au magasin d'à côté. *(en demander)*

3. – Ce poisson est délicieux !

– .... un peu *(en reprendre)* ; tu ne vas pas grossir.

4. – Tiens, Sophie ; voilà des bonbons. .... à tout le monde. *(en donner)*

5. – Nous avons adoré ton histoire ; .... une autre, tu nous feras plaisir. *(en raconter)*

6. – Je prends combien de maillots de bain ?

– .... deux, c'est plus prudent. *(en prendre)*

7. – Cette sauce manque un peu de sel.

– .... un peu et goûte-la. *(en ajouter)*

8. – Avec ce poisson, je boirais bien un peu de vin.

– .... une bouteille du réfrigérateur. *(en sortir)*

Le pronom complément « y »

1. Répondez à la question en utilisant le pronom *y*.

Ex. : – *Tu vas en Espagne cette année ?* (Oui)
   – *Oui, j'y vais.*
   ou (Non)
   – *Non, je n'y vais pas.*

1. – Vous allez tous les jours au lycée en autobus ? *(Oui)*

– ....

2. – La fille de Robin rentre à l'université ? *(Non)*

– ....

3. – Votre tante retourne à l'hôpital ? *(Oui)*

– ....

4. – Ton fils sera à l'église dimanche ? *(Non)*

– ....

5. – Vous restez longtemps à la fête ? *(Non)*

– ....

6. – Ils seront chez eux ce soir ? *(Oui)*

– ....

7. – Hippolyte va chez le docteur ? *(Non)*

– ....

8. – Tu retournes au bureau ? *(Oui)*

– ....

2. Transformez les phrases suivantes avec le pronom *y*.

Ex. : *John a toujours tenu à sa tranquillité.*
   → *John y a toujours tenu.*
   Tu dois t'intéresser à tes études.
   → *Tu dois t'y intéresser.*

1. Émilie ne veut plus croire au Père Noël.

→ ....

2. Ma fille ne s'est pas habituée à sa nouvelle école.

→ ....

3. Nous ne pouvons pas croire à cette histoire.

→ ....

4. Vous allez vous habituer à votre nouvel appartement.

→ ....

5. Tu n'as pas pensé au pain.

→ ....

6. Je me suis toujours intéressé à la politique.

→ ....

7. Mon grand-père ne veut plus penser à la mort.

→ ....

8. Tu ne peux pas croire à ces bêtises !

→ ....

3. Transformez les phrases comme dans l'exemple.

→ (Voir aussi le chapitre « L'impératif »)

Ex. : *Vous devez aller à l'école.*
    → *Allez-y !*

1. Vous devez vous habituer à votre nouvelle coiffure. → ....

2. Tu dois rester à ta place. → ....

3. Nous devons retourner à l'ambassade. → ....

4. Nous devons croire à ce qu'il dit. → ....

5. Vous devez vous intéresser à vos cours. → ....

6. Tu dois aller à l'hôpital. → ....

4. Quel(s) mot(s) peut/peuvent remplacer le pronom *y* dans ces phrases ? Cochez la (ou les) bonne(s) réponse(s).

Ex. : *Lucas y a réfléchi toute la nuit.*
    ❏ *à Malou*   ☒ *à son problème*   ❏ *à vous*

1. Mon mari et moi, nous y allons toutes les semaines.
❏ à l'église   ❏ au cinéma   ❏ à pied

2. Tu y as pensé ?
❏ à acheter le pain   ❏ aux collègues   ❏ à mon anniversaire

3. N'y achetez plus de viande, elle n'est pas fraîche !
❏ au supermarché   ❏ à l'aéroport   ❏ chez le boucher

4. Félicie n'y croit plus depuis longtemps.
❏ au Père Noël   ❏ à tes mensonges   ❏ à l'amour

5. Je ne pourrai jamais m'y faire* !
❏ à ta nouvelle coiffure   ❏ à ce travail   ❏ en Bretagne

6. Les enfants y ont passé la soirée
❏ à leurs copains   ❏ au petit déjeuner ❏ à leur devoir de maths

7. Suis mon conseil : vas-y !
❏ à la fac   ❏ en Australie   ❏ en voiture

8. Suis mon conseil : n'y pense plus !
❏ à Léo   ❏ à partir   ❏ au passé

---
* Se faire à quelque chose : s'habituer à.

BILAN 3

Les pronoms personnels

1. Pronom COD ou COI ? Complétez ces phrases avec *le, la, l', lui* ou *leur*.

les

1. – Cylla a demandé l'adresse de l'hôtel à l'agence de voyages ?

– Oui, elle l'a demandée mais on .... a donné l'adresse du camping.

2. – Qu'allez-vous offrir à vos petits-enfants ?

– Nous allons .... offrir les bandes dessinées d'Hergé et j'espère qu'ils vont .... trouver formidables.

3. – En ce moment, je lis à ma fille l'histoire de Cendrillon.

– Et après, tu .... liras quelle histoire ?

4. – Depuis que Clarisse a prêté ses cédéroms aux Després, ils ne .... appellent plus.

– Tu crois qu'ils ne veulent pas .... rendre ses CD ?

5. – Mes parents ont raconté à ma petite sœur l'histoire du monstre du Loch Ness.

– Ils .... ont raconté cette histoire et elle .... a crue ? !

6. – Reine a juré à Roland l'amour éternel ?

– Oui, elle .... a juré qu'elle .... aimait et une semaine après elle .... a trompé !

7. – Andréas m'a offert un bijou mais je .... ai rendu son cadeau car je ne .... aime plus.

8. – Justin a avoué à Lison toutes ses fautes.

– Il .... a tout avoué et elle ne .... a pas pardonné ?

2. Remplacez les mots soulignés par *le, la, l'* ou *les* et faites les accords nécessaires.

Ex. : *J'ai donné <u>le livre</u> à un ami.*
    → ***Je l'ai donné à un ami.***

1. Blaise a vendu <u>sa voiture</u> aux voisins.

→ ....

2. L'étudiant a donné <u>la réponse</u> au professeur.

→ ....

3. Vous avez demandé <u>la carte</u> au serveur ?

→ ....

4. Clémence a envoyé <u>les invitations</u> aux voisins.

→ ....

5. Il a expliqué <u>les exercices</u> à sa fille.

→ ....

6. Elle a lancé <u>la balle</u> au chien.

→ ....

7. Nous avons montré <u>nos photos</u> à nos grands-parents.

→ ....

8. Bénédicte a présenté <u>son fiancé</u> à ses sœurs.

→ ....

3. *Y* ou *en*? Complétez les phrases.

1. – Tu crois qu'il pense à ses prochaines vacances?

– À mon avis, il **y** pense puisqu'il .... parle sans cesse.

2. – Vous aimez faire du sport?

– Oui, j'adore .... faire. Je vais souvent à la piscine.

– Vous .... allez aujourd'hui?

– Non, j'................... vais demain.

3. – Tes enfants croient aux fantômes?

– Oui, ils .... croient et ils .... ont très peur.

4. – Adrien va en Irlande le mois prochain?

– Oui, il .... va comme tous les étés.

– Qu'est-ce qu'il fait là-bas? De l'équitation?

– Bien sûr, il .... fait chaque fois qu'il .... va.

5. – Antonio s'intéresse à la musique?

– Oui, il s'................... intéresse, surtout à l'opéra.

– Il a beaucoup de disques?

– Antonio? Il .... a au moins quatre cents!

6. – Ta sœur a des enfants?

– Oui, elle .... a cinq.

– Ils seront au restaurant demain?

– Je crois qu'ils .... seront mais je n'................... suis pas sûr.

7. – Tu vas chez le coiffeur?

– Mais non, je n'................... vais pas, j'................... viens!

8. – Vous avez de l'argent?

– Non, je n'................... ai pas. Vous pouvez m'................... prêter?

4. Placez les pronoms personnels dans le texte.

1. *ils – je – j' – les – toi – tu*

– Sam, dépêche-**toi**, ... vas rater le bus!

– Mais, maman, ... ne trouve plus mes gants!

– Ne .... cherche pas, ... sont là.

– Super! ....'arrive.

2. *eux – l' – il – elle – m' – je – je*

– ....'habille comment pour aller chez les Soulages?

– Mets ta chemise à manches courtes; .... fait chaud chez ....

– Oui, mais .... ne ....'aime pas et en plus, ... est trop petite.

3. *c' – moi – toi – elle – tu – ça – me*

– Salut Karim! Ça va?

– Oui, et ....?

– Oh ...., comme ci comme ça*!

– Ah bon? Pourquoi? .... es malade?

– Non, ...'est ma voiture; .... est au garage et .... va .... coûter cher!

_____

* Comme ci comme ça : moyen ; ni bien, ni mal.

4. *je – moi – te – en – je – je*

– Maman, ... peux avoir encore du riz, s'il te plaît?

– Passe-.................. ton assiette, ... vais .... servir.

– Merci. Et .... pourrais mettre du ketchup?

– D'accord, mais n' .... mets pas trop.

5. *elle – vous – vous – me – la – vous – c'*

– Madame, s'il vous plaît, pouvez-.................. .... dire où est la poste?

– .... est tout près d'ici. .... prenez la première à droite, ensuite, la deuxième à gauche; .... reconnaîtrez facilement, ...'est un grand bâtiment avec des portes vitrées.

6. *c' – je – les – leur – tu – m' – il – je – je – eux – je – ils*

– .... as des nouvelles des Dubreuil?

– Non. Pourtant, ... ai appelés plusieurs fois! .... ai écrit pendant les vacances, ... ne ....'ont pas répondu; .... suis allé chez .... la semaine dernière, mais .... n'y avait personne. .... ne comprends pas!

– En effet, ...'est bizarre.

Les pronoms démonstratifs
(celui, celle, ceux, celles, c')

1. Répondez aux questions comme dans l'exemple (avec *celui, celle, ceux, celles*).

Ex. : – *C'est la jupe de Noa ou de Lara ?* (Noa)
      – ***Celle de Noa.***

1. C'est le pull de Lilas ou de Louise ? *(Lilas)* ....

2. C'est la radio de Tony ou de Louis ? *(Louis)* ....

3. Ce sont les dessins de Paul ou de Petra ? *(Paul)* ....

4. Ce sont les vaches des Delatour ou des Fayard ? *(les Fayard)* ....

5. C'est le tableau de ton copain ou de ton frère ? *(frère)* ....

6. Ce sont les bagages de Fanny ou de Marie ? *(Fanny)* ....

2. Complétez par un pronom démonstratif : *celle, celui, celles* ou *ceux*.

1. – Tu lis quel livre ?

– **Celui** que tu m'as prêté il y a deux semaines.

2. – Quelle est ta maison ? ....-ci ?

– Non, ...-là, tout au bout de la rue.

3. J'aime beaucoup cette robe mais .... que je préfère, c'est la verte.

4. – De quel tableau parles-tu ? De ....-ci ou de ....-là ?

– De .... qui est juste devant toi.

5. – Tu te souviens de ces dessins ? Mais si voyons ! Ce sont .... qu'on a achetés ensemble.

6. – Tiens, j'ai fait deux gâteaux, tu veux ....-ci ou ....-là ?

– .... qui est au chocolat.

7. Tu portes toujours ces chaussures ? Mais ce sont .... que tu portais au mariage de Lulu il y a quatre ans !

8. – Vous reconnaissez le cambrioleur ?

– Oui, c'est ....-ci ! .... qui porte une barbe !

3. Reliez les phrases.

1. Il a déjà fait ses bagages ?
2. Tu connais cet homme ?
3. Pouvez-vous m'indiquer l'église ?
4. Tu aimes l'Espagne ?
5. Tu as l'air content.
6. C'est Nina ?
7. C'est intéressant ce livre ?
8. J'ai raté mon examen.

a. Non, c'est Andréa.
b. Oh oui, c'est magnifique !
c. C'est normal, c'est demain les vacances !
d. Comme c'est dommage !
e. Oui, c'est le père de Rita.
f. Non, c'est ennuyeux.
g. Oui, c'est aujourd'hui qu'il part.
h. C'est tout droit.

Les pronoms possessifs
(le mien, le tien, le sien...)

1. Remplacez les mots entre parenthèses par un pronom possessif : *le mien, le tien, le sien*, etc.

Ex. : J'ai trouvé mon écharpe, mais je ne sais pas où est (ton écharpe).
    J'ai trouvé mon écharpe, mais je ne sais pas où est **la tienne**.

1. Les Ferrari ont une très belle voiture. *(Notre voiture)* .... est beaucoup moins belle. Et vous, vous avez vendu *(votre voiture)* .... ?

2. C'est difficile de s'occuper des enfants. *(Vos enfants)* .... sont beaucoup plus polis que *(notre enfant)* ....

3. Arthur et moi avons acheté un nouveau pantalon. Tu préfères *(son pantalon)* .... ou *(mon pantalon)* .... ?

4. Tu t'entends bien avec ta belle-mère ? *(Ma belle-mère)* .... est très curieuse mais *(ta belle-mère)* .... a l'air sympathique.

5. – Où mettons-nous nos cadeaux ?
– Mettez *(vos cadeaux)* .... sous le sapin. Les Girard ont mis *(leurs cadeaux)* .... près de la cheminée.

6. – Comment reconnaissez-vous vos deux livres ?
– *(Mon livre)* .... est abîmé et *(son livre)* .... est tout neuf.

7. Notre nièce va au même lycée que *(votre nièce)* .... Mais *(notre nièce)* .... passe son baccalauréat l'année prochaine.

8. Les voisins sont jaloux de son appartement parce que *(son appartement)* .... est plus grand que *(leur appartement)* ....

2. Répondez par l'affirmative à ces questions avec un pronom possessif.

Ex. : – À qui est ce stylo ? À toi ?
    – *Oui, c'est le mien.*
    – *À qui sont ces livres ? À vous ?*
    – *Oui, ce sont les nôtres.*

1. – À qui sont ces bagages ? Aux Pichon ?
– ....

2. – À qui est cette écharpe ? À ta nièce ?
– ....

3. – À qui est ce briquet ? À nous ?
– ....

4. À qui sont ces lunettes ? Au directeur ?
– ....

5. À qui sont ces guitares ? À vous, messieurs ?

– ....

6. – À qui sont ces chaussettes ? À ton copain ?

– ....

7. À qui est cet ordinateur ? À Anna ?

– ....

8. – À qui sont ces beaux yeux? À vous, mademoiselle ?

– ....

3. Pronom possessif ou pronom démonstratif ? Placez les pronoms : *c'* (2), *celle* (1), *celui* (3), *ce* (3), *ça* (5), *le tien* (1), *le mien* (1), *la nôtre* (1) et *les tiens* (1).

Discussion entre amis

Irina et Dimitri sont au restaurant.

Irina : On se met à cette table, **celle**-là, près de la fenêtre ?

Dimitri : Comme tu veux. Je prends ton manteau ?

Irina : Oui, mets-le avec .... derrière toi. .... est calme ici.

Dimitri : Oui, ... est .... que j'aime dans ce restaurant. Tu veux un apéritif ?

Irina : .... m'est égal, comme tu veux. Oh, regarde cet homme ! Il prend ton manteau !

Dimitri : Mais non, ... n'est pas .... ! .... te dit, un verre de vin ?

Irina : Oui, je veux bien. Hum, ... a l'air bon .... que mange notre voisin.

Dimitri : Lequel ? .... de gauche ou .... de droite ?

Irina : .... qui porte une chemise bleue. Mais regarde, le pauvre, sa table est près des toilettes !

Dimitri : Oui, ... est beaucoup mieux placée. Alors, comment vont tes parents ?

Irina : .... va. Et .... ?

Dimitri : Ils vont bien. La retraite, ils adorent .... !

Les pronoms indéfinis
(tout, aucun, personne, chacun...)

1. Trouvez la bonne réponse pour chaque question.

1. Quelle cravate tu mets ce soir ?   a. Non, rien, je dormais.
2. Romane, tu as fait tes exercices ?   b. N'importe lequel, ils ont tous l'air délicieux.
3. Vous avez entendu quelque chose ?   c. Personne, nous allons dîner en amoureux !
4. Tu as des recettes de cuisine italienne ?   d. Oui, tous.
5. Quel gâteau voulez-vous ?   e. Non, rien, merci.
6. Tu aimes mes chaussures ?   f. N'importe laquelle.
7. Vous désirez manger quelque chose ?   g. Oui, quelques-unes.
8. Qui as-tu invité pour ton anniversaire ?   h. Oh oui, je veux les mêmes !

2. Lisez ce texte...

QUELLE SOLITUDE !

Morgane va en discothèque ce soir. Elle a appelé tout le monde mais personne n'a voulu venir avec elle. Pourtant, elle y serait allée avec n'importe qui. Elle pense qu'elle va peut-être rencontrer quelqu'un qu'elle connaît mais elle n'y trouve personne. Elle quitte la discothèque pour aller ailleurs, n'importe où. Elle décide alors d'aller au cinéma voir un film, n'importe lequel. Devant le cinéma, elle choisit un film de Stephen Frears. Elle aime bien les films de Frears, elle en a vu plusieurs. Chacun a son charme. Dans la salle de cinéma, on lui propose des glaces et des boissons mais elle ne veut rien. À la sortie du cinéma, elle a envie de boire quelque chose. Elle va dans un café. Là, elle rencontre enfin quelqu'un : son ami, Arthur.

... et répondez aux questions suivantes.

1. Qui va avec Morgane en discothèque ?...

2. Avec qui voulait-elle y aller ?...

3. Qui rencontre-t-elle dans la discothèque ?...

4. Quel film décide-t-elle d'aller voir ?...

5. Pourquoi choisit-elle ce film ?...

6. Qu'achète-t-elle dans le cinéma ?...

7. Pourquoi va-t-elle ensuite dans un café ?...

8. Est-ce qu'elle y rencontre quelqu'un ?..

3. Complétez les questions suivantes avec un pronom indéfini.

• *aucun, personne, rien*

1. – Quelqu'un est venu pendant mon absence ?
– Non, **personne**.

2. – Qu'est-ce que vous avez fait hier ?

– .... du tout, je me suis reposée.

3. – Vous avez des nouvelles de Fernand ?

– Non, ...

4. – Qu'est-ce que tu as acheté ?

– ...., je n'ai pas d'argent.

• *quelqu'un, quelque chose, chacun*

5. – Vous avez oublié ...., madame ?

– Oui, j'ai laissé mon parapluie près de la table.

6. – Est-ce que tu n'entends pas .... taper à la porte ?

– Mais non, il n'y a personne !

7. – Tout le monde a donné .... pour l'anniversaire de Charles ?

– Oui, ... a donné quinze euros.

8. – Louis est venu avec .... hier soir ?

– Non, il était seul.

4. Même exercice.

• *un(e) autre, d'autres, quelques-un(e)s, plusieurs, tout, tous (toutes), le même, la même, les mêmes*

1. – Tu connais les chansons de Charles Aznavour ?

– Pas ...., seulement ....

2. – Vous désirez encore un café ?

– Oui, je vais en prendre ....

3. Ces lunettes sont trop grandes. Vous n'en avez pas .... ?

4. – J'étais là pendant l'accident.

– Alors vous avez .... vu, monsieur ?

5. – Ton fils a une très jolie chemise. Où pourrais-je acheter ....

pour Théo ?

– Ça va être difficile, nous l'avons achetée en Espagne.

6. – Tu as lu les romans d'Émile Zola ?

– Oui, ..., j'adore Zola.

7. – Vous avez des animaux ?

– Oui, j'en ai .... J'ai un chat, deux chiens et quatre canaris.

8. – Tu aimes mes nouvelles chaussures ?

– Bien sûr, j'ai ....

Les pronoms interrogatifs
(que, qui, lequel, laquelle...)

1. Reliez les phrases.

1. Qui a cassé le vase ?
2. Que fais-tu ?
3. Lequel voulez-vous ?
4. Sur quoi travaille-t-il ?
5. De quoi avez-vous parlé ?
6. Laquelle préfères-tu ?
7. Qui a téléphoné ?
8. Qu'avez-vous acheté ?

a. De la pluie et du beau temps*.
b. Le vert.
c. Une tarte aux fraises.
d. C'est pas moi !
e. Victor, il nous invite à manger.
f. Sur une version en anglais.
g. Celle-là, à droite.
h. Je prépare le dîner.

* Parler de la pluie et du beau temps : parler de tout et de rien.

2. Demandez des précisions.

➔ (Voir aussi le chapitre « La phrase interrogative »)

Ex. : – *Je vais dîner chez des amis.*
   – **Lesquels ?**

1. Ali doit aller à l'aéroport. – .... ?

2. Sors les assiettes du placard. – .... ?

3. Je vais te faire écouter une chanson de U2. – .... ?

4. Dorian s'est disputé avec les voisins. – .... ?

5. Félix veut apprendre une nouvelle langue. – .... ?

6. N'oublie pas d'emporter les cartes Michelin. – .... ?

3. Reformulez les questions suivantes.

➔ (Voir aussi le chapitre « La phrase interrogative »)

Ex. : *Que fais-tu demain ?*
   → **Qu'est-ce que tu fais demain ?**
   ou *Qu'est-ce que vous voulez ?*
   → **Que voulez-vous ?**

1. Qu'est-ce que vous apportez à la fête ?

→ ....

2. Qu'est-ce que tu mets ce soir ?

→ ....

3. Qu'a-t-elle oublié chez Victor ?

→ ....

4. Qu'est-ce que tu prépares pour le dîner ?

→ ....

5. Que désires-tu pour Noël ?

→ ....

BILAN 4

Les pronoms démonstratifs, possessifs, indéfinis, interrogatifs

1. Posez huit questions sur ce texte à l'aide de : *à qui* (2), *de qui, avec qui* (2), *chez qui* (2) et *pour qui.*

> Alix est amoureuse de Gildas. Elle écrit à sa meilleure amie, Ida, pour lui annoncer qu'elle se marie avec Gildas. Le mariage aura lieu chez l'oncle d'Alix. Ida vit chez ses parents et elle viendra avec eux au mariage. Elle veut acheter un beau cadeau pour Alix et Gildas. Elle a téléphoné à l'oncle d'Alix pour savoir de quoi les fiancés ont besoin.

1. De qui Alix est-elle amoureuse ?
2. .... ?
3. .... ?
4. .... ?
5. .... ?
6. .... ?
7. .... ?
8. .... ?

2. Répondez aux questions avec un pronom possessif.

Ex. : – *À qui est ce CD ? À Nathanaël ?* (Non)
    – *Non, ce n'est pas le sien.*

1. À qui est cet appartement ? À tes parents ? *(Oui)*
– ....

2. – À qui est ce dictionnaire ? À notre professeur ? *(Non)*
– ....

3. – À qui sont ces jouets ? À ton fils ? *(Non)*
– ....

4. – À qui est cet ordinateur ? À Prudence ? *(Oui)*
– ....

5. – À qui sont ces livres ? À tes cousins ? *(Non)*
– ....

6. – À qui sont ces lunettes ? À toi ? *(Oui)*
– ....

7. – À qui est ce briquet ? À nous ? *(Oui)*

– ....

8. – À qui sont ces rollers ? À vous ? *(Non)*

– ....

3. Complétez les phrases suivantes avec un pronom démonstratif accompagné d'un pronom relatif : *ce que* (4), *celle que* (1), *celles que* (1), *celui qui* (2), *celle qui* (1), *ce dont* (2), *celle dont* (1), *ceux dont* (1), *celle où* (2).

1. .... tu as le plus besoin, c'est .... le docteur te conseille : du repos.

2. Firmin, c'est toujours .... refuse de payer l'addition alors que c'est .... a le plus d'argent.

3. .... on rêve, c'est toujours .... l'on n'a pas.

4. – Tu connais la piscine des Lilas ?

– .... est près du métro ?

– Oui, c'est .... je vais tous les vendredis.

5. Je ne suis pas d'accord avec .... tu dis sur les voisins ; je connais .... tu parles et je les trouve très gentils.

6. Tes chaussures sont assez jolies, mais je préfère .... tu portais hier.

7. – On fait quoi ce soir ?

– .... tu veux. Pourquoi pas aller en discothèque, ... on était la semaine dernière ?

8. Non, ce sont deux personnes différentes : .... vous parlez n'est pas la même que .... je connais.

4. Choisissez la bonne réponse.

1. Tu veux boire quelque chose ?
☒ a. **Non merci, rien du tout, je n'ai pas soif.**
❑ b. Non, aucune.
❑ c. Je ne bois personne, merci.

2. Tu as lu les livres de Victor Hugo ?
❑ a. Oui, toutes. J'adore cet auteur.
❑ b. Oui, tous. J'adore cet auteur.
❑ c. Non, personne.

3. Tous les amis de Béa sont venus ?
❑ a. Non, seulement quelques-uns.
❑ b. Non, seulement quelques-unes.
❑ c. Non, chacun.

4. Raphaël, tu as dit bonsoir ?
❑ a. Oui maman, à quelque chose.
❑ b. Oui maman, à rien.
❑ c. Oui maman, à tout le monde.

5. Les jeux ont plu aux enfants ?
❑ a. Oui, chacun est reparti content.
❑ b. Oui, personne.
❑ c. Oui, tout est reparti content.

6. Il y a quelqu'un qui t'attend ?
❑ a. Non, aucun ; j'ai tout mon temps.
❑ b. Non, personne, j'ai tout mon temps.
❑ c. Non, rien ; j'ai tout mon temps.

7. Vous avez combien d'enfants ?
❑ a. Deux et nous en voulons d'autres.
❑ b. Deux et nous en voulons des autres.
❑ c. Deux et nous en voulons une autre.

8. Tu as trouvé un cadeau pour Souad ?
❑ a. Ah ! J'ai acheté quelque chose d'original.
❑ b. Ah ! J'ai acheté n'importe lequel d'original.
❑ c. Oui, aucun.

5. Répondez aux questions comme dans l'exemple.

Ex. : – *C'est ton manteau ?* (Oui)
　　　– ***Oui, celui-là, c'est le mien.***
　　　– *C'est ton manteau ?* (Non)
　　　– ***Non, celui-là, ce n'est pas le mien.***

1. – C'est votre parapluie, madame ? – *(Oui)*

– ....

2. – C'est votre voiture, messieurs ? *(Non)*

– ....

3. – Ce sont leurs enfants ? *(Oui)*

– ....

4. – Ce sont tes chaussures ? *(Non)*

– ....

5. – C'est le livre d'Émilie ? *(Oui)*

– ....

6. – C'est la voiture des voisins ? *(Oui)*

– ....

7. – Ce sont les valises de ta fille ? *(Non)*

– ....

8. – C'est ta veste ? *(Non)*

– ....

Les pronoms relatifs
(qui, que, dont, où)

1. Dites quel mot le pronom relatif remplace dans chaque phrase.

Au concert

1. Le pianiste **qui** joue ce soir est très célèbre. *(antécédent de **qui** : le pianiste)*

2. Victor Krashev a eu du succès dans toutes les salles **où** il a joué. (antécédent de .... : ....)

3. Je ne connais pas les musiciens **qui** l'accompagnent. (antécédent de .... : ....)

4. La femme **que** tu aperçois au premier rang est l'épouse de Krashev. (antécédent de .... : ....)

5. Tu vois l'homme **qui** lui parle ? (antécédent de .... : ....)

6. C'est le compositeur **dont** je t'ai parlé tout à l'heure. (antécédent de .... : ....)

7. Il est dans toutes les soirées **où** il y a du beau monde. (antécédent de .... : ....)

8. C'est un grand séducteur ; tu as vu la façon **dont** il regarde la femme de Krashev ?! (antécédent de .... : ....)

2. Reliez les phrases suivantes par le pronom relatif *qui*, comme dans l'exemple.

Ex. : *Le <u>serveur</u> est italien. Le <u>serveur</u> travaille dans ce restaurant.*
   → ***Le serveur qui travaille dans ce restaurant est italien.***

1. La <u>cathédrale</u> est très ancienne. La <u>cathédrale</u> se trouve près de l'école.

→ ....

2. Les <u>lunettes</u> appartiennent au professeur. Les <u>lunettes</u> sont sur le bureau.

→ ....

3. Le <u>paquet</u> est pour M. Michat. Le <u>paquet</u> est chez la concierge.

→ ....

4. Le <u>comédien</u> est très célèbre. Le <u>comédien</u> sort du théâtre.

→ ....

Ex. : *Je connais un <u>serveur</u>. Ce <u>serveur</u> travaille dans un restaurant italien.*
   → ***Je connais un serveur qui travaille dans un restaurant italien.***

5. J'aperçois une <u>femme</u>. La <u>femme</u> est penchée à sa fenêtre.

→ ....

6. Le docteur a une <u>BMW</u>. La <u>BMW</u> est garée devant chez mes voisins.

→ ....

7. J'admire les <u>bijoux</u>. Les <u>bijoux</u> sont dans la vitrine.

→ ....

8. Tara s'est battue avec une <u>petite fille</u>. La <u>petite fille</u> s'appelle Adèle.

→ ....

3. Complétez avec *que* ou *qu'*.

Le goût des autres

Le film **que** j'ai vu hier soir s'appelle *Le Goût des autres*, avec Jean-Pierre Bacri et Agnès Jaoui. C'est un film .... Agnès Jaoui a réalisé en 2001.

C'est l'histoire d'un directeur d'entreprise .... sa femme emmène un soir au théâtre ; ils assistent à une représentation de *Bérénice*, une pièce .... Jean Racine a écrite en 1670.

Or, la comédienne qui joue le rôle de Bérénice est aussi professeur d'anglais. C'est celle .... le directeur a renvoyée le matin même. Ce chef d'entreprise tombe amoureux de cette actrice .... il rappelle le lendemain pour recommencer les cours d'anglais. Elle accepte ; mais elle n'aime pas beaucoup cet homme .... elle trouve insupportable.

Un jour, il lui donne une lettre d'amour .... il a écrite en anglais. Elle se met en colère et arrête de lui donner des cours.

Mais les deux personnages, ... tout sépare dans la vie, se retrouveront.

4. Reliez les deux phrases avec *que* ou *qu'*, comme dans l'exemple.

Le Fabuleux destin d'Amélie Poulain

Ex. : *Amélie Poulain est <u>une jeune fille charmante</u>. Audrey Tautou interprète <u>cette jeune fille charmante</u>.*
→ **Amélie Poulain est une jeune fille charmante qu'Audrey Tautou interprète.**

1. Dans le film, elle travaille dans un bar, c'est <u>une serveuse</u>. Les clients apprécient <u>cette serveuse</u>.

→ ....

2. Le bar est à Paris, dans <u>le quartier Montmartre</u>. Beaucoup de Parisiens apprécient <u>ce quartier</u>.

→ ....

3. Amélie vit à Paris, dans <u>un petit appartement</u>. Elle a décoré <u>son appartement</u>.

→ ....

4. Elle rend souvent service <u>aux gens</u> ; elle aime voir <u>les gens</u> heureux.

→ ....

Ex. : _Son père_ habite seul en banlieue. Elle va voir _son père_ toutes les semaines.
→ **_Son père, qu'elle va voir toutes les semaines, habite seul en banlieue._**

5. La concierge de l'immeuble parle souvent de ses problèmes à Amélie. Elle écoute la concierge avec patience.

→ ....

6. C'est un album photo qui va lui apporter le bonheur ; un jeune homme a perdu cet album photo.

→ ....

7. En retrouvant l'album grâce à Amélie, ce jeune homme va tomber amoureux d'elle ; elle aime en secret ce jeune homme.

→ ....

8. Le film _Le Fabuleux destin d'Amélie Poulain_ a eu un énorme succès ; Jean-Pierre Jeunet a réalisé ce film.

→ ....

5. _Qui_ ou _que_ ? Faites le bon choix.

Ex. : La _cravate_ ☒ _que_ _tu portais hier est originale_
   ❏ _qui_

1. L'appartement ❏ que Maurice a acheté est immense.
   ❏ qui

2. L'appartement ❏ que est près du nôtre est vide.
   ❏ qui

3. L'émission ❏ que nous regardons est passionnante.
   ❏ qui

4. L'émission ❏ que je préfère passe le mercredi soir.
   ❏ qui

5. Le garçon ❏ que est assis là-bas a un visage triste.
   ❏ qui

6. Le garçon ❏ que tu nous as présenté hier est sympathique.
   ❏ qui

7. Le bureau ❏ que est à droite est celui du directeur.
   ❏ qui

8. Le bureau ❏ que est dans votre chambre est ancien.
   ❏ qui

6. Complétez les phrases suivantes par _qui_, _que_ ou _qu'_.

1. – C'est l'homme **qui** est sur cette photo .... Rachel va épouser ?

– Oui, celui .... porte une casquette.

2. – C'est Arsène .... a pris mon livre ?

– Ton livre ? Mais enfin ! C'est celui .... il t'avait prêté le mois dernier !

3. Vous avez l'adresse .... Alfred vous a demandée ? Laquelle ?

– Celle de l'avocat .... vous a défendus.

4. Chez eux, ce sont les enfants .... commandent et les adultes ....
obéissent !

5. – La femme .... j'aperçois, c'est bien la fille des Plochon ?

– Celle .... a les cheveux blonds ? Mais non, c'est Mme Plochon !

6.– L'exercice .... m'a donné mon professeur de mathématiques est trop difficile.

– Mais non ! C'est toi .... te décourages trop vite !

7. – Où sont les toilettes, s'il vous plaît ?

– C'est la dernière porte .... est au fond du couloir, celle .... vous
trouverez sur votre droite.

8. Le bijou .... Omar t'a offert est magnifique. C'est toi .... l'as choisi ?

7. Reliez les phrases avec *dont*, comme dans l'exemple.

Ex. :   *Le château de Vaux-le-Vicomte* est à cent cinquante kilomètres de Paris.
       Nicolas Fouquet était le propriétaire de ce château.
       **→ Le château de Vaux-le-Vicomte, dont Nicolas Fouquet était le propriétaire,
       est à cent cinquante kilomètres de Paris.**

1. Le château de Vaux-le-Vicomte a été construit en 1656. Louis Le Vau est l'architecte de ce château.

→ ....

2. Le parc de ce château est au milieu d'un bois. André Le Nôtre a dessiné les plans
de ce parc.

→ ....

3. André Le Nôtre est né en 1613. Le père d'André Le Nôtre était jardinier au jardin
des Tuileries à Paris.

→ ....

4. Dans le parc, il y a beaucoup de statues. Les allées de ce parc sont larges.

→ ....

Ex. : *C'est un château du six-septième siècle ; le parc de ce château ressemble à
celui de Versailles.*
       **→ C'est un château du dix-septième siècle dont le parc ressemble à celui de
       Versailles.**

5. En août 1653, Nicolas Fouquet invite Louis XIV. Il est le ministre des Finances de
Louis XIV.

→ ....

6. Le soir, Nicolas Fouquet donne une fête magnifique ; Louis XIV est jaloux de cette fête.

→ ....

7. Le lendemain de la fête, Louis XIV ordonne de mettre en prison Nicolas Fouquet.
Il a peur de Nicolas Fouquet.

→ ....

8. Le roi fait ensuite apporter au château de Versailles beaucoup d'objets précieux.
Nicolas Fouquet était le propriétaire de ces objets.

→ ....

1. LE GROUPE DU NOM • Les pronoms relatifs

8. Retrouvez l'ordre.

Ex. : *Tu as lu les livres...*
Harry Potter – le – dont – est – héros ?
→ ***Tu as lu les livres dont Harry Potter est le héros ?***

1. La fille...
à – parles – dont – habite – tu – Paris.

→ ....

2. Ce tableau...
un – les – gaies – paysage. – sont – couleurs – dont – représente

→ ....

3. C'est une histoire...
je – souviens – bien. – très – dont – me

→ ....

4. Je te présente Isabelle et Patrice...
les – dont – à – parents – Lyon. – vivent

→ ....

5. Le manteau
Claire – coûte – a – dont – cher. – envie.

→ ....

6. Ma voiture...
content – je – est – Peugeot. – suis – une. – dont

→ ....

7. Le chien...
– est – les – peur – enfants – dont – gentil. – ont

→ ....

8. Daphné est une jeune fille...
dont – amoureux. – sont – tous – hommes – les

→ ....

9. Reliez les phrases avec le pronom relatif *où* (pour exprimer le lieu), comme dans l'exemple.

Ex. : *Nous sommes allés au <u>musée</u>. Ce <u>musée</u> n'était pas intéressant.*
→ ***Le musée où nous sommes allés n'était pas intéressant.***

1. Justin va à l'<u>opéra</u> tous les mois. Cet <u>opéra</u> est très moderne.

→ ....

2. J'allais toutes les semaines à la <u>piscine</u>. Cette <u>piscine</u> est maintenant fermée.

→ ....

3. Mes parents vont au <u>théâtre</u> ce soir. Le <u>théâtre</u> est ancien.

→ ....

4. Les étudiants vont tous les jours à la <u>bibliothèque</u>. La <u>bibliothèque</u> ferme à vingt heures.

→ ....

Ex. : *Nous avons visité une <u>cathédrale</u>. Il n'y avait personne dans cette <u>cathédrale</u>.*
→ **Nous avons visité une cathédrale où il n'y avait personne.**

5. Quentin adore la <u>Lozère</u>. Il a acheté une maison en <u>Lozère</u>.

→ ....

6. Marcel cherche un <u>parking</u>. Il pourrait garer sa voiture pour la nuit au <u>parking</u>.

→ ....

7. Mon amie Nadia travaille dans une <u>agence de voyages</u>. Les billets d'avion sont à des prix intéressants dans cette <u>agence de voyages</u>.

→ ....

8. Mon grand-père habite un <u>immeuble</u>. Il n'y a pas de concierge dans cet <u>immeuble</u>.

→ ....

10. Reliez les phrases avec le pronom relatif *où* (pour exprimer le temps), comme dans l'exemple.

Ex. : *Tu es revenue une <u>nuit d'hiver</u>. Je me rappelle cette <u>nuit</u>.*
→ **Je me rappelle la nuit d'hiver où tu es revenue.**

1. Ils se sont rencontrés une <u>nuit</u> d'été. Simon et Clarisse n'oublieront jamais cette <u>nuit</u>.

→ ....

2. Ils sont partis un <u>matin</u>. Je n'étais pas présent ce <u>matin</u>-là.

→ ....

3. À cette <u>époque</u>, Paris était occupé. Mon grand-père se souvient bien de cette <u>époque</u>.

→ ....

4. Nous avons travaillé un <u>jour férié</u>. Vous vous souvenez de ce <u>jour férié</u> ?

→ ....

Ex. : *Nous les avons revus un <u>soir</u>. Il pleuvait beaucoup ce <u>soir</u>-là.*
→ **Nous les avons revus un soir où il pleuvait beaucoup.**

5. Nous sommes allés nous promener dans les bois un <u>après-midi</u>. Le temps était magnifique cet <u>après-midi</u>-là.

→ ....

6. Elle a écouté les problèmes de Sacha pendant la <u>soirée</u>. Elle avait rendez-vous avec Hyacinthe cette <u>soirée</u>-là.

→ ....

7. Il y a eu beaucoup de pluie cet <u>été</u>-là. Edmond n'a pas pris de vacances cet <u>été</u>-là.

→ ....

8. Joséphine est partie à ce <u>moment</u>-là. Armand est arrivé à ce <u>moment</u>-là.

→ ....

11. Barrez les réponses fausses, comme dans l'exemple.

→ (Voir aussi le chapitre « le passé composé »)

Ex. : La femme qui est | venue | ~~venu~~ | ~~venus~~ | tout à l'heure a laissé son nom ?

1. Les spectateurs qui ont | vus | vu | vue | cette pièce de théâtre étaient contents.

2. Les gants que Nicole a | achetés | achetée | acheté | hier sont en solde aujourd'hui.

3. La jupe qu'elle a | mis | mises | mise | aujourd'hui lui va très bien.

4. Annie a adoré le disque que tu lui as | prêtée | prêtés | prêté |.

5. Jeanne, qui s'est | couché | couchée | couchés | à une heure du matin, est fatiguée ce matin.

6. Cédric, qui a | monté | montés | montées | les valises dans la chambre, a oublié le sac noir.

7. Les personnes qu'André et Jeannine ont | invités | invitées | invité | hier sont arrivées en retard.

8. Romane et Camille, qui sont | montés | monté | montées | à pied au troisième étage de la tour Eiffel, ont compté toutes les marches.

12. Complétez les phrases avec *ce qui, ce que* et *ce dont.*

1. – Tu sais **ce qui** me plaît chez lui ?

– Non, c'est .... j'aimerais bien savoir !

2. – .... mon père a besoin, c'est de vacances.

– Pourquoi ne veut-il pas écouter .... lui dit son médecin ?

3. – Je me demande .... Bénédicte nous cache.

– Nous aussi, c'est justement .... nous parlions.

4. – .... intéresse le plus notre fils, c'est la musique.

– Oui, mais .... va être difficile pour lui, c'est de trouver un travail.

13. Complétez avec *chez qui, à qui* et *pour qui.*

1. Je vais te présenter les voisins **chez qui** nous avons fêté la nouvelle année.

2. Gontran pense à la femme .... il a offert un bouquet.

3. C'est un écrivain .... j'ai beaucoup d'admiration.

4. Elle est toujours avec Romuald, ... elle a beaucoup d'affection.

5. Nous allons enfin connaître le garçon .... notre fille téléphone tous les jours !

6. Ils appellent Bernadette, ... ils ont préparé une surprise.

7. C'est l'étudiant .... le professeur a conseillé de travailler plus.

8. Tu devrais appeler les Virieux, ... tu as oublié ton parapluie.

BILAN 5

....

Les pronoms relatifs

....

1. Complétez ce poème de Jacques Prévert avec les pronoms *que* et *où*.

Le message

La porte .... quelqu'un a ouverte

La porte .... quelqu'un a refermée

La chaise .... quelqu'un s'est assis

Le chat .... quelqu'un a caressé

Le fruit .... quelqu'un a mordu

La lettre .... quelqu'un a lue

La chaise .... quelqu'un a renversée

La porte .... quelqu'un a ouverte

La route .... quelqu'un court encore

Le bois .... quelqu'un traverse

La rivière .... quelqu'un se jette

L'hôpital .... quelqu'un est mort.

Jacques Prévert, Paroles.

2. Complétez avec *que, qu', qui,* ou *dont*.

Portraits

1. Robert est un homme ennuyeux, **qui** a toujours beaucoup de problèmes,
.... parle toujours de lui et .... personne n'écoute.

2. Adèle, ... ses parents appelaient Délou, était une petite fille charmante
.... l'intelligence étonnait tout le monde, mais .... n'était pas toujours très polie.

3. – Estelle ? Qui est-ce ?

– C'est la jeune femme blonde .... est toujours bien habillée et ....
on voit souvent dans le bureau d'Anella.

– Ah oui ! Celle .... est grande et .... a les cheveux courts ?

– Oui, c'est ça.

4. Antoine, ... les cheveux noirs cachaient les grands yeux marron, était
un petit garçon mystérieux .... savait parler avec les animaux sauvages.

3. Reliez les phrases avec *dont*. (Attention à la place de *dont* !)

Le jardin de Thomas

Ex. : *Thomas adore <u>son jardin</u>. Il rêve parfois <u>de son jardin</u> la nuit.*
  → ***Thomas adore son jardin dont il rêve parfois la nuit.***

1. <u>Son jardin</u> est magnifique. Il s'occupe tous les jours <u>de son jardin</u>.

→ ....

2. Quand il est dans son jardin, Thomas parle souvent avec <u>son voisin, Jérôme Planin</u>. Il a fait connaissance <u>de son voisin</u> l'année dernière.

→ ....

3. Quelquefois, Jérôme, qui est plus riche que Thomas, lui donne <u>ses vieux outils</u>. Il n'a plus besoin <u>de ses vieux outils</u>.

→ ....

4. <u>Les bons outils</u> coûtent cher. Thomas a envie <u>de ces bons outils</u>.

→ ....

5. Tous les deux adorent <u>les roses</u>. Ils parlent souvent <u>des roses</u>.

→ ....

6. Mais je ne sais pas pourquoi il a planté <u>des pommes de terre</u>. Il a horreur <u>des pommes de terre</u> !

→ ....

4. Complétez avec *que, qu', qui, dont* ou *où*.

Rachel travaillait à Lyon, dans un grand magasin **où** il y avait toujours beaucoup de clients et .... restait ouvert tard le soir. Elle n'aimait pas la ville .... elle ne supportait ni les odeurs ni le bruit. Elle s'était installée à Perthuisane, un petit village de la région lyonnaise. Elle vivait seule dans une grande maison .... elle avait achetée à un agriculteur .... avait beaucoup de vignes. Les jours .... elle ne travaillait pas, elle partait faire de longues promenades avec Jox, le chien .... ses parents lui avaient offert pour ses 23 ans. Les jours .... il pleuvait, elle restait dans le salon. C'était une grande pièce un peu sombre .... elle avait installé son piano, ... elle aimait beaucoup jouer.

LE VERBE

L'accord du sujet et du verbe

1. Dans les phrases suivantes, soulignez chaque verbe conjugué et entourez son sujet.

Ex. : *Le monde appartient à ceux qui se lèvent tôt.*

⬭ *Le monde* ⬭ **appartient** *à ceux* ⬭*qui*⬭ **se lèvent** *tôt.*

1. Pouvez-vous me dire où est le bureau de poste, s'il vous plaît ?

2. Emma et son fils repartent à Lyon demain soir.

3. Partir un an aux États-Unis plairait beaucoup à Louise.

4. Sais-tu qui vient ce soir ?

5. Marc et Sophie , je les vois tout à l'heure ; veux-tu que je leur donne les livres ?

6. Un jeune homme brun, très élégant, à l'air un peu triste, se promenait seul dans le jardin du Luxembourg.

2. Accordez les verbes entre parenthèses avec le pronom personnel sujet.

➜ (Voir aussi le chapitre « Le pronom personnel sujet »)

1. – *Delphine voit souvent ses parents ?*
– *Elle les* (voir) **voit** *trois fois par an.*

2. – Vous prenez l'avion pour aller à Toulouse ?

– Oui, nous le *(prendre)* ....

3. – Alors c'est d'accord ? Tu me rapportes mes disques demain ?

– Oui, ne t'inquiète pas, je te les *(rendre)* .... demain.

4. – Patricia peut toujours conduire la voiture de ses parents ?

– Non, ils ne le lui *(permettre)* .... plus depuis son accident.

5. – Vous aimez bien vos voisins ?

– Oui, on les *(inviter)* .... souvent à la maison.

3. Reliez pour faire des phrases.

➜ (Voir aussi le chapitre « Les pronoms relatifs »)

1. C'est nous qui   a. préparent le dîner.
2. C'est elle qui   b. as commencé.
3. C'est moi qui   c. s'est trompée d'adresse.
4. C'est vous qui   d. devons faire les courses.
5. Ce sont eux qui   e. ne comprenez rien.
6. C'est toi qui   f. ai gagné la partie !

Le présent : formes et valeurs

● « être », « avoir », « faire », « aller »

1. Reliez la forme verbale avec l'infinitif qui convient.

1. j'ai
2. ils font
3. ils vont
4. je suis
5. nous sommes
6. ils ont
7. elles sont
8. nous faisons

a. être
b. avoir
c. faire
d. aller

2. Reliez pour faire des phrases.

1. Déjà minuit et quart ! Il
2. Cet après-midi, les enfants
3. Moi, je
4. Aujourd'hui, il
5. Et toi, comment ça
6. Ce soir nous
7. En ce moment, j'
8. Madame, vous

a. suis agriculteur.
b. va ?
c. est tard !
d. avez froid ?
e. allons à l'opéra.
f. fait très chaud.
g. ai beaucoup de temps libre.
h. font des jeux.

3. Complétez par *être, avoir, faire* ou *aller*, comme dans l'exemple.

1. – Vous **faites** quoi comme métier ?

– Je .... agriculteur ; et vous ?

– Moi, je .... chauffeur de taxi.

2. – Nous .... à la piscine ; tu .... ton

maillot de bain ?

– Non, je ne sais pas où il ....

– C' .... ennuyeux !

3. En général, ils .... au supermarché le samedi matin à neuf

heures ; il n'y .... pas trop de monde à cette heure-là.

4. Où .... les clés de la voiture ?

5. – J' .... un peu froid ; tu .... du feu ?

– Si tu veux.

– On .... du bois ?

– Oui, beaucoup.

6. – Tu .... souvent au cinéma ?

– J'y .... une fois par semaine ; j'achète les tickets à l'avance, et

je ne .... pas la queue.

7. C' .... un jeune joueur de tennis ; il ....

vingt ans ; il .... jouer en finale.

8. – Où ....-tu ?

– Je .... dans la salle de bains.

– Qu'est-ce que tu .... ?

– Je me lave les mains.

4. Présentez-les en utilisant les verbes *être, avoir, faire, aller*.

Ex. :

Jürgend
allemand
40 ans
médecin
du piano
souvent à la piscine

Jürgend est allemand, il a quarante ans, il est médecin ; il fait du piano et il va souvent à la piscine.

Eva
polonaise
dix-sept ans
lycéenne
un vélo
du tennis
souvent au cinéma

....

....

....

....

....

Esteban et Manuela
espagnols
mariés
deux enfants
une grande maison
souvent à la campagne

....

....

....

....

Sophie
française
vingt-cinq ans
étudiante
de la danse
souvent au théâtre

....

....

....

....

• Les verbes du 1er groupe : les verbes en *-er*

1. Complétez, comme dans l'exemple.

Ex. : *parler : nous parlons*.

1. crier : tu cri ....

2. commander : je command ....

3. demander : ils demand ....

4. continuer : elle continu ....

5. étudier : elles étudi ....

6. admirer : vous admir ....

7. remercier : tu remerci ....

8. habiter : j'habit ....

2. Répondez comme dans l'exemple.

Ex. : – *Le magasin ferme à dix-neuf heures ?* (Non, à dix-huit heures trente)
   – ***Non, il ne ferme pas à dix-neuf heures, mais à dix-huit heures trente.***

1. – Les enfants arrivent ce soir ? *(Non, cet après-midi)*

– ....

2. – Tu parles l'italien ? *(Non, l'espagnol)*

– ....

3. – D'habitude, elle reste au bureau jusqu'à dix-neuf heures trente ? *(Non, jusqu'à dix-huit heures)*

– ....

4. – Ils habitent à Paris ? *(Non, à Nantes)*

– ....

5. – Tu invites les voisins ce soir ? *(Non, demain)*

– ....

6. – Il téléphone à Pétra ? *(Non, à Sandra)*

– ....

7. – En général, vous dînez à dix-neuf heures ? *(Non, à vingt heures)*

– ....

3. Remplacez *je* par *nous* et faites les accords nécessaires.

Ex. : *Souvent, à midi, je mange dans un petit restaurant chinois.*
   → *Souvent, à midi, **nous mangeons** dans un petit restaurant chinois.*

1. Le mois prochain, je déménage à Marseille.

→ ....

2. Je nage assez bien, mais je ne plonge jamais.

→ ....

3. Comment je place les invités pour ce soir ? Un homme, une femme, un homme, une femme…

→ ....

4. Je partage le gâteau ?

→ ....

5. Je commence les cours aujourd'hui.

→ ....

4. Récrivez les phrases suivantes en remplaçant *nous* par *on*.

Ex. : *Nous achetons* combien de baguettes ?
→ ***On achète combien de baguettes ?***

1. Ne vous inquiétez pas, <u>nous amenons</u> le soleil avec nous.

→ ....

2. <u>Nous</u> lui <u>répétons</u> tous la même chose depuis une semaine, mais il ne veut rien entendre !

→ ....

3. En général, <u>nous nous levons</u> vers six heures et demie, et vous ?

→ ....

4. Si <u>nous avons</u> un problème, <u>nous</u> vous <u>appelons</u>, ne vous inquiétez pas.

→ ....

5. <u>Nous nous inquiétons</u> beaucoup pour toi en ce moment. Tu es sûre que ça va ?

→ ....

6. Nous, <u>nous jetons</u> toutes les publicités que nous recevons dans la boîte aux lettres, et vous ?

→ ....

7. Ce soir, <u>nous amenons</u> les enfants à l'opéra ; <u>nous espérons</u> que ça leur plaira.

→ ....

8. <u>Nous préférons</u> partir dimanche, il y aura moins d'embouteillages.

→ ....

5. Conjuguez le verbe. (Attention : deux réponses sont parfois possibles.)

payer   Bon, je **paie** (ou **je paye**) cette facture, j' .... (ou

essayer j' ....) de trouver un timbre et j' ....

envoyer la facture.

essuyer Marc, tu .... la vaisselle.

essayer Et tu .... (ou tu ....) de ne pas

nettoyer casser d'assiettes. Ensuite, tu .... la cuisine.

essayer Ylam et Sandra, vous .... de calmer les enfants et vous

envoyer les .... au lit.

s'ennuyer Comme ça, personne ne s' ....

6. Conjuguez le verbe entre parenthèses.

1. – Qu'est-ce que vous faites ce soir ?

– Nous ne *(bouger)* **bougeons** pas, nous *(rester)* .... à la maison

et nous *(manger)* .... devant la télévision.

2. – Nous *(acheter)* .... le gâteau et tu *(apporter)* ....

le champagne, d'accord ?

– Je *(préférer)* .... le contraire ; j'*(acheter)* ....

le gâteau et vous (apporter) .... le champagne.

– Si tu veux.

3. – Qu'est-ce que tu (penser) .... de Joël ?

– Joël ? Il (commencer) .... à m'énerver : quand il (s'ennuyer) ...., il me (téléphoner) .... pendant une heure ; en plus, il ne (parler) .... pas, il (crier) .... !

4. – Théo, nous (commencer) .... la partie, tu viens ?

– Je (s'habiller) .... et j'(arriver) .... Mais si vous (commencer) .... sans moi, ce n'est pas grave.

5. – Pourquoi tu (jeter) .... ces vêtements ?

– Parce que je ne les (aimer) .... plus.

– Tu me les (donner) .... ?

– Si tu veux.

• Les verbes du 2ᵉ groupe : verbes en *-ir*

1. Faites des verbes à partir des adjectifs et donnez leur sens, comme dans l'exemple.

Ex. : *devenir grosse* → *grossir.*

1. devenir maigre → ....
2. devenir mince → ....
3. devenir blonde → ....
4. devenir brune → ....
5. devenir vieille → ....
6. devenir rouge → ....
7. devenir jaune → ....
8. devenir bleue → ....

2. Conjuguez les verbes de l'exercice précédent au présent de l'indicatif, comme dans l'exemple.

Ex. : *grossir* : **je grossis**   *il grossit*   *nous grossissons*

1. maigrir : je	il	nous ....
2. mincir : tu	elle	vous ....
3. blondir : il	nous	elles ....
4. bleuir : tu	vous	ils ....

3. Barrez l'intrus, c'est-à-dire le verbe qui n'appartient pas au 2ᵉ groupe, et pré-cisez-en l'infinitif, comme dans l'exemple.

Ex. : *il ~~crie~~ – il choisit – il remplit* → **crier**

1. vous démolissez – vous guérissez – vous dormez → ....
2. ils partent – ils finissent – ils rosissent → ....

3. tu remercies – tu choisis – tu vieillis → ....

4. je grossis – je m'ennuie – je rougis → ....

5. nous devenons – nous choisissons – nous réussissons → ....

6. elle guérit – elle maigrit – elle remercie → ....

7. il jaunit – il court – il brunit → ....

8. il s'ennuient – ils bleuissent – ils remplissent → ....

4. Complétez avec la bonne terminaison.

1. Nous fin**issons** notre partie de cartes et après nous jou .... avec toi.

2. Nous partons dans deux minutes, alors tu chois .... tout de suite : une glace à la vanille ou au chocolat ?

3. Tout va mal : je vieill ...., je gross ...., je m'ennu ....

4. – Vous chois .... la robe bleue ou vous préfér .... la verte ?

– Je chois .... la bleue.

5. En automne, les feuilles des arbres jaun ...., roug ...., mais ne bleu .... pas.

6. – Vous réuss .... tout dans la vie ; quel est votre secret ?

– Je chois .... mes amis et j'ai confiance en moi.

7. – Tes cheveux sont clairs !

– C'est normal, l'été ils blond ....

8. – J'ai soif !

– Deux minutes ! Je rempl .... la carafe !

– Ah ! C'est gentil, je te remerc ....

• Les verbes du 3e groupe : les verbes en *-ir*

1. Classez les verbes des phrases suivantes dans la colonne qui convient.
1. Tu pars tout de suite ? *(partir)*
2. Ils découvrent leurs cadeaux demain. *(découvrir)*
3. Je cueille souvent des fleurs. *(cueillir)*
4. Jeanne ne se souvient plus de rien. *(se souvenir)*
5. Qu'est-ce que je vous sers ? *(servir)*
6. Elle dort mal en ce moment. *(dormir)*
7. Ils tiennent les enfants par la main. *(tenir)*
8. Tu viens quand ? *(venir)*

Offrir j'offre, tu offres, il offre, nous offrons, vous offrez, ils offrent	Venir je viens, tu viens, il vient, nous venons, vous venez, ils viennent	Sortir je sors, tu sors, il sort, nous sortons, vous sortez, ils sortent
....	....	*partir*........................
....	....	....
....	....	....
....	....	....

2. Complétez avec la bonne terminaison.

Ex. : *Tu sens bon.*

1. Vous part.................... où ?

2. C'est calme ici ! Nous dorm.................... bien.

3. Ça fait longtemps qu'on ne s'est pas vus ! Qu'est-ce que tu dev.................... ?

4. Si vous cueill.................... trop de fleurs, le jardin sera vide !

5. Nos parents sort.................... ce soir ; et nous, nous regardons la télé.

6. Ils se souv.................... bien de moi.

7. Je par.................... dans deux minutes.

3. Complétez la terminaison des verbes.

1. J'offr.................... souvent des fleurs, aux hommes comme aux femmes.

2. – Je vous ser.................... quoi, madame ?

– Un jus d'orange bien frais s'il vous plaît.

3. – Nous ten.................... beaucoup à cette photo.

– Pourquoi ?

– Quand nous la regardons, nous nous souv.................... de notre merveilleux été en Italie.

4. – Comment te sen....................-tu ?

– Je me sen.................... mieux : je dor.................... bien, je mange bien.

– Quand sor....................-tu de l'hôpital ?

– Demain à onze heures ; tu v.................... me chercher ?

– Bien sûr !

5. – Vous ven.................... avec nous en discothèque ?

– Non, nous sort.................... demain et nous préférons nous reposer ce soir.

6. Quand il dor.................... mal, il dev.................... désagréable ; en plus, il ne se souv.................... plus de ses rendez-vous.

7. – Tu t.................... bien la main de papa pour traverser. C'est compris ?

– Oui, papa.

8. – Les Cotillard v.................... à quelle heure ?

– Vers dix-neuf heures trente.

– Et nous serv.................... quoi comme apéritif ?

– Oh zut ! J'ai oublié d'acheter des cacahuètes.

– Ne t'inquiète pas, je par.................... acheter ce qu'il faut.

4. Barrez l'intrus qui n'appartient pas au 3e groupe et donnez-en l'infinitif, comme dans l'exemple.

Ex. : *j'offre – je dors – je ~~finis~~ → finir*

1. ils tiennent – ils jaunissent – ils partent → ....

2. tu maigris – tu sers – tu pars → ....

3. nous découvrons – nous réussissons – nous cueillons → ....

4. il vient – il mincit – il sort → ....

5. vous découvrez– vous dormez – vous rougissez → ....

• Les verbes du 3e groupe : les verbes en -re

1. Classez les verbes des phrases suivantes dans la colonne qui convient.

1. Vous entendez ce que j'ai dit ? *(entendre)*
2. Vous peignez souvent des paysages ? *(peindre)*
3. Ils répondent au professeur. *(répondre)*
4. Ils comprennent bien le français ? *(comprendre)*
5. En ce moment, Félix repeint la salle de bains. *(repeindre)*
6. Dans ce roman, vous dépeignez bien l'ambiance de la campagne. *(dépeindre)*
7. Nous perdons souvent les factures. *(perdre)*
8. Nous apprenons la nouvelle en même temps que vous. *(apprendre)*

Prendre je prends, tu prends, il prend nous prenons, vous prenez, ils prennent	**Attendre** j'attends, tu attends, il attend, nous attendons, vous attendez, ils attendent	**Éteindre** j'éteins, tu éteins, il éteint, nous éteignons, vous éteignez, ils éteignent
....	*entendre*............................	....
....	....	....
....	....	....
....	....	....

2. Complétez avec *prendre, apprendre* ou *comprendre*.

1. Je me mets devant l'église et tu me **prends** en photo ?

2. Parle moins vite, je ne .... pas ce que tu dis.

3. La gare ? Vous .... la première à droite.

4. Depuis un mois, j'................................. le violon ; c'est difficile.

5. Ils sont très amis et ils se .... même sans se parler.

6. Je .... bien ton point de vue, mais je ne suis pas d'accord.

7. Pour aller en Corse, vous .... le train et le bateau ?

8. Tu me .... pour qui ? Je .... très bien ce que tu dis.

3. Complétez avec la bonne terminaison.

1. – Je vous défen**ds** de bouger. Vous compren.................. ?

– …

– Et vous répon.................. quand je vous parle ; c'est clair ?

– Oui monsieur.

2. – Julien et Guillaume nous atten.................. à la gare à dix-neuf heures trente. Ils pren.................. le même train que nous.

3. – Vous pren.................. la deuxième à droite, vous descen.................. quelques marches et vous serez sur la place.

4. Tony per............. toujours parce qu'il ne pren............. pas le temps de réfléchir.

4. Reliez pour faire des phrases.

1. Sur cette photo, vous ne ——————
2. Ils s'
3. Vous
4. Ils regardent beaucoup la télé, mais ils ne
5. Nous ne connaissons pas bien la route, nous
6. Sur l'autoroute, nous
7. Je les attends depuis une heure, vous
8. Ils n'aiment pas la campagne, ils

a. vivent en ville.
b. conduisons assez vite.
c. croyez qu'ils vont venir ?
d. souriez pas beaucoup.
e. inscrivent à plusieurs concours.
f. suivons Serge qui connaît la région.
g. ne lisent pas beaucoup.
h. écrivez beaucoup de lettres ?

5. Donnez les formes qui manquent, comme dans l'exemple.

Ex. : *tu ...* → ***tu crois***
     elles ... → ***elles croient***

1. elle ....
   nous ....
   ils interdisent

2. je me tais
   nous nous ....
   elles se ....

3. je ....
   nous ....
   elles traduisent

4. je ....
   il vit
   vous ....

5. il ....
   vous cuisez
   ils ....

6. je ....
   tu ....
   nous relisons

7. tu ....
   elle écrit
   vous ....

8. je crois
   il ....
   nous ....

6. Classez les verbes des phrases suivantes dans la colonne qui convient.

1. Les hommes naissent et demeurent libres et égaux en droits (Déclaration des droits de l'homme et du citoyen, 26/8/1789). *(naître)*
2. Nous ne nous battons pas, nous nous amusons ! *(se battre)*
3. – Vous ne me reconnaissez pas ?
– Si, je vous reconnais très bien. *(reconnaître)*
4. – Tu me promets de ne plus recommencer ?
– Je te le promets. *(promettre)*
5. La nature renaît au printemps. *(renaître)*
6. Ils débattent d'un sujet intéressant : doit-on toujours dire la vérité ? *(débattre)*
7. – Vous permettez que je prenne votre stylo? *(permettre)*
– Je vous en prie.

Mettre	Connaître
je mets, tu mets, il met, nous mettons, vous mettez, ils mettent	je connais, tu connais, il connaît, nous connaissons, vous connaissez, ils connaissent
....	*naître* ....
....	....
....	....
....	....

7. Complétez avec les verbes proposés.

1. *boire*

• Tu **bois** un verre avec moi ?

• Le soir, nous .... un café, parfois deux.

• Mes enfants adorent le Coca, ils en .... beaucoup.

• Vous .... quelque chose ?

2. *écrire*

• – À qui ....-vous ?

– Au directeur de l'agence.

• J' .... quelquefois des poèmes.

• À mon avis, ils .... beaucoup de bêtises dans ce journal.

3. *dire*

• Que ....-vous ? Je ne comprends pas très bien.

• Nous .... stop à la violence.

• Dans leur lettre, ils .... qu'ils vont bientôt venir.

4. *connaître*

• Nous .... bien ce village, nous y sommes nés.

• Les Pardini ? Non, je ne les .... pas.

• Mes nouveaux collègues .... bien le directeur ; ils disent que c'est un homme charmant.

5. *mettre*

• – Qu'est-ce que tu .... pour ce soir ?

– Mon costume noir.

• Les enfants, vous .... la table ?

• Ils .... beaucoup de temps pour venir ; j'espère qu'ils ne se sont pas perdus !

6. *vivre*

• Je .... ici depuis bientôt vingt ans, et ça me plaît toujours autant.

• – Il est mort ?

– Non, il respire ; il .... encore.

• Les gens .... de plus en plus vieux ; ce n'est pas comme avant.

7. *lire*

• Je ne .... pas les journaux, mais j'écoute la radio.

• Vous .... très bien, c'est un plaisir de vous écouter.

• – Que font les enfants ?

– Ils .... dans leur chambre.

8. *promettre*

• – Tu me .... que tu ne recommenceras plus ?

– Je te le ....

• Les hommes politiques .... souvent beaucoup de choses.

• Nous vous .... de revenir vous voir bientôt.

• Les verbes du 3ᵉ groupe : verbes en *-oir*

1. Retrouvez l'infinitif.

1. tu dois
2. elles reçoivent
3. je sais
4. nous recevons   a. recevoir
5. vous savez   b. savoir
6. ils doivent   c. devoir
7. elles savent
8. vous devez

2. Complétez avec *recevoir* ou *devoir*.

1. Il y a de la neige ; il **doit** faire froid dehors.

2. Il .... au moins cinq lettres par jour ! Il a de la chance !

3. Ce soir, nous .... des amis.

4. Le film commence, vous .... vous taire.

5. Je .... des coups de téléphone toutes les cinq minutes ; comment veux-tu que je travaille ?

6. Mes voisins ont eu un accident la semaine dernière, ils .... changer de voiture.

7. Il est tard, nous .... partir maintenant.

8. Il n'est pas encore là ! Il .... avoir un problème ; j'espère que ce n'est pas grave.

3. Complétez avec *savoir* ou *connaître*.

1. – Tu **sais** nager ?
– Oui.

2. Vous .... bien l'Espagne ?

3. Ils .... bien Alex ; ils vont souvent chez lui.

4. Je suis désolée, mais je ne .... pas quoi faire.

5. Nous ne .... pas bien la route ; vous pouvez nous faire un plan ?

6. Ils .... où sont les clés, mais ils ne veulent pas nous le dire.

4. Retrouvez les formes qui manquent.

1. *pouvoir*

   tu peux

   vous **pouvez**

   ils ....

2. *voir*

   il ....

   vous voyez

   ils ....

3. *s'asseoir*

   tu t'assieds

   vous ....

   ils ....

4. *valoir*

   je ....

   nous ....

   ils valent

5. *revoir*

   je ....

   tu ....

   nous revoyons

6. *vouloir*

   je ....

   nous ....

   ils veulent

7. *apercevoir*

   elle ....

   ils ....

   nous apercevons

5. Complétez avec *vouloir* ou *pouvoir*. (Attention à la phrase 8.)

1. Ici, vous êtes dans un hôpital, vous ne .... pas allumer votre portable.

2. – J'ai chaud ; tu .... ouvrir la fenêtre, s'il te plaît ?

– Si tu ....

3. – Tu .... un autre café ?

– Je .... bien.

4. – Mais que font Lucie et Jeanne ? Ça fait dix minutes que je les attends.

– Elles n'ont pas envie de rentrer ; elles .... rester ici ; elles s'amusent bien.

5. Vous changez toujours d'avis, vous ne savez pas ce que vous ....

6. J'ai ma voiture, je .... t'emmener si tu ....

7. Si tu sais te laver tout seul, tu .... aussi t'habiller tout seul !

8. Françoise et Marc ont marché toute la journée ; ils n'en .... plus*.

———————
* N'en plus pouvoir : être très fatigué.

6. Classez les verbes des phrases soulignées dans le tableau.

1. – Vous mangez quelque chose ?
– Non, nous n'avons pas le temps ; <u>nous partons dans cinq minutes</u>.
2. Isabelle est à la cuisine ; <u>elle prépare le repas</u>.
3. Les enfants, arrêtez de crier comme ça ! <u>Je regarde la télé</u> !
4. <u>On mange bientôt</u> ? J'ai faim, moi !
5. – Quelqu'un a téléphoné tout à l'heure ?
– Je ne sais pas, je n'étais pas là. <u>Je rentre seulement du bureau</u>.
6. – Que fait Bérénice ?
– <u>Elle écrit à sa cousine</u>.
7. – Tu as vu Fred ?
– <u>Oui, je sors de son bureau il y a une minute</u> ; il est vraiment très en colère.

Le présent exprime une action récente	Le présent exprime une action en train de se passer	Le présent exprime une action qui va se passer
....	....	**nous partons dans cinq minutes**
....	....	....
....	....	....
....	....	....
....	....	....

7. Reformulez les réponses, comme dans l'exemple.

Ex. : – *Qu'est-ce que tu fais ?*
    – *J'<u>écris</u> à Natacha.*
    → **Je suis en train d'écrire à Natacha.**

1. – Pierre écrit sa lettre de démission ?
– Non, il <u>réfléchit</u> à ce qu'il va écrire.

→ ....

2. – Que faites-vous ?
– Nous <u>regardons</u> la télé.

→ ....

3. – Léandre et Octave ne sont pas là ?
– Si, mais ils <u>dorment</u>. Ils se sont couchés tard hier.

→ ....

4. – Tu joues avec moi ?
– Tout à l'heure. Pour l'instant, je <u>travaille</u>.

→ ....

Le futur

1. Complétez les phrases avec le futur proche (*aller* + verbe à l'infinitif).

Ex. : *La pauvre, elle* (passer) **va passer** *ses vacances à l'hôpital !*
Ta barbe est trop longue : tu (se raser) *vas **te raser**, oui ou non ?*

1. Je me dépêche, sinon je *(être)* .... en retard.

2. – Tu *(quitter)* .... Margaux ?

– Oui, nous en avons parlé hier et nous *(se séparer)* ....

3. Tu connais les Laclos ? Ils *(faire)* .... le tour du monde l'année prochaine.

4. Vous *(adorer)* .... ce spectacle. C'est magnifique !

5. On a rencontré Miguel la semaine dernière. Il est tout content car il *(acheter)* .... un appartement au Portugal très bientôt.

6. Si nous allons en discothèque ce soir, nous *(se coucher)* .... encore très tard.

7. Je suis très fatigué. Je *(demander)* .... au directeur si je peux prendre quelques jours de repos.

2. Récrivez cette lettre en mettant les verbes soulignés au futur proche.

Ex. : *Il rentrera tard ce soir.* → ***Il va rentrer tard ce soir.***

ENFIN LIBRE !

Salut Dédé !

Comment vas-tu ? Moi, ça va très bien. Dans six mois,

j'aurai (....................................) ma licence d'économie. Adieu les études !

Je n'irai plus à la fac. D'abord, je partirai (....................................)

en vacances avec ma copine. Je crois qu'on ira (....................................)

au Mexique pour rendre visite à Roberto. On restera (....................................)

un mois là-bas et après je rentrerai (....................................) à Paris.

À mon retour, je chercherai (....................................) un travail et je

pourrai enfin quitter mes parents ! J'aurai mon appartement et je ferai ce que

je veux.

Bon, c'est vrai que je devrai (....................................) aussi payer les factures,

mais la liberté a un prix !

J'espère que tu viendras me voir quand j'habiterai seul.

À bientôt,

Jacques

2. LE VERBE • Le futur

3. Faites des phrases en utilisant le futur proche avec les verbes : *recommencer, arrêter, partir, s'amuser, manger, préparer, se lever* **et** *passer*.

1. *Kristina :* Qu'est-ce que j'ai grossi ! Ce soir, je **vais manger** une soupe et une pomme.

2. *Michaël :* Je mets le réveil à 6 heures. Je .... tôt demain.

3. *Arthur :* Oui, je te l'ai promis ! Je .... de fumer le 1ᵉʳ janvier.

4. *Héloïse :* Si tu continues, il .... et après, tu viendras pleurer chez moi !

5. *Marc-Olivier :* La semaine prochaine, je .... à travailler. Si tu savais comme je suis content après toutes ces années de chômage !

6. *Eva :* Je .... le dîner.

Adam : Et si on allait plutôt au restaurant ?

7. *Graham :* Tu connais la dernière ? Mon grand-père .... son bac !

8. *Marcelle :* Crois-moi : on .... à cette fête !

4. Mettez les verbes entre parenthèses au futur simple.

Ex. : *Je* (ranger) **rangerai** *l'appartement demain.*

1. Léon *(se coucher)* .... tôt ce soir.

2. Nous *(descendre)* .... à la station Champs-Élysées-Clemenceau.

3. Les élèves *(jouer)* .... au football avec les professeurs samedi.

4. Je *(se préparer)* .... dès que j'aurai fini.

5. *Vous (penser)* .... à l'anniversaire de Rachid.

6. Tu *(appeler)* .... ton père pour lui annoncer la nouvelle ?

7. Elles t'*(aider)* .... à préparer le repas si tu veux.

8. Mariette vous *(expliquer)* .... toute l'histoire.

5. Même exercice, mais attention aux verbes irréguliers !

1. Nous *(aller)* **irons** au carnaval de Venise l'année prochaine.

2. Ils *(être)* .... très heureux de te voir.

3. Il *(falloir)* .... que tu me prêtes ce livre.

4. J' *(avoir)* .... le temps de rendre visite à papa le week-end prochain.

5. Vous *(savoir)* .... la vérité si vous posez la question à Rose.

6. Tu *(faire)* .... la vaisselle, chéri ?

7. Les étudiants *(devoir)* .... passer un deuxième examen.

8. Tu *(voir)* .... un jour que ta mère avait raison !

6. Formez des phrases.

1. Je
2. Il
3. Rosine
4. Vous
5. Tu
6. Nous
7. Tes collègues
8. Toi et moi, on

a. ne voudra pas nous croire.
b. irez mieux demain.
c. enverrons les invitations bientôt.
d. viendront te voir à l'hôpital.
e. faudra tout lui dire.
f. deviendra célèbres un jour !
g. ferai les courses samedi.
h. pourras m'aider à déménager ?

7. Mettez les verbes entre parenthèses au futur simple.

DANS LES ÉTOILES

SCORPION Vous *(avoir)* **aurez** de la chance cette semaine ! Vous *(réussir)* .... tout ce que vous *(faire)* .... Côté cœur, Vénus *(être)* .... avec vous. Vous *(rencontrer)* .... la personne de vos rêves si vous êtes célibataire ou vous *(passer)* .... une magnifique soirée si vous êtes en couple.

LION Vous *(connaître)* .... une semaine assez difficile. Vous *(être)* .... fatigué. Vous *(devoir)* .... faire des efforts dans votre travail. Vos amis et vos collègues ne vous *(comprendre)* .... pas. Mais, ça *(aller)* .... mieux la semaine prochaine. Bon courage !

CAPRICORNE La semaine *(être)* .... tranquille. Vous *(se sentir)* .... calme et reposé. Vous n'*(avoir)* .... pas envie de sortir ou de voir des gens. Mais vous *(s'ennuyer)* .... peut-être, alors amusez-vous : vous ne le *(regretter)* .... pas ! Vous *(avoir)* .... même une bonne surprise jeudi !

8. Choisissez entre le futur simple et le futur proche.

Ex. : *À trente ans, tu* (être) *seras riche !*

1. J'arrive ! D'abord je *(boire)* .... un café pour me réveiller.

2. Quand tu *(avoir)* .... dix-huit ans, tu feras ce que tu voudras, mais tu n'as que sept ans !

3. Faites attention, vous *(tomber)* .... !

4. C'est vrai ce qu'on m'a dit ? Diane *(partir)* .... demain ?!

5. Elle ne se mariera jamais. Dans vingt ans, elle *(être)* .... toujours seule.

6. Vous vous connaissez depuis une semaine et vous *(se marier)* .... ?!

BILAN 6

··

Le présent et le futur

··

1. Conjuguez les verbes entre parenthèses au présent.

Cauchemar d'un professeur

– Tu *(savoir)* **sais** ce que j'ai fait ce matin ?

– Non, mais je *(vouloir)* .... bien le savoir !

– Tu *(voir)* ...., d'habitude, je *(mettre)* ....
toujours mon réveil à six heures et, quand il *(sonner)* ...., je
l'*(éteindre)* .... et je *(se lever)* .... tout de
suite après. Et, ce matin, je ne *(savoir)* .... pas pourquoi, je l'ai
éteint mais je ne me suis pas levée tout de suite.

– C'*(être)* .... sûr, tu *(travailler)* .... beaucoup en ce moment ; tu *(se coucher)* .... tard et tu ne *(dormir)*
.... pas assez.

– Tu *(devoir)* .... avoir raison ! Enfin bref. Quand j'ai ouvert les
yeux, il était sept heures ; l'heure où je *(partir)* .... d'habitude !
Imagine ma panique ! Alors, hop, hop, hop, en moins d'une seconde, je *(sauter)*
.... du lit, je *(courir)* .... à la salle de bains,
je *(prendre)* .... une douche rapidement. Au bout d'un quart
d'heure, je *(être)* .... prête à partir.

– Ça, c'*(être)* .... vraiment extraordinaire !!

– Ne te moque pas de moi ! Je *(réussir)* .... à attraper le bus de
huit heures moins dix et je *(se dire)* .... que je serai à l'heure.
J'*(arriver)* .... au lycée deux minutes après la sonnerie. Les élèves *(venir)* .... de se ranger devant les salles. Je *(monter)*
.... les escaliers quatre à quatre. Soudain, au deuxième étage,
je *(s'apercevoir)* .... que je n'*(avoir)* ....
pas mon cartable. En plus, je *(devoir)* .... rendre des devoirs
aux élèves. Le cauchemar quoi !

– Et alors, tu as fait quoi ?

– Tu ne *(aller)* .... pas me croire ; j'ai fait demi-tour, je suis allée
dans un bar, j'ai pris un petit déjeuner et j'ai téléphoné au lycée pour dire que j'étais
un peu malade !

– C'*(être)* .... bien la première fois que ça t'*(arriver)*
.... !

2. Cochez la phrase correspondante, comme dans l'exemple.

Ex. : – *Karine ! Téléphone pour toi !*
     – *Une minute ! Je descends.*
     ❏ *Je suis en train de descendre.* ☒ *Je vais descendre.*

1. – Tu pars bientôt, Antoine ?
– Oui, à six heures.
❏ Antoine vient de partir.   ❏ Antoine va partir.

2. J'ai vu Catherine, elle revient d'Italie. Son séjour lui a plu.
❏ Elle vient de revenir.   ❏ Elle est en train de revenir.

3. – Sandra, tu es prête ?
– Je me coiffe, j'en ai pour une minute.
❏ Je suis en train de me coiffer.   ❏ Je vais me coiffer.

4. – Éric, où es-tu ?
– Dans ma chambre, je travaille.
❏ Je viens de travailler.   ❏ Je suis en train de travailler.

5. – Tu as lu le courrier ?
– J'arrive juste ! Laisse-moi un peu de temps !
❏ Je vais arriver.   ❏ Je viens d'arriver.

3. Soulignez tous les mots qui expriment l'idée de futur.

CE QUE VOIT LA VOYANTE

– Bonjour madame. Je voudrais connaître mon avenir.

– Bien. Laissez-moi me concentrer... Demain, vous allez faire une rencontre très importante. Cette rencontre va vous aider dans votre avenir professionnel... Il vous faudra du courage la semaine prochaine : vous allez recevoir de mauvaises nouvelles. Un membre de votre famille va tomber malade bientôt. Mais cette personne guérira. Tout va s'arranger dans les mois à venir.

– Et dans un avenir lointain ? Est-ce que je vais me marier ?

– Non, vous ne vous marierez pas. Mais je vois que vous aurez un enfant dans deux ou trois ans. Dans une dizaine d'années, vous aurez un poste très important dans votre entreprise. Ne vous inquiétez pas, jeune homme, vous serez très heureux !

Le passé composé

• Le passé composé avec l'auxiliaire « avoir » : verbes des 1er et 2e groupes

1. Reliez A et B pour faire des phrases.

A
1. Elle avait si faim qu'elle
2. Hier soir, à cause de la réunion, on
3. Tu
4. Qu'avez-vous, Adèle ? Vous
5. Pendant ton absence, j'
6. Nous déménageons dans un mois, nous
7. Pendant les vacances, ils
8. Comme Arthur

B
a. ont rencontré des gens sympathiques
b. avez pâli d'un seul coup !
c. a fini son croissant en deux minutes.
d. avons commencé à ranger les affaires.
e. a grandi ! Je ne le reconnais plus !
f. as regardé le film hier ?
g. a dîné très tard.
h. ai beaucoup pensé à toi.

2. Observez les phrases suivantes : les verbes soulignés sont conjugués au passé composé avec l'auxiliaire *avoir*.
1. Ce matin, je n'ai pas déjeuné ; maintenant, j'ai faim.
2. Céline a beaucoup blondi cet été ; avant, elle était plus brune.
3. Les ouvriers ont démoli les vieilles maisons et vont construire des immeubles.
4. Elle a parlé pendant toute la soirée ; quelle bavarde !
5. Elle a oublié son écharpe ; elle l'a laissée sur le fauteuil.

Et répondez par *vrai* ou *faux*.
1. On utilise le passé composé pour parler d'événements en train de se dérouler.
2. Au passé composé, l'auxiliaire *avoir* est conjugué à l'imparfait.
3. On obtient le participe passé des verbes du deuxième groupe en enlevant **-ir** à l'infinitif et en ajoutant **-is**.
4. On obtient le participe passé des verbes du 1er groupe en enlevant **-er** à l'infinitif et en ajoutant **-é**.
5. Le participe passé s'accorde avec le COD quand il est placé après le verbe.
6. Le participe passé s'accorde avec le COD quand il est placé avant le verbe.
7. Le participe passé employé avec l'auxiliaire *avoir* ne s'accorde pas avec le sujet du verbe.

3. Mettez les verbes entre parenthèses au passé composé.

Ex. : *Nous* (adorer) ***avons adoré*** *ce film.*

1. Fernando *(habiter)* .... en France pendant toute son enfance ; maintenant, il vit aux États-Unis.

2. Cette nuit, j'*(rêver)* .... que la maison s'envolait.

3. Comme vous *(maigrir)* .... ! Vous faites un régime ?

4. Il y a deux jours, ils *(choisir)* .... ce canapé, ils l'*(acheter)* ...., ils l'*(payer)* .... et maintenant il ne leur plaît plus !

5. – Tu *(retrouver)* .... tes gants ?

– Non ; et pourtant, j' *(chercher)* .... partout.

• Le passé composé avec l'auxiliaire « avoir » : les verbes du 3e groupe

1. Donnez les formes qui manquent, comme dans l'exemple.

1. *avoir soif*

   j'ai eu soif

   ils **ont eu soif**

2. *avoir froid*

   nous ....

   vous avez eu froid

3. *être content(e)*

   elle ....

   elles ont été contentes

4. *avoir chaud*

   elle a eu chaud

   vous .... chaud

2. Dans les phrases suivantes, classez les participes passés des verbes dans le tableau et donnez leur infinitif.

1. Le professeur <u>a défendu</u> aux élèves de se lever et il leur <u>a interdit</u> de sortir.
2. Nous <u>avons voulu</u> rencontrer Gérard Depardieu après le spectacle, mais nous n'<u>avons</u> pas <u>pu</u> le voir ; il voulait rester seul.
3. Tu <u>as pris</u> ton parapluie et tu <u>as mis</u> tes bottes ? Il pleut fort !
4. J'<u>ai fait</u> les lits, j'<u>ai éteint</u> toutes les lampes, j'<u>ai descendu</u> les valises ; nous pouvons partir.
5. Je t'<u>ai vu</u>, je t'<u>ai souri</u>, je t'<u>ai suivi</u>, je t'<u>ai compris</u>, et puis un jour je t'<u>ai perdu</u>.
6. Bérengère <u>a découvert</u> un endroit magnifique et elle <u>a promis</u> de m'y emmener un jour.
7. J'<u>ai écrit</u> beaucoup de lettres mais personne ne m'<u>a répondu</u>.
8. – Tu <u>as sorti</u> le plat du four ?
   – Mais oui ; et je l'<u>ai</u> déjà <u>servi</u> !

Part. passé en *-eint*	Part. passé en *-i*	Part. passé en *-it*	Part. passé en *-is*	Part. passé en *-u*	Part. passé en *-ert*
....	....	....	....	*défendu :*	....
....	....	....	....	*défendre*	....
....	....	....	....	....	....
....	....	....	....	....	....
....	....	....	....	....	....
....	....	....	....	....	

3. Complétez les participes passés avec *-i, -is* ou *-it*.

1. Je t'ai déjà d**it** de ne pas te mettre les doigts dans le nez !

2. Au dessert, on nous a serv .... un excellent gâteau au chocolat.

3. Nous avons fa .... du vélo tout l'après-midi ; c'était fatigant mais c'était bien.

4. Il a cueill .... des fleurs, il en a fa .... un bouquet qu'il a m .... dans un vase.

5. Tu as condu .... pendant trois heures ; arrête-toi un peu et repose-toi !

6. Elle n'a pas pr .... ses médicaments.

4. Complétez les participes passés avec -u, -ert ou -it.

1. Alphonse ? Ah ça, je l'ai bien conn**u** ! Nous avons fa .... de la gymnastique ensemble pendant des années.

2. – Tu as cr .... qu'il disait la vérité ?

– Oui, il ne m'a jamais menti.

3. – José t'a offer .... un cadeau et tu ne l'as même pas ouver .... !

– Mais où est-il ? Je ne l'ai pas v ....

4. J'ai condu .... les enfants à l'école, j'ai fa .... le ménage ; maintenant, je me repose.

5. J'ai ouver .... toutes les fenêtres, mais ça ne change rien, il fait toujours aussi chaud !

6. – Pourquoi tu ne m'as pas d .... que tu partais ?

– J'ai voul .... le faire, mais quand je t'ai appelé, tu n'as rien entend ....

5. Retrouvez la place des participes passés suivants: *lu – bu – dû – pu* (2 fois) *– su – cru – vu.*

1. J'ai raté le bus et j'ai .... rentrer à pied à la maison.

2. François a adoré ce roman ; il l'a .... en trois jours.

3. Irina a bien compris son cours et elle a .... faire tous les exercices.

4. – Il n'y a plus de jus d'orange,

– Excuse-moi, j'avais soif, j'ai tout ....

5. – Antoine, ça va ?

– Oui, oui.

– Tu m'as fait peur, j'ai .... que tu étais tombé !

6. – Tu as .... dormir avec tout ce bruit ?

– Oui.

– Quelle chance tu as ! Je n'ai pas .... fermer l'œil de la nuit.

7. J'étais là, j'ai tout ...., j'ai tout entendu.

6. Accordez le participe passé avec le pronom COD, comme dans l'exemple.

➜ (Voir aussi les chapitres « Le pronom personnel COD » et « Le pronom relatif »)

Ex. : – *Où sont les clés ?*

    – *Je <u>les</u> **ai posées** sur le bureau.*

1. L'émission <u>que</u> j'ai regardé .... hier n'était pas très intéressante.

2. Les chaussures <u>que</u> j'ai acheté .... il y a trois jours me font un peu mal aux pieds.

3. – À qui tu as dit bonjour ?

– À Éléonore ; tu ne l'as pas reconnu .... ?

4. – Tu as des nouvelles de Michel ?

– Oui ; je l'ai appelé .... ce matin ; il va bien.

5. – Tu peux me rendre les livres que je t'ai prêté .... ?

– Oui, je les ai tous lu .... ; je te les apporte demain.

• Le passé composé avec l'auxiliaire « être ».

1. Assemblez les vignettes pour faire des phrases.

Nous avons raté le train, et pourtant nous		Je		nous sommes dépêchés.

| vous êtes bien amusés ? | | Michel, pourquoi tu | | Juliette avait besoin d'air ; elle |

| Les filles | | Vous semblez fatigué ; vous | | Raphaël | | Vous êtes contents ? Vous |

| vous êtes couché tard ? | | se sont inquiétées. | | me suis coiffée rapidement ce matin. |

| s'est bien habillé aujourd'hui. | | t'es garé si loin ? | | s'est promenée en forêt. |

1. **Nous avons raté le train et pourtant, nous nous sommes dépêchés.**

2. ....

3. ....

4. ....

5. ....

6. ....

7. ....

8. ....

2. Reliez l'infinitif avec le participe passé qui lui correspond.
1. aller   a. né
2. venir   b. descendu
3. sortir   c. parti
4. naître   d. allé
5. devenir   e. mort
6. mourir   f. venu
7. partir   g. devenu
8. descendre   h. sorti

3. Observez les phrases suivantes : les verbes soulignés sont conjugués au passé composé avec l'auxiliaire *être*.
1. Les Defrance ont déménagé et se sont installés dans un grand appartement.
2. Annie est montée dans sa chambre ; elle voulait se reposer.
3. Arthur est né le 15 avril à dix-huit heures trente. Demain, c'est son anniversaire.
4. Antoine et Matthieu se sont inscrits au tournoi de tennis ?
5. Tu vois, elle s'est souvenue de notre rendez-vous !

Et répondez par *vrai* ou *faux*.
1. Au passé composé, on conjugue toujours un verbe pronominal avec l'auxiliaire *être*.
2. Le pronom réfléchi du verbe pronominal se place toujours après l'auxiliaire *être*.
3. Quand on conjugue un verbe au passé composé avec l'auxiliaire *être*, le participe passé s'accorde en général avec le sujet.
4. Le participe passé *né* vient d'un verbe du 1er groupe.

4. Rédigez les emplois du temps des journées de Louise et de Vincent et Paul.

Louise

Lundi 12 septembre

7 h 00 *Se réveiller*	15 h 00
7 h 15	15 h 15
7 h 30 *Se lever*	15 h 30
7 h 45	15 h 45
8 h 00	16 h 00
8 h 15 *Sortir de la maison*	16 h 15
8 h 30	16 h 30
8 h 45	16 h 45
9 h 00	17 h 00
9 h 15	17 h 15
9 h 30	17 h 30
9 h 45	17 h 45
10 h 00	18 h 00 *Rentrer à la maison*
10 h 15	18 h 15
10 h 30	18 h 30
10 h 45	18 h 45
11 h 00	19 h 00
11 h 15	19 h 15
11 h 30	19 h 30
11 h 45	19 h 45
12 h 00	20 h 00
12 h 15	20 h 15
12 h 30	20 h 30
12 h 45	20 h 45
13 h 00	21 h 00
13 h 15	21 h 15
13 h 30	21 h 30
13 h 45	21 h 45
14 h 00 *Aller au cinéma*	22 h 00
14 h 15	22 h 15
14 h 30	22 h 30
14 h 45	22 h 45 *Se coucher*

Vincent et Paul

Lundi 12 septembre

7 h 00	12 h 00	17 h 00
7 h 30 *Se lever*	12 h 30	17 h 30
7 h 45	12 h 45	17 h 45
8 h 00 05 *Partir de la maison* 10 *Monter dans le bus*	13 h 00	18 h 00
8 h 15 20 *Arriver à l'école*	13 h 15	18 h 15
8 h 30	13 h 30	18 h 30
8 h 45	13 h 45	18 h 45
9 h 00	14 h 00	19 h 00
9 h 15	14 h 15	19 h 15
9 h 30	14 h 30	19 h 30
9 h 45	14 h 45	19 h 45
10 h 00	15 h 00	20 h 00 *Se doucher et se mettre en pyjama*
10 h 15	15 h 15	20 h 15
10 h 30	15 h 30	20 h 30
10 h 45	15 h 45	20 h 45 *Se coucher*
11 h 00	16 h 00	21 h 00
11 h 15	16 h 15	21 h 15
11 h 30	16 h 30	21 h 30
11 h 45 *Aller à la cantine*	16 h 45 50 *Rentrer à la maison*	21 h 45

Lundi, Louise s'est réveillée à 7 heures, elle ....
....
....
....
....
....

Lundi, Vincent et Paul se sont levés à 7 heures 30, ils ....
....
....
....
....
....

• Le passé composé : auxiliaire « avoir » ou auxiliaire « être »

1. *Avoir* ou *être* ? Choisissez.

Ex. : *Léa **est** sortie avec le chien.*
      *Léa **a** sorti le chien ce matin.*

1. Les enfants .... monté leurs cadeaux dans leur chambre.

2. Les enfants .... montés dans leur chambre avec leurs cadeaux.

3. Tu .... descendu à la cave pour chercher du vin ?

4. Tu .... descendu les bouteilles de vin à la cave ?

5. Alain .... retourné voir ce film trois fois.

6. Alain .... retourné ses gants pour les faire sécher plus vite.

7. Vous .... rentré les vélos dans le garage ?

8. Nous .... rentrés dans le garage et nous ....

sorti les vélos.

2. Rédigez la biographie de ces deux écrivains français en mettant les verbes au passé composé.

André Malraux
1901 : naît en banlieue parisienne.
1921 : écrit son premier livre : *Lunes en papier*.
1923 : part au Cambodge pour découvrir l'art khmer.
1925 : à Saigon, devient le directeur d'un journal : *L'Indochine*.
1931 : va en Amérique.
1933 : reçoit le prix Goncourt pour son roman : *La Condition humaine*.
1936 : se bat contre le général Franco, en Espagne.
1944 : devient résistant et se fait arrêter par les Allemands.
1945 : rencontre le général de Gaulle.
de 1959 à 1969 : est ministre de la Culture.
1976 : meurt à Verrières-le-Buisson, près de Paris.

Colette
1873 : naît à Saint-Sauveur-en-Puisaye, en Bourgogne.
1893 : se marie avec Henry Gauthier-Villars, un journaliste parisien.
1900 : écrit son premier roman : *Claudine à l'école*.
1916 : quitte son mari.
de 1910 à 1916 : fait du théâtre.
1912 : se marie avec Henry de Jouvenel et recommence à écrire.
1913 : devient mère d'une petite fille.
1935 : se marie une troisième fois avec Maurice Goudeket et continue à écrire ; s'installe au Palais-Royal, un quartier parisien.
1954 : meurt au Palais-Royal.

En 1901, André Malraux est né en banlieue parisienne. ....

....

....

....

....

....

En 1873, Colette ....

....

....

....

....

....

....
....
....
....

• Le passé composé : les formes négative et interrogative

1. Répondez aux questions comme dans l'exemple.

➜ (Voir aussi le chapitre « La phrase négative »)

Ex. : – *Irène, vous êtes déjà allée au Cambodge ?* (Non, ne … jamais)
   – **Non, je ne suis jamais allée au Cambodge.**

1. – Ils ont vu quelque chose de bien au cinéma ? *(Non, n'… rien)*

– ....

2. Vous avez rencontré quelqu'un pendant votre promenade ? *(Non, n'… personne)*

– ....

3. – Tu as déjà eu un accident de voiture ? *(Non, n'… jamais)*

– ....

4. – Et après cette dispute, vous vous êtes encore revus ? *(Non, ne … plus)*

– ....

5. – Anne et Roxane ont fini les exercices ? *(Non, n'… pas)*

– ....

6. – Sylvie s'est ennuyée pendant les vacances ? *(Non, ne … pas)*

– ....

7. – Vous avez téléphoné à quelqu'un ? *(Non, ne … personne)*

– ....

2. Reformulez les questions suivantes.

➜ (Voir aussi le chapitre « La phrase interrogative »)

Ex. : *Est-ce que tu as assez mangé ?* → **As-tu assez mangé ?**
   As-tu assez mangé ? → **Est-ce que tu as assez mangé ?**

1. Est-ce que vous avez bien compris cette leçon ?

→ ....

2. As-tu eu peur en voyant ce film d'horreur ?

→ ....

3. Est-ce que vous avez fini votre travail ?

→ ....

4. Sont-ils repartis contents ?

→ ....

5. Vous êtes-vous bien réveillée ?

→ ....

L'imparfait

1. Complétez le tableau.

	tu	nous	vous
être	*étais*	....	....
prendre	....	*prenions*	....
commencer	....	....	*commenciez*
finir	....	....	....
boire	....	....	....
connaître	....	....	....
s'ennuyer	....	....	....
faire	....	....	....

2. Dites le contraire en utilisant l'imparfait.

Ex. : *Maintenant, nous jouons au Loto.* **Avant, nous ne jouions pas au Loto.**

1. Maintenant, nous payons par chèque. Avant,...

2. Maintenant, vous étudiez l'anglais. Avant, ...

3. Maintenant, nous apprécions sa présence. Avant, ...

4. Maintenant, vous oubliez de m'écrire. Avant,...

5. Maintenant, vous faites bien la cuisine. Avant, ...

6. Maintenant, il faut connaître l'informatique. Avant,...

3. Complétez les phrases avec les verbes *être* et *avoir* à l'imparfait.

Ex. : *Marco* **était** *toujours gai quand il* **avait** *rendez-vous avec toi.*

1. Quand Valentin .... petit, il .... peur des sorcières.

2. À cette époque, nous .... un tout petit appartement, nous n'..................................... pas d'argent mais nous .... heureux !

3. Quand j' .... treize ans, j' .... gros et j' .... des boutons.

4. Vous vous souvenez des années soixante-dix ? Vous .... les cheveux très longs et vous .... fan de* Bob Dylan !

5. Quand elles .... jeunes, elles .... toujours envie de s'amuser.

---

* Être fan de... : aimer beaucoup un chanteur ou un acteur.

6. Avant son mariage, Charlotte .... souvent triste et elle n' .... pas beaucoup d'amis. Comme elle a changé !

7. Elvis Presley .... le chanteur le plus connu au monde dans les années soixante. Il .... un tel charme !

8. Nous .... bien plus tranquilles quand nous n' .... pas ces voisins !

4. Complétez les phrases avec les verbes *parler, faire, s'asseoir, dire* et *arriver* à l'imparfait.

Dialogue avec un sourd

Pierre : Tu te rappelles, Jean, à l'école ? Tu **t'asseyais** toujours au fond de la classe.

Jean : Comment, je .... toujours en première classe ?!

Pierre : Souviens-toi ! Je .... souvent tes devoirs !

Jean : Quoi ? Tu .... souvent la foire* ?!

Pierre : Tu .... tous les jours en retard !

Jean : Moi ? J' .... tous les jours en car ?!

Pierre : Et tu .... tout le temps en cours !

Jean : Comment ? Je .... tout le temps d'amour ?!

Pierre : Et tu comprenais tout ce qu'on te disait !!

_____
* Faire la foire : faire la fête.

5. Mettez les verbes entre parenthèses à l'imparfait.

Conflit de générations

– Crois-moi, mon petit, c'*(être)* **était** bien mieux à mon époque ! Ton grand-père et moi, nous *(travailler)* .... dur mais, au moins, nous *(avoir)* .... du travail. Les jeunes gens nous *(respecter)* .... Nous ne *(regarder)* .... pas la télévision comme aujourd'hui ; nous *(lire)* ...., nous *(discuter)* .... Nous n'*(étudier)* .... pas pendant des années mais nous en *(savoir)* .... bien assez !

– Mais mamie, je ne suis pas d'accord avec toi ! La vie *(être)* .... difficile avant ! Vous n'*(avoir)* .... pas de machine à laver, pas de magnétoscope, pas d'ordinateur. Les euros n'*(exister)* .... pas, vous *(payer)* .... en francs ! Vous n'*(envoyer)* .... pas d'E-mail mais des télégrammes ! À ton époque, il *(falloir)* .... une semaine pour aller en Espagne. Et comment *(faire)* ....-vous sans téléphone portable ?!

6. Complétez les phrases en utilisant une fois chaque verbe à l'imparfait : *faire, regarder, s'éclairer, manger, aller, avoir, utiliser, conduire, habiter, venir et lire.*

1. Autrefois, il n'y **avait** pas d'électricité. Et comment ....-on sans électricité ? On .... à la bougie ou on .... des lampes à pétrole.

2. À cette époque, nous ne .... pas beaucoup la télévision le soir mais nous .... beaucoup, nous .... souvent au restaurant et nous .... au cinéma et au théâtre.

3. En 1960, mes parents .... à Dijon, ils ne .... pas et ils .... nous voir à Paris en train.

7. Donnez la valeur de l'imparfait pour chaque phrase : *description, habitude, hypothèse / désir, politesse.*

Ex. : *Elle avait de longs cheveux blonds et un sourire triste.* (**description**)

1. Si seulement tu avais plus de patience ! ....

2. Quand Pierrot avait sept ans, il chantait à l'église tous les dimanches. ....

3. Le soleil brillait, la mer était bleue. Gaston était heureux. ....

4. Excusez-nous, nous voulions vous emprunter votre livre de recettes. ....

5. Si je gagnais au Loto ? Impossible, je n'y joue pas. ....

6. Je voulais juste vous poser une question. ....

7. Le restaurant était vide. Seul un couple mangeait au fond de la salle.

....

8. Ah ! Si vous aviez dix ans de plus ! ....

8. Complétez ces textes relatant des souvenirs. Utilisez l'imparfait.

1. Avec les verbes *dépenser, falloir, rester, regarder* **et** *aller* :

On **allait** au bord de la mer

Avec mon père, ma sœur, ma mère.

On .... les autres gens.

Comme ils .... leur argent.

Nous, il .... faire attention.

Quand on avait dépensé le prix d'une location

Il ne nous .... pas grand-chose.

Michel Jonasz, Les Vacances au bord de la mer.

2. Avec les verbes *entrer, rire, s'asseoir, dire, s'en aller, déranger* **et** *ouvrir :*

Elle **entrait** et .... : – Bonjour, mon petit père !

Prenait ma plume, ... mes livres, ...

Sur mon lit, ... mes papiers et .... ;

Puis soudain .... comme un oiseau qui passe.

Victor Hugo, Les Contemplations.

3. Avec les verbes *sortir, avoir (2), faire* et *être* :

Ce soir-là, on **sortait** du cinéma

Il .... mauvais temps dans la rue Vivienne

J' .... très élégant, j' .... ma canadienne

Toi, tu .... ton manteau rouge

Et je revois ta bouche, comme un fruit sous la pluie

Serge Reggiani, La Chanson de Paul.

4. Avec les verbes *avoir (3), être (3), s'allumer, partager* et *allumer* :

On **allumait** une cigarette et tout ....

Et c' ....la fête, le quatorze Juillet

Il n'y .... jamais un copain de trop

Dans l'équipe à Jojo

Il y .... moins de nuits sans guitare

Que de jours sans pain

On .... tout et on n' .... rien

Qu'est-ce qu'on .... fou

Qu'est-ce qu'on .... bien

Joe Dassin, L'Équipe à Jojo.

• L'imparfait et le passé composé

1. Choisissez entre l'imparfait et le passé composé.

Ex. : *Antoine* (regarder) ***regardait*** la télévision tous les jours quand il était jeune.
Hier, *Antoine* (regarder) ***a regardé*** la télévision toute la journée !

1. Sylvestre *(aller)* .... à la banque aujourd'hui : il n'avait plus d'argent !

2. Quand nous avons rencontré Sylvestre, il *(aller)* .... à la banque chercher de l'argent.

3. Quand j'étais petite, je *(chanter)* .... tous les samedis à la chorale de l'école.

4. Un jour, je *(chanter)* .... à la chorale de l'école. C'était la première et dernière fois !

5. Il faisait froid, la neige *(tomber)* .... à gros flocons et le vent *(souffler)* .... dans les arbres.

6. Il faisait soleil quand tout à coup la pluie *(se mettre)* .... à tomber.

7. Tous les jeudis à la cantine, nous *(manger)* .... des pâtes à la sauce bolognaise.

8. Un jeudi, à la cantine, nous *(manger)* .... des crêpes au fromage et au jambon. Ça changeait des pâtes !

2. Mettez les verbes entre parenthèses à l'imparfait ou au passé composé.

1. Gabriel *(se lever)* **se levait** tous les matins à 7 heures mais ce jour-là il *(être)* .... très fatigué ; il *(se lever)* .... à 8 heures.

2. Les enfants *(rire)* .... et *(crier)* .... dans la salle de cours. Tout à coup, le professeur *(entrer)* .... dans la classe et les enfants *(se taire)* ....

3. Quand elle *(être)* .... célibataire, Macha *(sortir)* .... souvent en discothèque. Mais depuis qu'elle *(rencontrer)* .... Armand, on ne la voit plus !

4. La chatte et ses petits *(dormir)* .... au soleil. Un des chatons *(jouer)* .... avec une feuille. Soudain, un gros chien *(arriver)* .... en courant et la petite famille *(disparaître)* .... dans les arbres.

3. Mettez les verbes à l'imparfait ou au passé composé.

Georgette et Raymond se rappellent leur rencontre.

Georgette : Tu te souviens ? C'**était** *(être)* un lundi.

Raymond : Mais non ! C'*(être)* .... un jeudi !

Georgette : Je *(porter)* .... une robe rose et un chapeau jaune.

Raymond : Comment ? Tu *(être)* .... en pantalon !

Georgette : Je *(boire)* .... un thé ; tu *(entrer)* .... dans le café et tu m'*(sourire)* ....

Raymond : Mais pas du tout enfin ! C'est toi qui m'*(regarder)* .... et qui m'*(dire)* .... bonjour !

Georgette : Peu importe*. Ensuite, tu *(s'asseoir)* .... Tu *(sembler)* .... timide.

Raymond : Moi ?! J'*(être)* .... très à l'aise. Toi, tu *(être)* .... rouge comme une tomate.

Georgette : Enfin, depuis on ne s'est plus quittés !

––––––––––
*Peu importe : ça n'a pas d'importance.

4. Récrivez le texte en insérant les phrases à l'imparfait. Attention, elles sont en désordre !

Rendez-vous manqué

Alexandre s'est levé à 7 heures. **Il avait froid.** Il a allumé un feu dans la cheminée. Il a bu un café, s'est vêtu chaudement et est sorti dans la rue. .... Il a acheté le journal. ...., il a pris un café au bar des Alouettes. Il a discuté avec les clients assis au comptoir. Il a regardé sa montre : .... Il a pris le métro. .... Il a monté rapidement les marches de la station Saint-Lazare. Sur la place, l'horloge lui a indiqué qu'il avait plus de vingt minutes de retard. Il a regardé partout, ...

10 heures et demie ! À présent il était presque en retard, comme le temps passait vite !
Il neigeait, la rue était déserte.
Elle n'était plus là.
Il se sentait nerveux à l'idée de la revoir.
Il avait froid.
Comme il était en avance à son rendez-vous,

5. Mettez les verbes de ce texte à l'imparfait ou au passé composé. (Attention aux accords.)

Cauchemar en mer

La mer *(être)* **était** calme. Le *Normandie* *(avancer)* .... doucement sur l'eau. Les passagers du bateau *(profiter)* .... de leur
croisière. Certains *(dîner)* .... dans la grande salle du restaurant
luxueusement décorée. D'autres *(se reposer)* .... sur le pont et
(admirer) .... la lune qui *(se refléter)* ....
dans la mer. Sarah *(descendre)* .... dans sa cabine. Elle *(prendre)*
.... un livre et *(s'allonger)* .... sur la cou-
chette. Soudain, elle *(entendre)* .... un énorme bruit. Elle *(sortir)*
.... de sa cabine. Les gens *(courir)* .... partout. Des enfants *(pleurer)* .... Sarah *(monter)*
.... sur le pont. Le bateau *(couler)* ....
doucement. C'est alors que Sarah *(se réveiller)* ....

6. Mettez les verbes entre parenthèses au passé composé ou à l'imparfait. (Attention aux accords.)

Félix voudrait retrouver la jeune fille qu'il a rencontrée le mois dernier.

On *(se rencontrer)* **s'est rencontrés** le samedi 18 janvier vers 11 heures au buffet de la
gare Montparnasse. Je t'*(remarquer)* .... tout de suite. Tu *(porter)*
.... un long manteau rouge et tu *(tirer)* ....
une grosse valise. Tes longs cheveux blonds *(tomber)* .... sur tes épaules. Moi,
je *(lire)* .... un roman de Kundera. La salle *(être)*
.... pleine. Tu *(s'approcher)* .... de ma table
et tu *(demander)* .... si tu *(pouvoir)* ....
t'asseoir. On *(discuter)* .... quelques minutes. Tu *(dire)*
.... que tu *(partir)* .... à Toulouse rendre
visite à ta famille. Tu *(sembler)* .... heureuse, tu *(sourire)*
.... tout le temps. Tu *(boire)* .... ton café
rapidement et tu *(partir)* .... prendre ton train. J'aimerais te revoir.
Tu peux écrire au journal : référence 3710RT.

7. Cochez la bonne interprétation.

1. Il pleuvait quand Léandre est sorti de chez lui.
a. ❑ On sait depuis combien de temps il pleut.
b. ☒ On ne sait pas depuis combien de temps il pleut.

2. Il a plu dès que Léandre est sorti de chez lui.
c. ❑ Il pleuvait depuis longtemps.
d. ❑ Il s'est mis à pleuvoir.

3. Denise riait quand Alban s'énervait.
e. ❑ C'est exceptionnel.
f. ❑ C'est habituel.

4. Denise a ri quand Alban s'est énervé.
g. ❑ Denise riait avant qu'Alban ne s'énerve.
h. ❑ Denise a ri parce qu'Alban s'est énervé.

8. Mme Dupont a assisté à un séminaire* sur l'art culinaire français. Écrivez un texte au passé à l'aide des indications données : programme (au passé composé) et commentaires personnels (à l'imparfait).

9 h 00 : Ouverture du séminaire. *(Très ennuyeux…)*
Discours d'introduction du professeur Clavier. *(Drôle de tête !)*
11 h 00 : Exposé sur les spécialités régionales par M. Friloux. *(Idéal pour mettre en appétit)*
12 h 00 : Dégustations. *(Délicieux)*
13 h 00 : Déjeuner. *(Très mauvais)*
14 h 00 : Intervention du chef cuisinier Arthur Arama. *(Sympathique et amusant)*
15 h 00 : Débat sur le thème : La nouvelle cuisine.
16 h 30 : Exposé sur la cuisine traditionnelle française par Mme Loubet. *(Instructif)*
17 h 30 : Discours de clôture par le professeur Dauguin. *(Trop long)*

* Séminaire : groupe de spécialistes réunis pour étudier certaines questions.

Le séminaire s'est ouvert à 9 heures. C'était très ennuyeux. ....

....

....

....

....

....

....

....

....

....

....

Le plus-que-parfait

1. Récrivez ce texte au plus-que-parfait. (Attention aux accords.)

La manifestation du 1er Mai

Les manifestants se réunissent place de la République à 13 heures. Ils font une halte devant Matignon à 14 h 30. Ils arrivent à la Bastille à 16 heures. À 16 h 30, les leaders syndicaux prononcent leurs discours. À 17 heures, boulevard Voltaire, les premiers heurts éclatent entre les manifestants et les policiers. À 17 h 30, les organisateurs tentent de ramener le calme. À 18 heures, les manifestants se séparent. À 19 heures, de nouveaux heurts opposent les forces de l'ordre et les manifestants.

Un journaliste se souvient : Ce jour-là, les manifestants **s'étaient réunis**

....

....

....

....

....

....

2. Complétez les phrases avec le plus-que-parfait. (Attention aux accords.)

Ex. : *Tous les invités* (arriver) ***étaient arrivés*** *quand Helmut a téléphoné.*

1. Hier nous avons rencontré la fille que tu nous *(présenter)* .... la semaine dernière.

2. À chaque fois qu'ils *(finir)* .... leurs devoirs, les enfants jouaient.

3. Quand Alexandre est arrivé au rendez-vous, Romane *(partir)* ....

4. J'ai acheté les chaussures que j'*(essayer)* .... quand nous avions fait les soldes.

5. Mon père regardait les champs avec tristesse : la pluie *(détruire)* .... toutes les cultures.

6. Quand les enfants allaient se promener, ils nous offraient toujours les fleurs qu'ils *(cueillir)* .... dans les bois.

7. Sam et Kim restaient à la fenêtre : la neige *(déposer)* .... son manteau blanc sur les arbres et les maisons.

8. Le vieil homme *(reprendre)* .... connaissance quand l'ambulance est arrivée.

3. Reliez les deux actions passées, comme dans l'exemple. (Attention aux accords.)

Ex. : *13 heures : Le journal télévisé commence.*
      13 h 10 : Carmen allume la télé.
   → ***Quand Carmen a allumé la télé, le journal télévisé avait déjà commencé.***

1. 9 heures : Mireille se lève.
9 h 30 : Le réveil sonne.

....

2. 19 heures : Didier termine son repas.
20 heures : Jean-Pierre invite Didier à dîner.

....

3. 16 heures : Les enfants sortent de l'école.
16 h 15 : La pluie se met à tomber.

....

4. 1 heure : Le cambrioleur s'enfuit.
1 h 15 : Les agents de police arrivent.

....

5. 4 heures : L'agriculteur se réveille.
5 heures : Le coq commence à chanter.

....

6. 21 heures : L'enfant s'endort.
21 h 10 : La mère éteint la lumière.

....

4. Dans chaque phrase, dites si le plus-que-parfait exprime l'antériorité, la cause ou le regret.

1. Alberto est arrivé en retard, il n'avait pas entendu son réveil. → cause

2. Quand Pétula a rencontré Clarck, elle avait fait le tour du monde.
→ ....

3. Nous n'avons pas reconnu notre ancien professeur, il avait beaucoup vieilli.
→ ....

4. Si Benoît n'avait pas conduit si vite, il n'aurait pas eu cet accident.
→ ....

5. Les enfants avaient fait la vaisselle lorsque nous sommes revenus du cinéma.
→ ....

6. Si tu avais vu la tête du patron quand je lui ai dit que je démissionnais !
→ ....

Le passé composé, l'imparfait et le plus-que-parfait

1. Mettez les verbes entre parenthèses au passé composé.

Quelqu'un a tué Philippe Subère dans la nuit du 12 au 13 janvier 2003. L'inspecteur Pralon interroge Mme Morge, la voisine du dessous.

L'inspecteur : Dites-moi ce que vous *(faire)* **avez fait** la soirée du 12.

Mme Morge : Comme d'habitude ; je *(rentrer)* .... chez moi vers dix-huit heures trente, j'*(regarder)* .... mon courrier ; ensuite, j'*(préparer)* .... le repas et j'*(manger)* .... Et puis, je *(se mettre)* .... devant la télé. J'*(devoir)* .... me coucher vers vingt-trois heures.

L'inspecteur : Donc, vous *(ne pas sortir)* .... ?

Mme Morge : Non.

L'inspecteur : Vous étiez avec quelqu'un ?

Mme Morge : Non plus. J'*(passer)* .... la soirée seule.

L'inspecteur : Personne ne vous *(téléphoner)* .... ?

Mme Morge : Attendez… je ne me souviens pas très bien. Non, je ne crois pas.

L'inspecteur : Et vous *(ne rien entendre)* .... d'anormal ?

Mme Morge : Non, absolument rien.

L'inspecteur : Je vous remercie madame.

Mme Morge : Je vous en prie.

2. Récrivez le texte en mettant les verbes à l'imparfait.

> ### Soir d'hiver
>
> C'est le 24 décembre. Il fait froid. La neige recouvre les maisons. Comme les autres passants, je me dépêche de rentrer chez moi. Les sapins de Noël brillent derrière les fenêtres. Tout le monde se prépare à fêter Noël. Vous êtes assis sur un banc. Je ne vous connais pas. Vous me regardez mais vous ne me voyez pas. Peut-être vous rappelez-vous le temps où vous aviez une famille et des amis. Mais vous êtes seul, assis près du métro, un soir de Noël, pendant que les passants se dépêchent de rentrer chez eux.

C'était le 24 décembre. ....

....

....

....

....

....

....

3. Mettez les verbes entre parenthèses à l'imparfait ou au passé composé.

Kito et John se rencontrent

Kito : Alors, John, tu *(partir)* **es parti** en vacances le mois dernier ?

John : Oui, je *(aller)* .... en Irlande. C'est un très beau pays.

Kito : Il *(pleuvoir)* .... combien de fois ?

John : Nous *(avoir)* .... beaucoup de chance, il *(pleuvoir)*
.... seulement une fois ! C'*(être)* .... très
bien. Et toi, tu *(faire)* .... quoi ?

Kito : Cette année, mon copain et moi nous *(décider)* .... de
rester à Paris. C'*(être)* .... super ! Tous les matins, nous *(se
lever)* .... tôt, nous *(aller)* .... courir au
parc Montsouris et les après-midi nous *(visiter)* .... les musées
et les monuments. Il n'y a personne à Paris au mois d'août : j'en *(bien profiter)*
.... !

4. Mettez les verbes au passé composé ou au plus-que-parfait. (Attention aux accords avec le COD)

Ex. : *Avant-hier, Pierre* (perdre) ***a perdu*** *ses clefs. Tu te souviens, il les* (perdre) ***avait
déjà*** **perdues** *le mois dernier !*

1. Quand nous *(arriver)* ...., le train *(partir)* ....

2. Hier, j'*(rencontrer)* .... un ancien ami au supermarché.

3. Marco regardait Paula avec amour : il *(aimer)* .... son visage
dès leur première rencontre.

4. Les enfants *(s'endormir)* .... lorsque nous *(rentrer)*
.... du théâtre.

5. Chaque fois que les ouvriers *(finir)* .... leur travail, ils se
retrouvaient au Café des Sports.

6. Patrice m'*(téléphoner)* .... trois fois aujourd'hui !

7. La robe que tu *(acheter)* .... ce matin ne te va pas.

8. Il *(neiger)* .... pendant une semaine : les arbres et les maisons étaient recouverts d'un grand manteau blanc.

Le discours indirect et la concordance des temps

1. Associez les phrases qui signifient la même chose.

1. André veut un café ?

2. Un peu de silence !

3. Le prix de l'essence augmentera le mois prochain.
4. Nous n'étions pas là vendredi.
5. Quand êtes-vous revenus ?
6. Que faisiez-vous hier à cinq heures ?

7. Fermez la porte, s'il vous plaît.

8. Ne sortez pas.

a. Corinne et Léo disent qu'ils n'étaient pas là hier.
b. Le professeur nous demande de nous taire quelques instants.
c. Le policier lui demande ce qu'il faisait hier à cinq heures.
d. Il demande si André veut un café.
e. Il défend aux gens de sortir.
f. Les journaux écrivent que le prix de l'essence augmentera le mois prochain.
g. Sonia demande quand nous sommes revenus.
h. Le directeur demande que la secrétaire ferme la porte.

2. Barrez la mauvaise proposition, comme dans l'exemple.

Ex. : *Le médecin lui a conseillé* ☐ *de* | ~~que~~ ☐ *prendre des médicaments.*

1. Il rappelle aux candidats ☐ de | que ☐ les dictionnaires sont interdits pendant la durée de l'examen.

2. Il a demandé à Coralie ☐ ce que | si ☐ elle voulait partir avec lui en Italie.

3. Elle lui a répondu ☐ si | qu' ☐ elle ne voulait pas y aller.

4. Je t'ai déjà demandé ☐ de | quand ☐ sortir de mon bureau.

5. Sylvain annonce à ses parents ☐ de | qu' ☐ il a réussi ses examens.

6. Il nous a souhaité ☐ que | de ☐ passer de bonnes vacances.

7. Elle demande ☐ quand | que ☐ tu viennes la chercher à la gare.

8. Philippe et Albertine se sont excusés ☐ de ☐ ne pas être venus hier.

3. Complétez avec *que, qu', si, ce que, de, d'* ou *quand.*

1. Jacques demande à Stéphanie .... aller ce soir avec lui au cinéma.

2. Je te répète .... je vais me mettre en colère si tu continues.

3. Il vous demande .... vous êtes espagnole ou italienne.

4. Léa raconte à tout le monde .... j'ai eu peur dans l'avion, et ça m'énerve !

5. Janine t'a demandé .... tu voulais comme cadeau pour ton anniversaire.

6. Armelle a dit .... elle allait bien et .... elle rentrerait bientôt.

7. Capucine nous a demandé .... partir maintenant ; elle a dit .... elle était fatiguée.

8. Je lui ai demandé .... il rentrait et il a répondu .... ça ne me regardait pas.

4. Serge a téléphoné à Victor ; c'est Juliette qui a répondu. Écrivez le message qu'elle a laissé à Victor.

Serge	*Message* *Serge a téléphoné aujourd'hui.*
1. Comment vas-tu ?	**Il demande comment tu vas,** ....
2. Que deviens-tu ?	....
3. Es-tu toujours content de ton travail ?	....
4. Quand viendras-tu me voir ?	....
5. As-tu eu des nouvelles de Renaud ?	....
6. Tout va bien pour moi.	**Il dit que tout va bien pour lui,** ....
7. Je vais bientôt partir au Chili.	....
8. J'ai bien reçu ta dernière lettre.	....
9. Je t'embrasse et j'espère te voir à mon retour.	....

5. À partir des phrases suivantes, rédigez les titres de *Libération* et du *Parisien*.

1. *Libération* se demande pourquoi la météo n'a pas prévu les chutes de neige de samedi.
2. *Libération* annonce qu'il y a une grève générale au Venezuela depuis deux mois.
3. *Libération* se demande s'il va y avoir une guerre contre l'Irak.
4. *Libération* dit qu'en 2002 il y a eu 18 % de visiteurs en moins au Futuroscope de Poitiers.
5. *Le Parisien* écrit qu'il y a encore eu un attentat hier à Tel Aviv.
6. *Le Parisien* se demande quand on va nettoyer les plages polluées par le pétrole.
7. *Le Parisien* dit que le prix des cigarettes augmente aujourd'hui.
8. *Le Parisien* écrit que Jacques Chirac doit présenter ses vœux aujourd'hui aux syndicats et au patronat.

Libération 20/01/03	Le Parisien 20/01/03
Pourquoi la météo n'a pas prévu les chutes de neige de samedi ?	....

6. Un accident s'est produit ; Arthur a vu la scène. Transformez selon le modèle.

1. Une Peugeot 406 est sortie du parking.
2. Au même moment, une BMW est arrivée assez vite.
3. La BMW est violemment rentrée dans la Peugeot.
4. Le conducteur de la BMW est sorti de sa voiture très en colère.
5. Il a insulté la conductrice de la Peugeot.
6. Elle a eu peur.
7. Je suis allé calmer le chauffeur de la BMW.
8. Finalement, ils ont fait un constat à l'amiable.

Arthur a dit qu'une Peugeot 406 était sortie d'un parking, qu'au même moment .....

...., **que** la BMW ....

...., **que** ....

...., **qu'** ....

....

Il a ajouté **qu'elle** ...., **qu'** ....

.... **et que, finalement,** ....

....

7. Marine et Julien ont passé quelques jours à Center Park ; ils en ont parlé à Séverine et Armand. Séverine voudrait bien y aller, mais Armand n'en a pas très envie. Faites-les parler comme dans l'exemple.

Marine :
1. Cela fait beaucoup de bien.
2. On peut se baigner jusqu'à dix heures du soir.
3. Il y a des vagues toutes les heures.
4. Les bungalows sont très agréables.
5. Il faut le faire une fois dans sa vie.

Karine : On devrait aller à Center Park ; **Marine m'a dit que cela faisait beaucoup de bien, qu'on** ....

....

....

....

....

Julien :
1. C'est peut-être agréable mais cela coûte cher.
2. Quand tu fais des courses, les prix sont doublés.
3. Si tu veux faire du golf ou du cheval, ça coûte les yeux de la tête*.
4. Il y a beaucoup de monde le week-end.
5. Ce n'est vraiment pas indispensable.

*Coûter les yeux de la tête : coûter très cher.

Armand : **En tout cas, ce n'est pas ce que m'a dit Julien ! Lui, il m'a dit que c'était peut-être agréable, mais que cela**...........

....

....

....

....

....

....

....

8. Félix va faire son premier saut à l'élastique. Il se répète les paroles de son ami Sébastien. Faites-le parler.

➜ (Voir aussi le chapitre « Le conditionnel »)

Sébastien :
Ne t'inquiète pas, tout se passera bien.
Quand tu seras en haut du pont, on attachera bien les élastiques. Ensuite, tu iras sur la rambarde, mais tu ne devras pas regarder en bas.
Je te promets que personne ne te poussera et qu'on te laissera le temps de te préparer.
Je te conseille de fermer les yeux au moment de plonger dans le vide.
Je te jure que tu auras l'impression de voler pendant quelques secondes.

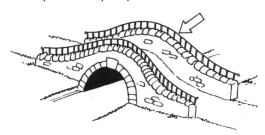

Félix : **Sébastien m'a dit de ne pas m'inquiéter, que tout se passerait bien, que quand je**

....

....

....

Il m'a promis que ....

....

Il m'a conseillé de ....

....

....

Il m'a juré que ....

....

....

Mais je suis quand même mort de peur !*

_____
* Être mort de peur : avoir très peur.

9. Pour chaque expression soulignée, choisissez la phrase que le personnage pourrait dire, comme dans l'exemple.

Il est 23 h 30. Dans la cour d'école du village, l'orchestre du Parnassium joue une valse devant une piste de danse que la mairie a installée pour le bal. Quelques couples de danseurs sont déjà sur la piste quand un homme d'une trentaine d'années s'approche de Pauline Lernoux et l'invite à danser. « ~~Bon alors ! Tu viens oui ou non ?~~ / **Vous dansez avec moi ?** / ~~Vous voulez boire quelque chose ?~~ » La jeune fille refuse poliment : « **Ça va pas non !** / **Moi, je danse seulement le rock !** / **Excusez-moi, mais je ne sais pas danser la valse.** » L'homme, un employé de banque de Vailly, s'est alors mis en colère en prenant la main de la jeune Pauline : « **Ce n'est pas grave, ce sera pour la prochaine fois !** / **Mais c'est pas vrai ça ! Je te plais pas moi ? Hein !** / **Vous êtes charmante !** » L'adolescente a commencé à protester : « **Mais lâchez-moi à la fin !** / **Vous voulez m'emmener où ?** / **Tout ça me plaît beaucoup !** » À ce moment-là quelques danseurs se sont approchés et ont essayé de le calmer : « **C'est ça, c'est ça, continuez !** / **Où voulez-vous emmener cette jeune fille ?** / **Voyons, monsieur, laissez cette jeune fille !** » Comme l'homme ne voulait rien entendre, monsieur Moriot, le boucher de Roisseleux, est arrivé, a bousculé l'employé, l'a pris par les pieds, lui a fait traverser toute la piste au rythme de la valse et l'a assis à côté des musiciens. Deux minutes plus tard l'homme dormait profondément : il avait un peu trop bu !
À son réveil, il a regretté sa conduite et s'est excusé auprès de la jeune fille : « **Je suis vraiment charmé mademoiselle !** / **Je suis vraiment désolé mademoiselle ! Je ne savais pas ce que je faisais !** / **Alors, vous m'excusez, oui ou non ?** »

Les modes autres que l'indicatif
L'impératif

1. Donnez les deux autres formes du verbe à l'impératif.

Ex. : *Chanter*   ....   ***Chante !***

Chantons !   →   *Chantons !*

....   ***Chantez !***

1. Boire   Bois !

.... !

.... !

2. Choisir   .... !

.... !

Choisissez !

3. Dormir   .... !

Dormons !

.... !

4. Expliquer   .... !

.... !

Expliquez !

2. Récrivez la recette en mettant les verbes soulignés à l'impératif. Attention à la place des pronoms.

➜ (Voir aussi le chapitre « Les pronoms COD »)

Poires au chocolat

<u>Tu prends</u> quatre poires, <u>tu</u> les <u>épluches</u> et <u>tu laisses</u> la queue ; <u>tu</u> les <u>cuis</u> dans le sirop pendant deux minutes ; ensuite, <u>tu</u> les <u>mets</u> dans un saladier.
<u>Tu fais</u> la crème anglaise.
<u>Tu fais fondre</u> le chocolat et <u>tu</u> l'<u>ajoutes</u> à la crème anglaise froide. Quand ta crème au chocolat est froide, <u>tu</u> la <u>verses</u> sur les poires.
<u>Tu mets</u> le saladier au réfrigérateur et <u>tu</u> le <u>laisses</u> deux heures.

Prends quatre poires, **épluche-les** ....

....

....

....

....

....

3. Faites des phrases à l'impératif.

➜ (Voir aussi le chapitre « Les pronoms Y et EN »)

Ex. : – J'ai envie de manger des fraises. (en manger)
*– **Manges**-en !*

1. – J'ai mal à la tête depuis une semaine. *(parler)*

– ....-en à ton médecin !

2. – J'ai envie d'aller à la campagne ce week-end. *(aller)*

– Mais oui, ...-y, ça te fera du bien !

3. – Il faut que j'achète du sucre. *(penser)*

– Oui, ...-y, ça fait trois jours qu'on boit du café sans sucre !

4. – Je prends des avocats, ça te dit ? *(acheter)*

– Oui, ...-en, j'adore ça !

4. Répondez à la forme négative.

Ex. : – Nous allons <u>partir</u>. (Non)
*– **Non, ne partez pas !***

1. – Tu viens me voir ? Ça ne va pas, j'ai envie de <u>pleurer</u>.

– Non, ..., j'arrive.

2. – Nous <u>venons</u> tout de suite.

– Non, ...

3. – J'ai faim, maman. J'ai envie de <u>manger</u> .

– Non, ...

4. – Nous voulons <u>jouer</u> !

– Non, ...

5. – J'ai envie de <u>chanter</u> !

– Non, s'il te plaît, ...

6. – On peut <u>sortir</u>, papa ?

– Non, ...

5. Mettez les verbes entre parenthèses à l'impératif.

Secoue-toi !

Habib : Allô, Agnès ? C'est Habib. Je n'ai plus de nouvelles de toi. Comment vas-tu ?

Agnès : Bof, ça ne va pas très bien en ce moment.

Habib : Mais, Agnès, *(se secouer)* **secoue-toi** ! Tu ne vois plus personne, tu ne fais plus rien : *(se réveiller)* .... ! Dans la vie, il faut du courage. *(se battre)* ...., enfin ! Que fais-tu aujourd'hui ?

Agnès : Rien, je suis au lit.

Habib : (écouter) ...., Agnès : *(se lever)* ....,
(s'habiller) ....

Agnès : Non, je préfère rester…

Habib : Agnès, *(se taire)* .... ! *(se débrouiller)* ....

comme tu veux mais je t'attends dans une heure au café de la Poste. Et *(se dépêcher)*

.... ! *(se souvenir)* .... que je n'aime pas

attendre !

6. Retrouvez la phrase que pourraient dire ces personnes.

1. Une mère à son fils qui ne veut pas se doucher : **phrase d.**

2. Un père à ses enfants qui se battent : ....

3. Un professeur qui arrive en retard en cours : ....

4. Une femme à ses invités : ....

5. Un grand-père à sa petite-fille qui court dans la maison : ....

6. Un docteur à un malade : ....

7. Un homme à son ami qui va passer son permis de conduire : ....

8. Un entraîneur à son équipe de football : ....

a. Sois sage !
b. Veuillez m'excuser !
c. Sachez accepter la défaite !
d. Lave-toi !
e. Aie confiance en toi !
f. Ne vous disputez pas !
g. Dites trente-trois !
h. Soyez les bienvenus !

7. Transformez les ordres négatifs à la forme affirmative et inversement.

Ex. : *Il fait beau dehors. Sors !*
   Il fait froid dehors. ***Ne sors pas !***

1. Nous sommes invités à l'anniversaire de Sam. Allons-y !

Nous ne sommes pas invités à l'anniversaire de Sam. .... !

2. C'est ton fils. Occupe-t'en !

Ce n'est pas ton fils. .... !

3. C'est un hôpital ! Garez-vous là-bas !

C'est un hôpital ! .... !

4. C'est un bon restaurant. Vas-y !

C'est un mauvais restaurant. .... !

5. C'est un secret. N'en parle pas !

Ce n'est pas un secret. .... !

6. Tu as fini tes devoirs. Amuse-toi !

Tu n'as pas fini tes devoirs. .... !

7. Vos voisins ont tort. Ne les écoutez pas !

Vos voisins ont raison. .... !

8. C'est tranquille. Installons-nous ici !

Il y a trop de monde. .... !

8. Mettez les verbes à l'impératif, comme dans l'exemple.

→ (Voir aussi le chapitre « Les pronoms COD »)

Les parents sont invités, ils donnent des conseils à leurs enfants.

1. Ne pas regarder la télé trop tard, l'éteindre à dix heures. → **Ne regardez pas la télé trop tard, éteignez-la à 10 heures.**

2. Faire réchauffer le plat et le manger bien chaud.

→ ....

3. Enlever les assiettes et les mettre dans le lave-vaisselle après le dîner.

→ ....

4. Être sages.

→ ....

5. Fermer la porte à clé, ne pas l'ouvrir si on sonne.

→ ....

6. Se laver les dents.

→ ....

7. Ne pas se battre.

→ ....

8. Ne pas oublier la lampe, l'éteindre à dix heures et demie.

→ ....

9. Utilisez les verbes entre parenthèses pour faire des phrases à l'impératif.

En avion
L'hôtesse de l'air : (attacher sa ceinture, éteindre sa cigarette, ne pas paniquer, ne pas crier, ne pas se lever, suivre les instructions des hôtesses).

En cas d'incendie, **attachez vos ceintures**...

....

En classe
Le professeur : (s'asseoir, ne pas se lever, se taire, rester tranquille, ne pas boire, ne pas manger).

Dans la salle de cours, ...

....

Chez le docteur
Le docteur : (boire beaucoup d'eau, manger des fruits et des légumes, se reposer, faire du sport, arrêter de fumer, ne pas s'inquiéter).

Pour vous sentir mieux, ...

....

Une séparation
Vincent à Zita : (ne pas partir, écouter, avoir de la patience, se rappeler les bons souvenirs, avoir pitié, rester).

Tu veux me quitter ? ....

....

Le conditionnel

1. Mettez les verbes entre parenthèses au conditionnel présent.

Ex. : *On* (pouvoir) ***pourrait*** *aller au cinéma ce soir, non ?*

1. Je *(vouloir)* .... deux baguettes, s'il vous plaît.

2. Vous ne *(pouvoir)* .... pas vous pousser un peu, s'il vous plaît ? Je ne peux pas passer.

3. – Je *(être)* .... Zorro* et toi, tu *(faire)* ....
Sergent Garcia*, d'accord ?

– Non ! Moi, je *(faire)* .... Zorro et toi tu *(être)* ....
Sergent Garcia.

4. Tu crois qu'Arthur et Margot me *(prêter)* .... leur voiture ?

– Peut-être, il *(falloir)* .... leur demander.

5. Tu *(vouloir)* .... bien me préparer un thé, s'il te plaît ? Ça
me *(faire)* .... plaisir.

6. – J'*(aimer)* .... bien partir avec toi.

– Oh non, ce *(être)* .... de la folie !

___
* Zorro et Sergent Garcia : deux personnages de film.

2. Reliez A et B et vous retrouverez les situations dans lesquelles vous feriez ces demandes.

A

1. Je pourrais avoir l'addition
s'il vous plaît ?
2. Auriez-vous un stylo à me prêter
par hasard ?
3. Te serait-il possible de m'emmener
demain ? Ma voiture est en panne.
4. Sauriez-vous où sont mes clés ?

5. Je voudrais un kilo de pommes,
s'il vous plaît.
6. Accepteriez-vous cette danse ?

B

a. Vous êtes dans un magasin
et vous voulez acheter des fruits.
b. Vous téléphonez à un ami
et vous lui demandez de vous aider.
c. Vous avez perdu vos clés.

d. Vous êtes dans un restaurant
et voulez payer.
e. Vous êtes dans une discothèque.

f. Vous voulez noter un numéro
de téléphone.

3. Faites des suggestions, comme dans l'exemple.

Ex. : *Notre appartement est vraiment trop petit.* (pourquoi – vous – déménager)
    – ***Pourquoi ne déménageriez-vous pas ?***
  ou – *Notre appartement est vraiment trop petit.* (pouvoir – vous – déménager)
    – ***Vous pourriez déménager.***

1. Je m'ennuie, je ne sais pas quoi faire. *(pourquoi – tu – faire un petit voyage)*

.... ?

2. Cette nuit, je n'ai pas bien dormi, je suis fatigué. *(pouvoir – se reposer un peu – tu)*

.... ?

3. Que fait-on ce soir ? *(pouvoir – aller au cinéma – on)*

.... ?

4. Nous sommes à Lyon lundi soir. *(pourquoi – venir dormir à la maison – vous)*

.... ?

4. Exprimez leurs désirs en utilisant *vouloir* ou *aimer* au conditionnel présent, comme dans l'exemple.

Marc aimerait bien faire du cheval.

Je...

....

Ludivine...

....

André et Luc...

....

5. Remettez les phrases en ordre, comme dans l'exemple.

Ex. : *je – Sandra – content. – arrivait, – Si – serais*
    → **Si Sandra arrivait, je serais content.**

1. nous – la pluie – irions – Si – nous – promener. – s'arrêtait,

→ ....

2. un – j' – tout de suite. – Stéphanie – Si – me – demandait – accepterais – service,

→ ....

3. partiraient – S' – voulaient, – maintenant. – ils – ils

→ ....

4. je – écouterais. – Si – parlait, – l' – me – Robert

→ ....

6. Exprimez les regrets d'Ylan.

Je <u>devrais</u> aller la voir ; elle <u>se souviendra</u> peut-être de moi. Je lui <u>rappellerai</u> comment on s'est rencontrés. Cela la <u>fera</u> certainement rire. Et alors je l'<u>inviterai</u> à boire quelque chose. Nous <u>discuterons</u>. Elle <u>acceptera</u> peut-être un rendez-vous. J'<u>aimerais</u> qu'elle me regarde, juste une seconde !… Cela me <u>donnerait</u> un peu de courage.

J'aurais dû aller la voir ; elle se serait peut-être souvenue de moi. ....

....

....

....

....

....

7. Terminez les phrases selon le modèle.

➜ (Voir aussi le chapitre « Le discours indirect et la concordance des temps »)

Ex. : « *Un jour je ferai le tour du monde.* »
    Michel a dit qu'un jour il ferait le tour du monde.

1. « Non, vous n'irez pas à la piscine demain. »

Maman m'a répondu que nous...

2. « Nous déménagerons bientôt. »

Bernard et Catherine m'ont annoncé qu'ils ....

3. « Elle pourra venir avec moi. »

Patrick m'a dit que tu ....

4. « Nous achèterons une maison au bord de la mer. »

Ils ont annoncé qu'ils ....

8. Le directeur fait des reproches à Dominique, une secrétaire. Samantha regarde la scène et se met à la place de Dominique. Faites parler Samantha comme dans l'exemple.

1. relever la tête, le regarder droit dans les yeux*,
2. attendre la fin de son discours,
3. lui faire un grand sourire,
4. jeter le dossier sur son bureau,
5. lui dire : « Vous n'avez qu'à le faire vous-même »,
6. faire demi-tour et sortir la tête haute.

Samantha pense : « Si j'étais Dominique, Je relèverais la tête, je le ....

....

....

....

....

....

---

* Regarder quelqu'un droit dans les yeux : regarder quelqu'un en face.

Le subjonctif

1. Complétez ce tableau en mettant les verbes au subjonctif.

	tu	il/elle/on	nous	vous
être	....	soit	....	....
avoir	....	....	ayons	....
faire	**fasses**	....	....	....
finir	....	....	....	....
prendre	....	....	....	....
partir	....	....	....	....
aller	....	....	....	....
pouvoir	....	....	....	....
vouloir	....	....	....	....
savoir	....	....	....	....

2. Transformez les phrases comme dans l'exemple.

Ex. : *Tu dois partir. Il faut que* → ***Il faut que tu partes.***

1. Nous devons rentrer. → Il faut que ....

2. Vous devez étudier sérieusement. → Il faut que ....

3. Ils doivent faire leurs devoirs. → Il faut qu' ....

4. Je dois avoir la moyenne à cet examen. → Il faut que ....

5. Tu dois aller à l'école. → Il faut que ....

6. Il doit savoir la vérité. → Il faut qu' ....

7. Vous devez être sages. → Il faut que ....

8. Nous devons avoir de la patience. → Il faut que ....

3. Faites des phrases au subjonctif.

Un enfant capricieux

La mère : Je vais faire des courses !

L'enfant : (acheter des glaces) Je veux que **tu achètes des glaces** !

La mère : Papa est parti en voyage d'affaires.

L'enfant : (revenir) Je veux qu'..................................

La mère : Ton petit frère doit ranger sa chambre.

L'enfant : (continuer à jouer) Je veux qu' ....

La mère : Dis au revoir à mamie, elle doit partir.

L'enfant : (rester à la maison) Je veux qu' ....

La mère : Tes amis doivent rentrer chez eux.

L'enfant : (dormir à la maison) Je veux qu' ....

La mère : Nous devons aller chez le dentiste.

L'enfant : (aller au zoo) Je veux que ....

La mère : J'ai fait un gâteau au chocolat !

L'enfant : J'en veux !

4. Mettez les verbes entre parenthèses au subjonctif.

1. Nous devons rentrer le linge avant qu'il (pleuvoir) ....

2. Mets la radio pour qu'on (savoir) .... quel temps il fera demain.

3. Tes parents aimeraient que tu (être) .... plus gentil avec ta sœur.

4. Pierre voudrait que Paul (se taire) ....

5. Je préférerais que Martine ne (savoir) .... pas la vérité.

6. Taisez-vous pour que nous (pouvoir) .... entendre ce que Sylvain nous dit !

7. Marc et Sophie souhaitent vraiment que vous (accepter) .... de venir à leur mariage.

8. Avant que tu (se mettre) .... à pleurer, laisse-moi t'expliquer toute l'histoire.

5. Mettez les phrases entre parenthèses au subjonctif passé.

1. *Un père à sa fille :* Quand je rentrerai du travail, je veux que tu (ranger sa chambre, finir ses devoirs, prendre sa douche et mettre son pyjama) **aies rangé ta chambre,**
....

2. *Le maître à ses élèves :* Je m'absente un instant. À mon retour, il faut que vous (finir les exercices 1 et 2, lire le chapitre 4, ramassé les papiers, effacer le tableau).................
....
....

3. *Max à Marie :* Je ne peux pas te pardonner, je n'accepte pas que tu (partir sans me prévenir, ne pas écrire, rester si longtemps à l'étranger, ne pas me prévenir de ton retour)
....
....

4. *Des parents à leurs enfants :* Nous sommes très fiers de vous. Nous sommes ravis que vous (obtenir ces diplômes, avoir une mention, trouver un bon travail, devenir indépendants) ....
....

6. Choisissez entre l'indicatif et le subjonctif.

1. Mon frère a promis qu'il ~~soit~~ sera là .
2. Il faut qu'Arnold réussisse réussit .
3. Nous voudrions que vous venez veniez .
4. Je suis sûr que Frida viendra vienne .
5. On m'a dit que Blaise parte est parti .
6. Sa fille veut que nous allons allions au cirque.
7. Ma femme pense que j' ai aie mauvaise mine.
8. Ce paysan affirme qu'il pleuve pleuvra demain.

7. Indiquez la valeur *(ordre, souhait, doute, sentiment)* de ces phrases au subjonctif.

Ex. : *Je ne pense pas que Maxime soit heureux.* → ***doute***

1. Nous aimerions que Guillaume ait son bac. → ....
2. Ça m'étonnerait que ton ami revienne. → ....
3. Maman veut que tu finisses ta soupe. → ....
4. Les Parotelli sont déçus que vous ne veniez pas à leur anniversaire de mariage. →

....
5. Il faut que les enfants aillent au lit ! → ....
6. Mes grands-parents voudraient que je leur écrive plus souvent. →

....
7. Je suis heureuse que Frédo sorte de l'hôpital. → ....
8. Nous ne croyons pas qu'il apprécie sa future belle-fille. → ....

8. Complétez avec un subjonctif ou un infinitif.

Ex. : *Nous devons réussir.* → *Nous voulons* **réussir**.
     Vous devez réussir. → *Nous voulons* ***que vous réussissiez***.

1. Yvan doit partir. → Irina veut ....
2. Yvan doit partir. → Yvan veut ....
3. Tu dois rentrer tout de suite. → Je veux...................................
4. Je dois rentrer tout de suite. → Je veux ....
5. Les enfants doivent se coucher tôt. → Les parents veulent ....
6. Les enfants doivent se coucher tôt. → Les enfants ne veulent pas ....
7. Vous devez prendre des vacances. → Le docteur veut ....
8. Vous devez prendre des vacances → Vous voulez...................................

Les modes impersonnels

• L'infinitif

1. Classez les verbes suivants dans le tableau ci-dessous selon leur groupe.

vouloir – répéter – aller – grandir – savoir – mentir – finir – mettre – remercier – rire – partir – téléphoner – jeter – jaunir – venir – sortir

verbes du premier groupe	verbes du deuxième groupe	verbes du troisième groupe
....	....	vouloir.............................
....	....	....
....	....	....
....	....	....
....	....	....
....	....	....
....	....	....

2. Complétez avec *être* ou *avoir*, comme dans l'exemple.

➜ (Voir aussi le chapitre « L'idée de temps »)

Une soirée agréable

Après **être** sortie du bureau, je suis allée faire un tour aux Galeries Lafayette. Après .... fait quelques achats, je suis sortie du magasin et, après .... marché un peu sur le boulevard, je suis rentrée dans un café. J'ai commandé un thé ; après l' .... bu, j'ai payé l'addition. Je n'avais pas très envie de rentrer à la maison, alors j'ai décidé d'aller au cinéma. Après .... regardé les programmes, j'ai choisi d'aller voir *Parle avec elle*, un film de Pedro Almodovar. Mais comme je ne voulais pas y aller toute seule, j'ai téléphoné à Marie. Après l' .... appelée, je l'ai attendue devant le cinéma. Elle est arrivée rapidement et nous avons acheté les tickets. Après nous .... installées dans des fauteuils confortables, nous avons attendu que le film commence. Après .... vu ce très beau film, nous sommes allées manger dans un petit restaurant sympa. C'était une bonne soirée.

3. Demain, Julie entre au collège ; elle prend des décisions pour cette nouvelle année scolaire. Écrivez-les.

1. Je ne parlerai pas avec ma voisine. → **Ne pas parler avec ma voisine.**

2. Je ne jetterai pas mon cartable
dans la cour. → ....

3. Je ne dessinerai plus pendant les cours. → ....

4. Je ne ferai plus le clown pour faire

rire mes copines. → ....

5. Je n'oublierai jamais de faire mon travail. → ....

6. Je n'irai jamais au collège

avec mon walkman. → ....

4. Reliez A et B pour retrouver les situations dans lesquelles vous dites les phrases suivantes.

1. Lesquelles choisir ?   a. Vous n'êtes pas content parce que vous ne pouvez pas aller voir un spectacle.

2. Toi, arriver à l'heure ! Ça alors !

3. Avoir fait la queue pendant deux heures pour qu'on me dise qu'il n'y a plus de billets !

b. Vous avez envie d'être en vacances.

c. Vous êtes dans un magasin de chaussures et deux paires vous plaisent beaucoup.

4. Pouvoir me reposer quelques jours !… Quel bonheur !…

d. Vous êtes étonné parce que c'est la première fois que votre ami arrive à l'heure.

5. Sortir par un temps pareil, tu n'y penses pas !

6. Ne pas jeter les papiers par terre, utiliser les poubelles S.V.P.

e. Vous écrivez le règlement d'un jardin public.

f. Un ami vous propose une promenade.

• Le gérondif

1. Récrivez les phrases comme dans l'exemple.

Ex. : *Nous allions à Bordeaux et il y avait beaucoup de monde sur la route.*
    → ***En allant à Bordeaux, il y avait beaucoup de monde sur la route.***

1. Nous marchions tranquillement et nous regardions les vitrines.

→ ....

2. Nous démolissions la cheminée et nous avons trouvé un passage secret !

→ ....

3. Nous voulions lui faire une farce et nous lui avons fait peur.

→ ....

4. Nous faisions les courses et nous avons rencontré Maryse.

→ ....

5. Nous sortions du parking et nous n'avons pas vu la voiture qui arrivait.

→ ....

2. Ils font deux choses en même temps. Faites des phrases comme dans l'exemple.

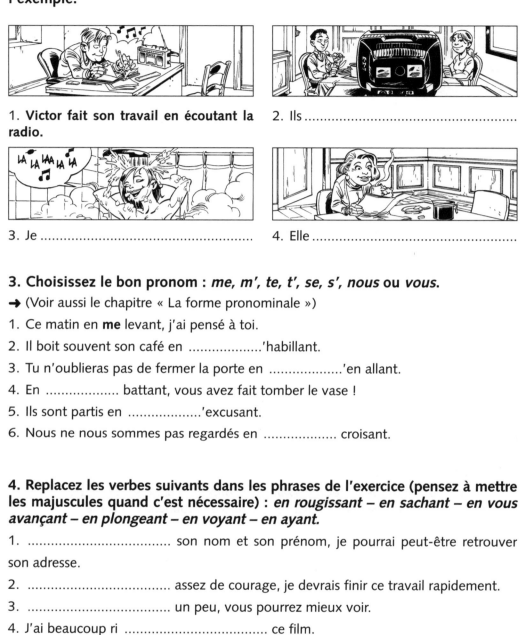

1. **Victor fait son travail en écoutant la radio.**

2. Ils ....

3. Je ....

4. Elle ....

3. Choisissez le bon pronom : *me, m', te, t', se, s', nous* ou *vous*.

➜ (Voir aussi le chapitre « La forme pronominale »)

1. Ce matin en **me** levant, j'ai pensé à toi.

2. Il boit souvent son café en ....'habillant.

3. Tu n'oublieras pas de fermer la porte en ....'en allant.

4. En .... battant, vous avez fait tomber le vase !

5. Ils sont partis en ....'excusant.

6. Nous ne nous sommes pas regardés en .... croisant.

4. Replacez les verbes suivants dans les phrases de l'exercice (pensez à mettre les majuscules quand c'est nécessaire) : *en rougissant – en sachant – en vous avançant – en plongeant – en voyant – en ayant.*

1. .... son nom et son prénom, je pourrai peut-être retrouver son adresse.

2. .... assez de courage, je devrais finir ce travail rapidement.

3. .... un peu, vous pourrez mieux voir.

4. J'ai beaucoup ri .... ce film.

5. Elle l'a regardé ....

6. J'ai perdu mon maillot de bain ....

BILAN 8

Les modes autres que l'indicatif

1. Gabriel va passer un examen la semaine prochaine. Son professeur lui donne des conseils. Écrivez un texte à l'impératif et un texte en utilisant le subjonctif.

Tu dois étudier sérieusement. Tu dois réviser tes cours tous les soirs. La veille de l'examen, tu dois te détendre. Tu devrais regarder la télévision, lire ou écouter de la musique. Tu dois te coucher tôt. Tu dois bien te reposer. Le matin de l'examen, tu devrais te préparer un bon petit déjeuner et prendre des vitamines. Tu dois rester calme. Tu ne dois pas t'énerver. Tu devrais partir en avance. Tu ne dois pas arriver en retard. Tu dois bien lire le sujet et garder ton calme. Tout ira bien !

Étudie sérieusement ! ....

....

....

....

....

....

Il faut que tu étudies sérieusement. ....

....

....

....

....

....

2. Complétez les phrases avec la forme verbale qui convient.

• *que tu aies, en ayant, avoir, aie*

1. Gaston, **aie** un peu de courage, voyons !

2. Il faudrait .... raison tout le temps !

3. Francesca aime .... toujours le dernier mot.

4. Mon frère a eu son examen .... révisé le dernier jour !

• *parlez, parler, que vous parliez, en parlant*

5. J'aimerais .... un peu plus fort.

6. Allez-y, ... ! Dites ce que vous avez sur le cœur !

7. Tu ne fais que ça : ...., mais il faut aussi agir !

8. Chloé se met du vernis à ongles tout .... avec Boris au téléphone.

3. Complétez les phrases en choisissant la forme verbale qui convient.

• *que tu voies, vois, en voyant, voir*

1. **En voyant** ce film, j'ai pensé à toi.

2. .... Venise et mourir !

3. Mais .... un peu ce que tu as fait ! C'est une vraie catastrophe !

4. Il faut absolument .... ce film. Il te plaira, j'en suis sûre.

• *que tu finisses, finis, en finissant, finir*

5. Je voudrais .... cette comédie idiote ; tu me fatigues.

6. Il faudrait .... maintenant ; après ce sera trop tard, nous ne serons plus là.

7. Maintenant, ça suffit. .... ton assiette et tais-toi.

8. J'ai retrouvé mes papiers .... de ranger le bureau.

4. Transformez les ordres en souhaits.

→ (Voir aussi les chapitres « Le conditionnel » et « L'impératif »)

Ex. : *Viens.* (souhaiter)

   → ***Je souhaiterais que tu viennes.***

1. Laissez-moi tranquille. *(désirer)*

→ Il .... que vous le ....

2. Faites-vous plaisir. *(avoir envie)*

→ Nous .... que vous vous ....

3. Écoutez Mozart. *(vouloir)*

→ Je .... que vous ....

4. Calmez-vous un peu. *(souhaiter)*

→ Tu .... qu'ils se ....

5. Sois plus simple. *(vouloir)*

→ Ils .... que tu ....

6. Range tes affaires. *(souhaiter)*

→ Je .... que tu ....

7. Travaille un peu plus. *(désirer)*

→ Vous .... qu'il ....

8. Soyez heureux. *(souhaiter)*

→ Vous .... que nous ....

Les formes (ou voix) du verbe

• Le passif

1. Mettez au passif les phrases suivantes, inspirées des fables de Jean de La Fontaine.

En allant à la fontaine

Ex. : *Le loup méprise le chien.*
→ **Le chien est méprisé par le loup.**

1. Le vent déracine le chêne.

→ ....

2. Le loup emporte l'agneau.

→ ....

3. Le renard flatte* le corbeau.

→ ....

4. Le moucheron tue le lion.

→ ....

5. La tortue bat le lièvre.

→ ....

* Flatter : faire des compliments.

2. Mettez ces phrases à la forme active.

Ex. : Le *match est retransmis par Canal Sport.*
→ **Canal Sport retransmet le match.**

Rencontre entre Rennes et Marseille

1. Le match de football est regardé par un million de téléspectateurs.

→ ....

2. Le coup d'envoi est donné par l'arbitre M. Suertez.

→ ....

3. La rencontre est commentée par les journalistes Lorand et Karlé.

→ ....

4. Le premier but est marqué par le joueur rennais Patrick Lennec.

→ ....

5. Un penalty est tiré par le joueur marseillais Marc Kassou.

→ ....

6. Le penalty est raté par Kassou.

→ ....

7. Un joueur rennais est blessé par un joueur marseillais.

→ ....

8. Le match est finalement gagné par l'équipe de Rennes.

→ ....

3. Mettez les phrases au passif. (Attention à l'accord avec le sujet.)

Ex. : *On a volé la voiture de mes voisins.*
   → **La voiture de mes voisins a été volée.**

1. On a écrit de nombreux romans au XVIIIe siècle.

→ ....

2. On entend les rumeurs les plus incroyables sur la reine d'Angleterre.

→ ....

3. On critique beaucoup les nouvelles lois du gouvernement.

→ ....

4. On a vendu des millions de CD de Joe Dassin.

→ ....

4. Mettez les phrases à la voix passive. (Attention à l'accord avec le sujet.)

Ex. : *Virgin a vendu beaucoup de disques à Noël.*
   → **Beaucoup de disques ont été vendus par Virgin à Noël.**

1. L'agent de police interroge les témoins.

→ ....

2. Cet éditeur a publié plus de vingt romans policiers.

→ ....

3. L'usine fabrique beaucoup de voitures automatiques.

→ ....

4. Les clients ont acheté toutes les bouteilles de Coco-Colo.

→ ....

5. La petite fille cueille des fleurs.

→ ....

6. Les cambrioleurs ont volé un bijou d'une grande valeur.

→ ....

7. Le journaliste apprend la nouvelle.

→ ....

8. Le président de la République a pris la parole.

→ ....

5. Écrivez l'histoire d'Albert Putois en utilisant des constructions passives quand c'est possible.

L'histoire d'Albert Putois

1959 : Naissance d'Albert Putois. Sa mère l'abandonne et le place à l'orphelinat.

1961 : La famille Sembon adopte Albert Putois.

1970 : Les Sembon envoient Albert au pensionnat.

1974 : Le directeur du pensionnat le renvoie.

1975 : La famille Sembon le chasse.

1977 : À la suite d'un cambriolage, la police arrête Albert Putois et le condamne à cinq ans de prison.

1982 : On relâche Albert Putois. Le directeur d'une usine l'embauche.

1985 : Albert vole dans la caisse ; le patron le renvoie.

1987 : Albert Putois rencontre Ernestine Tinne : elle l'encourage à devenir honnête.

1988 : Albert demande Ernestine en mariage et on n'entend plus parler de lui.

Albert Putois naît en 1959. Il est abandonné par sa mère et il est placé ....

....

....

....

....

....

6. Béatrix a connu quelques déceptions. Elle se confie à Daniella qui tient la rubrique « Courrier du cœur » dans le magazine *De femme à femme*. Reconstituez sa lettre en remplaçant les verbes à l'infinitif par des verbes au passif au temps qui convient.

> **J'ai été eue !**
>
> Chère Daniella,
>
> Lorsque j'ai rencontré Ferdinand, j' *(séduire)* **ai été séduite** par son regard et son sourire. J' *(aveugler)* .... par sa beauté et j' *(flatter)* .... par ses déclarations d'amour. Comme j'étais bête ! Au bout de quelques mois, j' *(prévenir)* .... par une amie que Ferdinand m'était infidèle. Comment ? Moi, j' *(tromper)* .... par lui, la lumière de ma vie ?! Mais j'ai dû admettre la triste réalité : j' *(déshonorer)* ....
>
> J' *(décevoir)* .... par son attitude mais si je vous écris c'est pour donner du courage aux femmes qui ont connu le même problème. J' *(conseiller)* .... par des collègues et j' *(consoler)* .... par mes amis, et depuis j'ai rencontré un homme merveilleux ! Il ne faut jamais perdre espoir...
>
> Je vous embrasse,
>
> Béatrix

7. Récrivez ce texte en transformant les phrases soulignées à la voix active.

> ### La maison sur la colline
> En haut de la colline, il y avait une maison : elle <u>était habitée</u> par des fantô-mes. Les gens de BrechtUhr <u>étaient tourmentés</u> par cette présence et per-sonne n'osait approcher la vieille maison. Un jour, un couple de touristes est arrivé dans le village. Il <u>n'avait pas été prévenu</u> par les habitants du village et il est entré dans la maison isolée. La maison <u>a</u> soudain <u>été recouverte</u> d'une épaisse couche de neige. Les touristes ne pouvaient pas sortir car les portes <u>étaient bloquées</u> par la neige. Le couple <u>a</u> alors <u>été touché</u> et <u>poussé</u> par des mains invisibles. Et toute la maison a éclaté de rire... Le couple <u>n'a jamais été retrouvé</u>. On dit dans le village qu'ils ont continué leur route.

En haut de la colline, il y avait une maison : **des fantômes l'habitaient...**....................

....

....

....

....

....

....

....

....

8. Dites si les phrases suivantes sont à la voix active ou passive.

Ex. : *Cet article a été écrit par un journaliste célèbre.* **(voix passive)**

1. Laetitia est partie de bonne heure. ....

2. Cette émission est regardée par des millions de Français. ....

3. Les leçons sont apprises par les élèves. ....

4. Nos amis sont arrivés par le train de 18 h 13. ....

5. Les lettres sont distribuées par le facteur. ....

6. Ce tableau a été peint par Renoir. ....

7. J'ai rencontré Grégor par hasard. ....

8. La pièce est éclairée par la cheminée. ....

9. Peut-on mettre ces phrases à la voix passive ? Répondez par *oui* ou *non*.

Ex. : *La petite fille a un nouveau jouet.* **(non)**

1. Les ministres ont parlé de la loi sur le PACS à l'Assemblée nationale. (..................)

2. Les enfants fabriquent des jouets en bois. (..................)

3. Le professeur explique la leçon. (..................)

4. Le grand-père d'Octave pèse presque deux cents kilos. (..................)

5. Les parents de Babette possèdent une énorme fortune. (..................)

6. On a déclaré la guerre à l'Irak. (..................)

7. Monika a fait la connaissance de ses futurs beaux-parents. (..................)

8. Le chien a mangé toute la viande. (..................)

• La forme pronominale

1. Complétez avec *me, m', te, t', se, s', nous* ou *vous*.

Audrey : Alors comme ça, vous **vous** êtes quittés ?

Lise : Oui, nous ne .... voyons plus depuis un mois.

Audrey : Mais pourquoi ?

Lise : On ne ....'entendait plus du tout, on .... disputait trop souvent.

Audrey : Et où tu habites maintenant ?

Lise : Je .... suis installée dans un studio, près de Montmartre.

Audrey : Ça alors ! Il y a six mois, vous vouliez .... marier, tu .... souviens ?

Lise : Eh oui ! C'est comme ça. On croit qu'on ....'aime mais on .... trompe.

Audrey : Et lui, tu as de ses nouvelles ?

Lise : Oui, par Damien ; Thierry et lui .... téléphonent assez souvent.

Audrey : Et alors ?

Lise : Je crois que Thierry ....'ennuie.

Audrey : Et toi ?

Lise : Moi, je ....'amuse comme une folle !

2. Faites les accords avec le sujet.

→ (Voir aussi le chapitre « Le passé composé »)

Ex. : <u>Ils se sont regardé</u>... quelques instants puis <u>ils</u> se sont reconnu.
   → ***Ils se sont regardés quelques instants puis ils se sont reconnus.***

1. – Paul, que s'est-<u>il</u> passé .... ?

– <u>Nous</u> nous sommes battu .... avec Alexandre.

– Mais pourquoi ?

– Il a pris mon vélo et il l'a cassé.

2. Dans le train, <u>une jeune femme</u> s'est assis .... à côté de moi ; et quand le train est parti, soudain, <u>elle</u> s'est levé .... , elle a ouvert la fenêtre, <u>elle</u> s'est penché .... pour crier quelque chose ; mais il y avait trop de bruit, je n'ai pas compris. Elle avait l'air triste.

3. – Tout s'est bien passé, Clara ?

– Oui, les enfants ont bien mangé, <u>ils</u> se sont couché .... à huit heures et demie et <u>ils</u> se sont endormi ....vers neuf heures.

– Et vous, vous n'êtes pas trop fatiguée ?

– Non, ça va, <u>je</u> me suis un peu reposé ....

– <u>Vous</u> ne vous êtes pas trop ennuyé .... ?

– Ah non alors ! J'ai tellement de travail en ce moment à cause de mes examens que je ne vois pas le temps passer !

4. – Juliette et Mathieu, <u>vous</u> vous êtes bien amusé.................... ?

– Oui, c'était super ! On a fait beaucoup de jeux, on a même gagné trois fois ! On fait une bonne équipe, hein Juliette ?

– Ah ça oui !

3. Accordez le participe passé avec le sujet quand c'est nécessaire.

Ex. : *Carla est tombée et elle s'est fait … mal au genou.*
   → **Carla est tombée et elle s'est fait mal au genou.**

1. André et Isabelle se sont vu.................... plusieurs fois avant de travailler ensemble.

2. Sophie est restée une heure dans la salle de bains ! Elle s'est douché...................., Elle s'est lavé.................... les cheveux, elle s'est séché.................... les cheveux, elle s'est coiffé...................., elle s'est maquillé...................., et moi, j'ai dû attendre.

3. – Louise, à qui téléphones-tu ?

– À Lucie.

– Mais vous vous êtes déjà téléphoné.................... hier ! En plus, vous vous êtes parlé.................... pendant une demi-heure !

4. Karl et Cédric se sont ennuyé.................... pendant toute la soirée alors qu'Anne s'est bien amusé....................

5. Elles ne se sont pas dit.................... un mot pendant tout le repas.

4. Donnez des ordres comme dans l'exemple.

→ (Voir aussi le chapitre « L'impératif »)

Ex. : *Calme-toi. (ne pas se mettre en colère.)*
   → **Calme-toi, ne te mets pas en colère.**

1. Tu es tout propre. (*ne pas se salir*)

....

2. Vous arriverez à la gare à l'heure. (*ne pas s'inquiéter*)

....

3. Nous devons courir encore cinq minutes. (*ne pas s'arrêter maintenant*)

....

4. Reste ici. (*ne pas s'en aller*)

....

• Les verbes impersonnels

1. Vous travaillez dans une agence de location de maisons de vacances en Espagne et vous présentez une maison à une cliente.

> • **Rez-de-chaussée**
> un salon, une salle à manger, une cuisine, une salle de bains.
>
> • **Premier étage**
> cinq chambres, un petit salon, une salle de bains, des W.C., pas de jardin, une terrasse assez grande, un garage à cinq mètres de la maison. ■

Je pense à une maison qui vous plairait ; elle se trouve dans un tout petit village, on a une vue magnifique sur la montagne et elle est à dix kilomètres de la mer. Au rez-de-chaussée, il y a un salon, une ....
.... Au premier étage, ...
.... Il n' ....
...., ...
et ....

2. Transformez les phrases suivantes comme dans l'exemple.

Ex. : *Il est parti depuis une heure.*
> → *Il y a une heure qu'il est parti.*

1. Nous te répétons la même chose depuis une heure.

→ ....

2. Je t'attends depuis longtemps.

→ ....

3. Je suis revenue depuis longtemps.

→ ....

4. Marc a trouvé la solution de ce problème de mathématiques depuis une heure.

→ ....

5. Les Langlois habitent ici depuis plus de dix ans.

→ ....

3. Retrouvez la place des expressions suivantes : *manger, une deuxième lampe ici, saler un peu plus, des avocats et des crevettes, que je parte maintenant, que vous finissiez.*

1. Pour faire des avocats aux crevettes, il faut **des avocats et des crevettes**.

2. Il faut .... pour vivre et non pas vivre pour manger. (Molière, *L'Avare*)

3. Il faut ...., sinon je vais être en retard.

4. Il faudrait .... ces pommes de terre.

5. Pour demain, il faut .... tous les exercices de la deuxième partie.

6. Il fait sombre dans votre cuisine, il faudrait ....

4. Écrivez l'heure comme dans l'exemple.

Ex. : *21 h 30 : **Il est neuf heures et demie**.*

Quelle heure est-il ?

1. 10 h 45 : ....

2. 20 h 15 : ....

3. 12 h : ....

4. 23 h 30 : ....

5. Complétez les phrases suivantes avec *il y a, c'est, ce sont* ou *il est*.

Ex. : *Chez moi, **il y a** quelques tableaux ; **ce sont** des tableaux peints par le grand-oncle de mon mari.*

1. .... longtemps que j'habite ici ; .... la maison de mes grands-parents.

2. .... tard maintenant ; on va rentrer ; .... environ une heure de route jusqu'à chez nous.

3. .... impossible d'avancer ; .... un embouteillage de douze kilomètres ; .... la radio qui vient de l'annoncer.

4. – Qu'est-ce qu' .... dans le frigidaire ?

– Pas grand-chose ! Ah si ! .... un pâté, ... celui de Janine.

5. Je fais souvent le même rêve ; .... drôle, non ?

6. Complétez le bulletin météo en plaçant les expressions suivantes au bon endroit : *il y aura* (3 fois), *il fera* (2 fois), *il neigera, il pleuvra*.

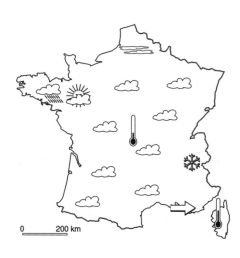

Sur tout le nord de la France, **il y aura** du brouillard le matin ; soyez prudents si vous prenez la voiture. .... sur l'ensemble de la Bretagne ; mais .... de belles éclaircies en fin de journée. .... sur les Alpes à partir de mille trois cents mètres d'altitude. .... beaucoup de vent sur la Côte d'Azur. Dans le reste du pays, le temps sera gris. En ce qui concerne les températures, ... assez frais sur l'ensemble du pays, sauf à Ajaccio où .... 17 degrés l'après-midi.

La construction du verbe

1. Reliez A et B pour faire des phrases.

A	B
1. Il a neigé	a. fatiguée en ce moment.
2. Je mangerais bien	b. qu'il réussira tout seul, mais il se trompe.
3. Tu as téléphoné	c. partir maintenant ou rester encore un peu ?
4. Le professeur rend	d. toute la nuit ; on va faire du ski aujourd'hui ?
5. Anne a l'air	e. un bon steak-frites !
6. Est-ce que tu préfères	f. d'un bon bain bien chaud.
7. Il a réussi	g. à marcher aujourd'hui.
8. J'ai envie	h. les devoirs aux élèves.
9. Il croit	i. à Claire et Sophie ?

2. Retrouvez la place de chaque construction verbale dans les phrases suivantes :

• *Je lui demande si, je demande, je demande que, je demande de*

1. **Je lui demande si** demain, il viendra avec moi à la piscine.

2. C'est simple, ... tout soit rangé dans une heure.

3. Vous ne m'avez pas bien compris ; .... un simple renseignement ; pour l'instant, je ne sais pas encore si je vais acheter mon billet.

4. Je ne comprend pas : .... sortir pour aller aux toilettes et mon professeur se met en colère.

• *Adrien pense que, Adrien pense à, Adrien pense, Adrien pense à*

5. .... tu devrais faire un peu plus de sport.

6. Tous les soirs, ... fermer la porte à clef ; sa femme n'y pense jamais.

7. Jour et nuit, ... Héloïse.

8. Adrien est un peu étrange ; il est en train de vous parler ou de s'amuser et puis soudain, il se tait, il ne fait plus attention à rien, ..., un point c'est tout*.

_____
* Un point c'est tout : c'est comme cela.

• *Tu sais si, Tu sais que, tu sais, Tu sais*

9. .... j'ai horreur des films d'horreur et tu me proposes toujours d'aller au cinéma pour voir des films d'horreur !

10. Tu m'étonnes toujours : .... faire tellement de choses !

11. .... le bébé de Sophie est né ?

12. Je te félicite ! .... très bien ta leçon.

• *j'écrivais , j'écrivais à, j'écrivais que, j'écrivais*

13. Avant, ... souvent ; j'avais plus de temps que maintenant.

14. – Quand tu as sonné, ... Marie.

15. – Et qu'est-ce que tu lui disais dans ta lettre ?

– .... nous aimerions bien la revoir aux prochaines vacances.

16. Avant, ... des poèmes ; maintenant, je préfère les lire.

3. Complétez les phrases avec le mot qui correspond au verbe souligné.

Ex. : *Le gouvernement a décidé d'augmenter les impôts.*
   *→ Le gouvernement a voté **l'augmentation** des impôts.*

1. Est-ce que le prof a fini de corriger les interros ?

→ Est-ce que le prof a fini les .... des interros ?

2. Nadia attend que Norbert parte.

→ Nadia attend le .... de Norbert.

3. Patrice et Clotilde se sont mariés hier.

→ Le .... de Patrice et Clotilde a eu lieu hier.

4. Les gens attendent que le théâtre ouvre.

→ Les gens attendent l' .... du théâtre.

5. Le directeur rappelle aux employés qu'il est interdit de fumer dans l'entreprise.

→ Le directeur rappelle aux employés l' .... de fumer dans l'entreprise.

4. Complétez le texte avec les prépositions *à* ou *de* (ou *d'*) :

Bonne année

Léo a décidé **de** changer de vie en 2003. Il va se mettre .... faire du sport, il a en effet besoin .... perdre du poids. En plus, le sport va l'aider .... arrêter .... fumer. Il a souvent essayé .... arrêter mais cette fois, c'est la bonne ! Il a peur .... tomber malade s'il continue .... fumer autant. Il s'est mis aussi ….................. la musique. Il a toujours eu envie .... jouer du piano mais il n'avait jamais le temps. Mais cette année, il va arrêter .... se trouver des excuses. Il veut aussi commencer .... prendre des cours d'espagnol. Il adore l'Espagne mais quand il y est allé l'année dernière, il n'a pas réussi .... se faire comprendre. Espérons que Léo sera fidèle .... ces bonnes résolutions !

5. Complétez chaque phrase avec l'expression qui convient.

• *la voiture au garage, à la maison, fatiguée*

1. Hier soir, elle est rentrée **fatiguée** ; elle s'est couchée tout de suite.

2. Hier soir, elle a rentré .... ; d'habitude, c'est moi qui le fais.

3. Il est rentré directement .... ; il n'est pas allé à la banque.

• *les affaires qui ne me vont plus, à se regarder dans les miroirs, devant moi*

4. Je ne comprends rien : elle passe .... comme si elle ne me voyait pas.

5. Elle passe tout son temps ....

6. Elle passe .... à ma petite sœur.

6. Pour chaque phrase, retrouvez le bon synonyme.

Ex. : porter – aller en haut
   → Julien <u>a monté</u> toutes ses affaires dans sa chambre. **(porter)**
   → Julien <u>est monté</u> travailler dans sa chambre. **(aller en haut)**

• *déplacer – partir – aller dans un endroit*

1. Isabelle <u>est sortie</u> il y a une heure sans me dire où elle allait. (.....................................)

2. Isabelle <u>a sorti</u> beaucoup de photos de ses vacances pour nous les montrer.
(.....................................)

3. Hier, Isabelle <u>est sortie</u> en discothèque avec ses amis, et elle s'est bien amusée.
(.....................................)

• *faire une chute, être*

4. Claire <u>est tombée</u> gravement malade, mais elle est bien soignée.
(.....................................)

5. Claire <u>est tombée</u> en voulant sauter le petit mur ; elle s'est fait mal au genou.
(.....................................)

7. Barrez la mauvaise proposition .

→ (Voir aussi le chapitre « Le subjonctif »)

1. Maman voudrait que tu ~~te tais~~ | te taises |.

2. L'agent de police est sûr que le suspect | est coupable | soit coupable |.

3. Je sais que tu me | mens | mentes |.

4. Je ne veux pas que tu me | mens | mentes |.

5. Élisa ne croit pas que son fils | réussisse | réussit |.

6. Seriez-vous heureux que Max vous | rend | rende | visite ?

7. Théo m'a dit qu'il | pleuve | pleut | dans le sud de la France.

8. David croit que Myriam | est | soit | sincère.

8. Complétez avec *que* (ou *qu'*) ou *si*.

1. – Luang veut savoir **si** je viens déjeuner demain ?

2. – Non, Luang veut .... tu viennes déjeuner demain.

3. – Votre professeur vous a demandé .... vous aviez fait les
exercices ?

4. – Non, il a exigé .... nous fassions les exercices.

5. – Je me demande .... j'ai réussi l'examen, et toi ?

6. – Moi, je ne pense pas .... je l'ai réussi.

7. – Tu sais .... Alain est honnête ?

8. – Depuis le temps que je le connais, je sais .... il est malhonnête.

LES MOTS INVARIABLES

Les prépositions

• Les prépositions : *à – de – en*

1. Remettez les phrases en ordre comme dans l'exemple.

➜ (Voir aussi le chapitre « Les articles définis contractés »)

Ex. : *Jean-Paul – à – lycée – part – 7 heures et quart. – au – Maintenant,*
→ **Maintenant, Jean-Paul part au lycée à sept heures et quart.**

1. toujours – noir. – habillée – Barbara – en – est

→ ....

2. à – revient – D'habitude, – la maison – Patrice – à – dix-neuf heures.

→ ....

3. à – Cette – écouter. – intéressante – est – émission

→ ....

4. déplacer – Je – en – Paris. – me – préfère – à – métro

→ ....

5. il y avait – mariage – une centaine – Au – d'Anne et Robert, – personnes. – de

→ ....

6. bientôt – Patricia – du – et – Michel – Maroc. – reviennent

→ ....

7. de – Cette – est – trop – table – cuisine – petite.

→ ....

8. a pris – Camille – son – de – le – frère. – vélo

→ ....

2. Reliez A et B pour faire des phrases.

➜ (Voir aussi le chapitre « Les articles définis contractés »)

A	B
1. Tu as mis ton manteau et tes chaussures ? Tu es prêt	a. aux pommes, s'il vous plaît.
2. Pourquoi mettez-vous tant de temps C'est pourtant facile	b. à partir ?
3. Chut ! Les enfants dorment. Parlons	c. à 18 h 04, voie 11.
4. Je voudrais une baguette et une tarte	d. à la piscine ?
5. Regarde cette jeune femme brune	e. aux cheveux courts.
6. Et si on allait	f. à comprendre ?
7. Il n'habite plus	g. à voix basse*.
8. Le train 8107 à destination de Lille partira	h. à Paris depuis longtemps.

* À voix basse : doucement.

3. Retrouvez la place des expressions suivantes : *contents de toi, joues du piano, revenu du Japon, quelqu'un de sûr, Un kilo de tomates, beaucoup de bruit, une coupe de champagne, a grandi de dix centimètres.*

➜ (Voir aussi le chapitre « Les articles définis contractés »)

1. – Anne, depuis combien de temps tu **joues du piano** ?

– Bientôt deux ans.

2. Les enfants, calmez-vous un peu ! Vous faites .... et ça me fatigue.

3. Tu fais souvent des bêtises et nous ne sommes vraiment pas ....

.... !

4. – Désirez-vous .... en apéritif ?

– Volontiers.

5. – Qu'est-ce que je vous sers ?

– ...., cinq cents grammes de fraises et une salade.

6. – À qui je pourrais parler de ce problème ?

– Je pense que tu peux en parler avec Léna ; c'est ....

7. – Vous avez l'air fatigué !

– C'est à cause du changement d'heure ; je suis .... hier.

8. – Comme Théo a grandi !

– Tu peux le dire ! Il .... en six mois ! Je dois lui changer toute sa garde-robe* !

_____
* La garde-robe : tous les vêtements.

4. Réunissez les étiquettes pour faire des phrases, comme dans l'exemple.

| Je n'aime pas le train ; je préfère voyager | Raconte-moi ce qui s'est passé | En août, |

| en colère. | en Italie ! | José a repeint toute sa chambre | Naples ? Mais voyons, c'est |

| en quelques mots. | en vert | en voiture. | Je suis contente ; j'ai retrouvé ma bague |

| Aurélia crie très fort quand elle se met | en or. | beaucoup de gens partent en vacances. |

1. **Je n'aime pas le train ; je préfère voyager en voiture.**

2. ....

3. ....

4. ....

5. ....

6. ....

7. ....

5. Complétez avec *à, en* **ou** *de* **en faisant la contraction pour** *à* **ou** *de (au, aux, du, des)* **si c'est nécessaire.**

➜ (Voir aussi le chapitre « L'article défini contacté »)

Je me souviens bien **de** Marc. Nous prenions des cours .... théâtre ensemble près .... quartier Montmartre. Je l'ai connu .... 1979, quand je suis venue .... Paris pour faire .... théâtre. Il habitait rue .... la Glacière, dans le XIIIe arrondissement. Il travaillait .... théâtre Marigny, avenue .... Champs-Élysées. Il était .... vestiaire*. Quelquefois, il me donnait des places gratuites. C'était quelqu'un .... très calme et .... très souriant ; .... quatre ans, je ne l'ai jamais vu se mettre .... colère une seule fois ! Il n'était pas très beau, mais il aimait être bien habillé ; il portait souvent un foulard .... soie. Au bout .... quatre ans, il a commencé .... travailler comme acteur. C'est .... ce moment-là que nous nous sommes perdus de vue**. J'aimerais bien le revoir maintenant !

* Le vestiaire : l'endroit où on pose les manteaux.
** Perdre de vue quelqu'un : ne plus voir quelqu'un.

• Les prépositions : *dans – en – par – pour*

6. Choisissez la bonne préposition.

• Complétez avec *en* ou *dans*

1. – Où habitent Cécile et Paul maintenant ?

– **En** Bourgogne, ... un tout petit village.

2. J'ai vu Juliette Binoche hier ; elle était .... une voiture noire et je l'ai prise .... photo.

3. .... une semaine, je pars à Barcelone ; je visiterai la ville .... deux jours et ensuite j'irai à Madrid.

4. – Tu viendras .... train ?

– Oui, c'est plus simple. Je vais réserver un billet .... première classe, ... un wagon non-fumeurs.

• Complétez avec *par* ou *pour*

5. .... aller à Rennes en partant de Paris, je passe .... Nantes ?

– Non, Nantes est au sud de Rennes !

6. – .... vous appeler, je fais comment ?

– Vous avez le choix : vous pouvez me joindre .... téléphone, ... e-mail ou .... fax.

7. Comme j'avais oublié la clef, j'ai dû passer .... la fenêtre .... rentrer chez moi.

8. Je vais courir deux fois .... semaine .... être en forme.

Les adverbes

1. Remplacez les adjectifs soulignés par des adverbes.

Ex. : *Tu es bien assis, c'est <u>confortable</u> ?*
   *→ Tu es assis **confortablement** ?*
   Mettez un vêtement <u>chaud</u>, il fait très froid ce matin !
   *→ Habillez-vous **chaudement**, il fait très froid ce matin !*

1. Ce texte est <u>difficile</u> à lire.

→ Ce texte se lit ....

2. J'aimerais que tu me parles de façon <u>franche</u>.

→ J'aimerais que tu me parles ....

3. On peut se garer là, c'est <u>gratuit</u>.

→ On peut se garer là ....

4. L'agent de police nous a regardés d'un air <u>bizarre</u>.

→ L'agent de police nous a regardés ....

5. Marchez plus vite, vous êtes trop <u>lent</u> !

→ Plus vite, vous marchez trop .... !

6. Vous devriez faire des réponses plus <u>simples</u>, jeune homme.

→ Vous devriez répondre plus ...., jeune homme.

7. Elvire m'a lancé un regard <u>triste</u> quand je l'ai croisée.

→ Elvire m'a regardé .... quand je l'ai croisée.

8. Max, il aime être <u>libre</u> et sans obligations.

→ Max, il aime vivre .... et sans obligations.

2. Placez correctement l'adverbe dans la phrase.

Ex. : *Avant, nous allions nous promener au jardin du Luxembourg. (souvent)*
   *Avant, nous allions **souvent** nous promener au jardin du Luxembourg.*

1. Ravi de vous rencontrer. Jean m'a parlé de vous. *(beaucoup)*

....

2. Les enfants sont sortis de l'école ? *(déjà)*

....

3. On s'est bien amusés au cirque, on a ri ! *(beaucoup)*

....

4. Nathalie a grossi. C'est normal : elle mange, elle mange, elle mange. *(tout le temps)*

....

5. Vous avez travaillé : amusez-vous maintenant ! *(assez)*

....

6. Vous vous êtes amusés : il est temps de travailler ! *(trop)*

....

3. Accordez quand c'est nécessaire.

Ex. : *Cette table basse est très belle.*
      Parle plus bas, s'il te plaît.

1. Ces ouvriers sont des hommes fort...................
2. Parlez plus fort..................., monsieur, on ne vous entend pas.
3. Cette robe coûte trop cher...................
4. Cette robe est trop cher...................
5. Mamie devrait acheter des lunettes, elle n'y voit plus très clair...................
6. L'eau de cette rivière n'est pas très clair...................
7. Je suis désolée mais cette pièce est fau(x)...................
8. Arrêtez ! Vous chantez fau(x)...................
9. Regarde comme ce cheval saute haut................... !
10. La tour Eiffel est très haut...................

4. Placez ces adverbes dans le texte : *à la folie, toujours, en ce moment, passionnément, tant, demain, Parfois, trop et hier.*

> *Chère Hélène,*
>
> *Je pense à toi **en ce moment**. J'ai pensé à toi .... et je penserai à toi .... En fait, je pense à toi tout le temps ! Je ne t'aime pas un peu, ni beaucoup mais ...., même .... : oui, je suis fou de toi !*
>
> *Je t'aime .... ! ...., je me dis que je t'aime .... Mais je ne peux rien y faire. Je sais que je t'aimerai ....*
>
> *Hector*

5. Soulignez les adverbes dans chaque phrase...

1. On a rencontré Germain par hasard en sortant du supermarché.
2. Daniel, je crois que tu assez bu !
3. Franck n'aime pas Paris, il veut habiter ailleurs.
4. Un nouvel aéroport va bientôt être construit à Toulouse.
5. Les enfants, allez jouer dehors !
6. Les pompiers ont agi courageusement le 11 septembre 2001.
7. Les paysans sont inquiets, il a peu plu en 2002.
8. Gaëlle a dit qu'elle reviendrait plus tard, ça fait deux heures que je l'attends !

... et indiquez leur valeur : *adverbe de temps, de lieu, de manière* ou *de quantité.*

1. **Adverbe de manière**   5. ....
2. .... 6. ....
3. .... 7. ....
4. .... 8. ....

LES TYPES DE PHRASES

La phrase négative

1. Complétez les phrases avec : *ne ... pas, ne ... pas encore, ne ... jamais, ne ... personne, n' ... plus, ne ... rien, n' ... nulle part et n' ... aucun.*

1. – Benoît travaille toujours à l'aéroport Charles-de-Gaulle ?
– Non, il **n'** y travaille **plus** ; il a été licencié le mois dernier.

2. – Ton fils a eu son bac ?
– Non, il .... l'a .... eu : il n'a pas du tout travaillé pendant l'année.

3. – Où est allée Valériane ? On ne l'entend pas.
– Elle .... est allée .... Elle dort !

4. – Vous voulez un whisky ?
– Non merci, je .... bois .... d'alcool.

5. – Vos nouveaux voisins ont emménagé ?
– Non, on .... les a .... vus.

6. – Désirez-vous un café, un thé, un jus d'orange ?
– Non merci, je .... veux ....

7. – Tu as des CD de musique classique ?
– Non, je .... en ai ....

8. – Ta fille fréquente un garçon en ce moment ?
– Non, elle .... voit ....

2. Placez la négation dans les phrases suivantes.
➜ (Voir aussi les chapitres « L'impératif » et « Le passé composé »)
Ex. : *Cléo veut partir.* (ne ... pas)
    → ***Cléo ne veut pas partir.***

1. Virginie se lève tôt le matin. *(ne ... jamais)*

....

2. Levons-nous ! *(ne ... pas encore)*

....

3. Nous avons mangé chez les parents de mon fiancé. *(n' ... rien)*

....

4. Léon veut aller en discothèque. *(ne ... jamais)*

....

5. Écoutez ce que dit Pierre. *(n' ... pas)*

....

6. Nadia fait ses courses chez l'épicier de son quartier. *(ne ... plus)*

....

7. Ma fille sait compter jusqu'à cent. *(ne ... pas encore)*

....

3. Transformez les phrases suivantes selon l'exemple.

Ex. : *Madame, votre fils ne parle pas gentiment et il ne parle pas poliment.*
  → ***Madame, votre fils ne parle ni gentiment ni poliment.***

1. Mon fils a cinq ans : il ne sait pas lire et il ne sait pas écrire.

→ ....

2. Marie ne veut pas de café et ne veut pas de thé.

→ ....

3. Pauvre Antonin ! Il n'est pas beau et il n'est pas intelligent !

→ ....

4. Ce chauffeur de bus ne conduit pas lentement et il ne conduit pas prudemment.

→ ....

5. Ce magasin n'accepte pas les chèques et il n'accepte pas les cartes bleues.

→ ....

6. Le mari de Jacqueline ne veut pas faire la cuisine et il ne veut pas faire le ménage.

→ ....

4. Mettez les mots dans le bon ordre.

Ex. : *plus – allons – ce – N' – restaurant ! – jamais – dans*
  → ***N'allons plus jamais dans ce restaurant !***

1. ne – nulle part – Quignard – le – Les – jamais – vont – week-end.

→ ....

2. embauché – L' – jamais – a – personne. – n' – entreprise – plus

→ ....

3. plus – ne – te – Je – jamais – voir ! – veux

→ ....

4. cette – plus – N' – dans – boucherie ! – achète – rien

→ ....

5. jamais – ne – personne. – Théo – inviter – veut

→ ....

6. élève. – n' – accepte – L' – aucun – plus – école

→ ....

7. revu – Johanne – plus – avons – Nous – José. – jamais – n' – et

→ ....

8. après – jamais – Ne – heures. – mange – rien – dix

→ ....

5. Répondez à ces questions par : *oui, non* ou *si*.

1. – Tu aimes la campagne ?
– **Non**, je préfère la montagne.

2. – Manon ne va pas à l'école ce matin ?

– Mais ...., c'est férié aujourd'hui !

3. – Le spectacle vous a plu ?

– Oh .... ! C'était super !

4. – Tu n'as pas payé la facture d'électricité ?

– ...., j'ai envoyé le chèque hier.

5. – Louis est content de son nouveau travail ?

– ...., pas du tout, il ne s'entend pas avec son patron.

6. – Papa n'a pas encore préparé le dîner ?

– Mais ...., le poulet est au four.

6. Complétez ce dialogue avec : *moi aussi, moi non plus, moi si* et *moi non*.

Alphonse et Hortense se sont rencontrés par petite annonce. C'est leur premier rendez-vous.

Hortense : Quels sont tes loisirs ? Moi, j'adore le cinéma.

Alphonse : **Moi aussi**, j'y vais au moins une fois par mois.

Hortense : J'aime aussi beaucoup le théâtre.

Alphonse : ...., je trouve cela ennuyeux.

Hortense : Vraiment ? L'opéra, voilà ce que je trouve ennuyeux !

Alphonse : ...., j'adore l'opéra, Mozart, Verdi, la grande musique ! Par contre, je ne supporte pas les concerts de rock !

Hortense : ...., je suis allée au concert des Rolling Stones, c'était génial ! Écoute, Alphonse, je ne pense pas que ça va marcher entre nous.

Alphonse : ...., salut et bonne chance !

7. Récrivez le texte en utilisant la forme *ne ... que* pour les phrases soulignées.

Ex. : *J'ai acheté uniquement des fruits et des légumes.*

> → *Je n'ai acheté que des fruits et des légumes.*

Élodie raconte ses vacances à son amie Claudie.

« Avec Renaud, on est partis en Angleterre en août. Le voyage en avion coûtait seulement deux cents euros. Dans l'hôtel, il y avait juste nous et un autre couple de touristes. Il a fait beau seulement le premier jour. On a eu du mal à se faire comprendre : ils parlent uniquement l'anglais là-bas ! On a visité uniquement Westminster Abbey et Piccadilly Circus. Il faut dire qu'on a passé beaucoup de temps dans les pubs : quelle ambiance !

« ....

....

....

....

....

.... »

La phrase interrogative

1. Dans les phrases interrogatives ci-dessous, replacez les mots suivants : *vous,
Est-ce qu', Tu, elles, Est-ce que, il, vous, nous.*

→ (Voir aussi le chapitre « Le passé composé : les formes négative et interrogative »)

1. .... vous aimez aller au cinéma ?

2. Auriez- .... l'heure, s'il vous plaît ?

3. Gabriel a-t- .... pris des vacances cette année ?

4. .... veux bien rester avec moi ?

5. Avons- .... bien fermé la porte en sortant ?

6. .... il fait froid dehors ?

7. Albertine et Justine sont- .... allées à la danse ?

**2. Reformulez les questions, comme dans l'exemple. (Attention aux verbes
qui se terminent par une voyelle.)**

Ex. : *Pierre part maintenant ?* → ***Pierre part-il maintenant ?***
     Pierre aime le chocolat ? → ***Pierre aime-t-il le chocolat ?***

1. Sophie Marceau joue dans le film de ce soir ?

→ .... ?

2. Lucie et Romane achètent beaucoup de bonbons ?

→ .... ?

3. Pierre et François aiment faire du ski ?

→ .... ?

4. Mathieu va au cinéma ce soir ?

→ .... ?

3. Remettez les phrases en ordre, comme dans l'exemple.

→ (Voir aussi le chapitre « Les adjectifs interrogatifs et exclamatifs »)

Ex. : *ta – préférée ? – Quelle – couleur – est*
    → ***Quelle est ta couleur préférée ?***

1. Quelles – connaissez- – de – villes – France – vous ?

→ ....

2. affaires – pour – j' – les vacances ? – est-ce que – Quelles – emporte

→ ....

3. le – de – dernier – Maurice Pialat ? – Quel – film – est

→ ....

4. chanson – est-ce que – tu – chanter – Quelle – vas – maintenant ?

→ ....

4. Reliez chaque question avec la bonne réponse.

→ (Voir aussi le chapitre « Les pronoms interrogatifs »)

A	B
1. Quand reviendras-tu ?	a. C'est lui !
2. Pourquoi ne mangez-vous pas ?	b. Achètes-en quatre.
3. Comment était-elle habillée aujourd'hui ?	c. Prendre un bain !
4. D'où sortez-vous ?	d. Nous étions chez Sandrine.
5. Lequel d'entre vous deux a fait ça ?	e. De mes examens.
6. Combien de billets je prends ?	f. Elle avait mis son tailleur bleu.
7. Que vas-tu faire maintenant ?	g. Dans quinze jours peut-être.
8. De quoi parles-tu ?	h. Parce que c'est trop chaud.

5. Complétez avec le mot interrogatif qui convient : *combien, qui, pourquoi, quoi, comment, quand.*

1. **Pourquoi** est-ce que tu n'as pas fait ton exercice ?

2. Jusqu'à .... Bérénice reste-t-elle chez ses cousins ?

3. .... vas-tu à Lyon ? En TGV ou en avion ?

4. Avec .... d'amis pars-tu en vacances ?

5. .... a frappé à la porte ?

6. Ta jupe est toute noire ! Sur .... tu t'es assise ?

6. Retrouvez la question, comme dans l'exemple.

→ (Voir aussi le chapitre « Le passé composé : les formes négative et interrogative »)

Ex. : – *Tu n'as pas retrouvé tes clés sur le bureau ?* (tes clés)
    – *Si, je les ai retrouvées sur le bureau.*
 ou – *As-tu retrouvé tes clés sur le bureau ?* (tes clés)
    – *Oui, je les ai retrouvées.*

1. – .... ? *(la porte)*

– Oui, je l'ai bien fermée avant de partir.

2. – .... ? *(le dernier film de Luc Besson)*

– Si, je l'ai vu.

3. – .... ? *(l'émission sur les oiseaux)*

– Si, nous l'avons regardée.

4. – .... ? *(son manteau et son écharpe)*

– Oui, il les a pris.

5. – .... ? *(la télévision)*

– Si, elle l'a allumée.

6. – .... ? *(Éric)*

– Oui, nous l'avons attendu pendant vingt minutes.

La phrase exclamative

➜ (Voir aussi le chapitre « Les adjectifs exclamatifs et interrogatifs »)

1. Transformez les phrases ci-dessous en phrases exclamatives, comme dans l'exemple.

Ex. : *Tu as grandi.* (Comme)
→ ***Comme tu as grandi !***

1. J'aimerais être loin d'ici. *(Qu'est-ce que)*

....

2. Il est mignon, ce bébé. *(Qu')*

....

3. Tu es belle aujourd'hui. *(Que)*

....

4. Le temps passe vite. *(Comme)*

....

2. Choisissez la place où on peut mettre l'adverbe d'intensité *(si, tant, tellement)* pour faire une phrase exclamative, comme dans l'exemple.

Ex. : ***si*** : ... je suis ... contente de te ... revoir ...
→ ***Je suis si contente de te revoir !***

1. **si :** .... nous sommes .... tristes de te voir .... partir .... !

2. **tellement :** .... je voudrais .... que tu voies cet endroit .... avec moi .... !

3. **tant :** .... il y aurait .... de choses .... à dire ....

4. **si :** .... Victor .... était .... heureux de t'entendre .... !

5. **tant :** .... Roxane .... aimerait .... partir .... en Irlande .... !

3. Retrouvez la situation dans laquelle vous pouvez entendre les mots exclamatifs suivants :

1. Ouah ! Ce n'est pas vrai, c'est toi, Michel ? C'est vraiment toi ?

2. Super ! C'est exactement ce que je voulais.

3. Heu !... Il faut que je regarde mon agenda...

4. Tant pis ! J'abandonne.

5. Aïe ! Ça fait mal !

6. Beurk !

7. Dommage ! Ce sera pour une autre fois.

a. Vous êtes invité, mais vous cherchez une excuse pour ne pas y aller.

b. C'est la huitième fois que vous ratez votre permis de conduire.

c. Vous n'aimez pas ce que vous mangez.

d. Vous recevez le cadeau dont vous rêviez.

e. Un ami que vous n'avez pas vu depuis dix ans vous téléphone.

f. Vous avez invité un ami ; il téléphone pour vous dire qu'il ne viendra pas.

g. Le médecin vous fait une piqûre.

• La mise en relief

1. Reliez pour faire des phrases.

➜ (Voir aussi le chapitre « Les pronom toniques »)

1. Je vais gagner,   a. il ne sait pas chanter.
2. Lui,   b. ne m'en parle pas !
3. J'ai assez de problèmes, alors tes problèmes,   c. moi.
4. Ils s'amusent,   d. il y en a encore dans le frigidaire ?
5. Tu lui as rendu ses affaires,   e. à Laure ?
6. Du lait,   f. eux ! Ce n'est pas comme nous !

2. Récrivez les phrases, comme dans l'exemple.

➜ (Voir aussi les chapitres « Le pronom relatif » et « Les pronoms toniques ».)

Ex. : *Je n'ai pas renversé le vase.* (moi – qui)
    → **Ce** *n'est pas moi qui ai renversé le vase.*

1. Vous avez téléphoné hier ? *(vous – qui)*

....

2. Philippe t'a donné un rendez-vous, pas Jean-Paul. *(Philippe – qui)*

....

3. Tu apprends l'espagnol ? *(l'espagnol – que)*

....

4. Nous partons à Séville l'année prochaine. *(Séville – que)*

....

5. Je te parle de nos vacances. *(vacances – dont)*

....

6. Il est amoureux de Laure. *(Laure – qu')*

....

3. Remettez les phrases en ordre, comme dans l'exemple.

Ex. : *pour – que – fais – cela. – tout – toi – C'est – je*
    → **C'est pour toi que je fais tout cela.**

1. Barcelone – C'est – aller. – veux – que – à – je

→ ....

2. C'est – que – sois – tu – normal – en colère.

→ ....

3. mon enfance. – ici – C'est – que – ai passé – j'

→ ....

4. C'est – le bureau – j'ai trouvé – que – en rangeant – cette photo.

→ ....

COMMENT EXPRIMER...

L'idée de temps

• Le moment

1. Dites si les expressions soulignées indiquent un moment précis ou un moment imprécis.

1. Je passerai vous voir en novembre. → **moment imprécis**

2. Je passerai vous voir le 14 novembre. → ....

3. André a rendez-vous à 13 heures. → ....

4. André a rendez-vous vers 13 heures. → ....

5. Tu me téléphones quand tu veux. → ....

6. Tu me téléphones demain. → ....

2. Complétez avec à, *le* ou *en*. (Attention aux formes contractées de *à* : *au, aux*.)

1. Tu as pris rendez-vous chez le dentiste ?

Oui, j'y vais **le** 5 .... 17 heures.

2. .... avril, ne te découvre pas d'un fil, ... mai, fais ce qu'il te plaît. *(proverbe)*

3. Nous nous sommes connus .... printemps, ... juin, ... 3 pour être précis.

4. C'était .... mois de décembre ; il y avait beaucoup de neige et il faisait très froid.

3. Retrouvez les jours et les dates.

hier	aujourd'hui	demain	après-demain
dimanche 20/11/1802	lundi 21/11/1802	....	....
....	....	....	dimanche 9/10/1954
....	....	mardi 18/08/2000	....

• La durée

1. Complétez avec *en, pendant* ou *de...à (du...à)*

→ (Voir aussi le chapitre « Les prépositions »)

La vie de Victor Hugo

Victor Hugo naît à Besançon .... 1802. Sa famille s'installe à Paris .... 1809. .... 1809 .... 1818, c'est-à-dire ....

neuf ans, ses parents n'arrêtent pas de se disputer. Ils se sépareront .... 1818.

.... 1822, il épouse Adèle Foucher avec qui il aura cinq enfants. Il commence à être un poète connu. À partir de 1823, il écrit aussi des romans et des pièces de théâtre. .... 1833, il tombe amoureux de Juliette Drouet qui restera sa maîtresse .... cinquante ans.

.... 1848, il doit quitter la France ; il vit en exil .... douze ans : .... 1848 .... 1870.

Il meurt .... 1885 et il est enterré au Panthéon, à Paris.

2. Cochez la bonne réponse, comme dans l'exemple.

Ex. : *Ils se sont mariés*   ❑ *depuis onze ans.*   ☒ *il y a onze ans.*

1. Jean cherche ses papiers   ❑ depuis un quart d'heure.   ❑ il y a un quart d'heure.
2. Ils se sont connus   ❑ depuis longtemps.   ❑ il y a longtemps.
3. Nous avons pris ces photos   ❑ depuis une semaine.   ❑ il y a une semaine.
4. Laurent est malade   ❑ depuis deux jours.   ❑ il y a deux jours.
5. Tu as parlé de cette histoire   ❑ depuis un mois.   ❑ il y a un mois.

3. Remplacez *Il y a... que* ou *Depuis* par *Ça fait... que*, comme dans l'exemple.

Ex. : *Elle attend ce moment-là depuis longtemps.*
     ou *Il y a longtemps qu'elle attend ce moment-là.*
     – Ça fait longtemps qu'elle attend ce moment-là.

1. J'attends Marie depuis une demi-heure. Peut-être qu'elle m'a oublié !

....

2. Il y a seulement six mois que la nouvelle directrice est là, mais quels changements !

....

3. Il y a déjà dix ans que nous habitons ici ; comme le temps passe vite !

....

4. Depuis trois jours il n'arrête pas de pleuvoir ; c'est vraiment énervant !

....

4. Complétez par *il y a* ou *il y a ... que (qu')*.

1. – **Il y a** déjà une semaine **que** j'attends cette lettre ; je ne comprends pas pourquoi je ne la reçois pas.

– .... peut-être une grève de la poste.

2. Isabelle a téléphoné .... deux minutes.

3. – Mathieu et Karine ne sont pas là ?

– Ils étaient ici .... un quart d'heure.

– C'est dommage ! .... longtemps .... je ne les ai pas vus. Ce sera pour la prochaine fois.

4. .... longtemps, bien longtemps, un jeune homme aux mains d'or vivait dans une magnifique maison.

• La fréquence

1. Associez les questions et les réponses.

→ (Voir aussi le chapitre « Les adverbes »)

1. Vous allez souvent à la piscine ? ——————

2. Le matin, vous prenez quoi
   au petit déjeuner ?

3. Les Syéris vont dans le Lot chaque année ?

4. Tu te reposes quelquefois ?

5. Tu ne vois plus Jean-Paul et Anne.

a. Un café, une tartine et un jus d'orange.

b. Ils sortent rarement depuis qu'ils ont
   acheté leur maison.

c. Ça m'arrive.*

d. Oui, ils adorent ce coin.

e. Oui, nous y allons trois fois par semaine.

* Ça m'arrive : quelquefois.

2. Soulignez tous les mots qui indiquent l'idée de fréquence.

→ (Voir aussi le chapitre « L'imparfait »)

Madame Langlois était une vieille femme charmante. Elle vivait seule dans une grande maison à l'entrée du village. Après la mort de son mari, elle n'avait jamais voulu déménager.

Été comme hiver, le matin à sept heures, elle était debout. Elle déjeunait rapidement, mettait de vieilles chaussures et partait dans son jardin. Quelquefois, elle y faisait juste un petit tour, mais souvent elle y restait une heure ou deux : elle descendait doucement la grande allée en parlant aux arbres, elle allait ensuite au potager* et trouvait à chaque fois de mauvaises herbes à arracher. Pourtant, le jardinier venait tous les jeudis. Avant de rentrer à la maison, elle s'asseyait toujours sur un vieux banc de bois et se reposait quelques minutes.

* Le potager : on plante des fruits et des légumes dans le potager.

• La simultanéité

1. Barrez les phrases dans lesquelles les deux actions ne se passent pas en même temps.

Ex. : a. Quand Alice habitait avec nous, la vie était plus gaie !

→ b. ~~Quand Alice est partie, tout le monde a été triste.~~

1. a. Quand vous finirez de parler, vous pourrez manger.
   b. Quand vous parlez, vous ne mangez pas.

2. a. Quand Vincent était petit, il s'endormait toujours avec ses petites voitures.
   b. Quand Vincent a eu dix-huit ans, il s'est acheté une voiture.

3. a. Quand Juliette et Bérénice sont sorties de l'eau, elles n'avaient pas froid.
   b. Quand Juliette et Bérénice sont sorties de l'eau, elles se sont allongées au soleil.

4. a. Quand je suis arrivée, le repas était prêt.
   b. Quand je suis arrivée, j'ai préparé le repas.

2. Complétez avec pendant que (qu') ou depuis que (qu').

1. – **Pendant que** tu prenais ta douche, Rachid a téléphoné.

– Encore lui ! Qu'est-ce qu'il voulait ?

– Un rendez-vous.

.....................................'il m'a rencontrée chez Daniel, il me téléphone trois fois par jour !

2. Pierre et Victor sont inséparables ....'ils ont décidé de faire un groupe de rap.

3. – Il y a eu beaucoup de changements ici .... tu n'es pas venu.

– En effet ! Vous avez bien travaillé .... j'étais au Pérou !

4. ....'il dormait, j'étais tranquille ; mais ....'il est réveillé, il n'arrête pas de m'appeler !

• L'antériorité – La postériorité

1. Dites si la partie de la phrase qui est soulignée se passe *avant* ou *après* la partie qui n'est pas soulignée.

Ex. : *Je t'attendrai jusqu'à ce que tu reviennes.* → *après*

1. Après que Jonathan a parlé, tout le monde a ri. → ....

2. Avant de sortir, tu pourras éteindre la lumière ? → ....

3. Après quinze jours de vacances, vous êtes déjà fatigués ! → ....

4. Après avoir pleuré pendant deux heures, elle a travaillé toute la nuit. → ....

5. Rentrez avant la nuit ! → ....

2. Rédigez les phrases en respectant l'ordre chronologique et en utilisant les expressions suivantes.

➜ (Voir aussi le chapitre « Les modes impersonnels : L'infinitif »)

• *après* + nom

1. *Mathieu passe ses examens et ensuite, il partira en vacances.*
→ *Après ses examens, Mathieu partira en vacances.*

2. *Tu regardes le film et ensuite, tu vas te coucher.*

→ ....

3. *Ils visitent le musée du Louvre et ensuite, ils vont voir Notre-Dame de Paris.*

→ ....

• *après* + infinitif passé

4. *Nous sommes restés deux jours à Paris et après, nous sommes partis à Lyon.*
→ *Après être restés deux jours à Paris, nous sommes partis à Lyon.*

5. *Je suis rentrée à la maison et après j'ai pris un bain.*

→ ....

6. *Sandra a posé ses clefs sur la cheminée et après elle les a oubliées.*

→ ....

3. Complétez avec *avant que* ou *avant de*.

➜ (Voir aussi le chapitre « La construction du verbe »)

1. **Avant de** démarrer la voiture, n'oubliez pas de mettre votre ceinture de sécurité.

2. Vous ne partirez pas .... je vous dise au revoir.

3. .... le film commence, il y a beaucoup de publicités.

4. N'oublie pas ton sac .... partir.

L'idée du lieu

→ (Pour ce chapitre, voir aussi les chapitres « Le pronom en » et « Le pronom y »)

• Le lieu où on est, où on va, d'où on vient

1. Posez les questions à ces réponses avec *où* et *d'où*.

Ex. : – **D'où arrive ce train ?** – *Ce train arrive de Lyon.*

1. – .... ? – Nous allons au marché.

2. – .... ? – Karl est autrichien.

3. – .... ? – Julie travaille dans une banque.

4. – .... ? – Mon père habite en région parisienne.

5. – .... ? – Cet avion est en provenance de Cork.

6. – .... ? – Je suis né en Algérie. *(2 réponses possibles).*

2. Faites des phrases au présent.

→ (Voir aussi le chapitre « Les articles définis contractés »)

Ex. : *Élisabeth – être – le Maroc*
     → ***Élisabeth est au Maroc.***

1. Desmond – vivre – Londres → ....

2. Mes parents – habiter – la Bretagne → ....

3. Nous – partir – les Philippines → ....

4. Christian – travailler – le Mexique → ....

5. Je – aller – l'Irlande → ....

6. André et Christine – habiter – le Puy-de-Dôme → ....

7. Jacques Chirac – aller – la Corrèze → ....

8. Ton cousin – être – Cuba → ....

3. Mme Gatiel rentre chez elle. Ses nombreux enfants ne sont pas à la maison. Elle demande à son mari où ils sont.

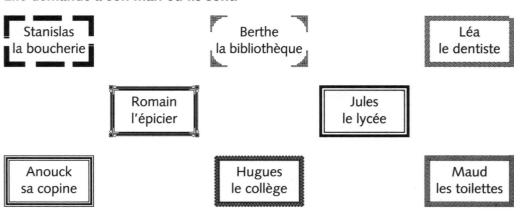

Stanislas
la boucherie

Berthe
la bibliothèque

Léa
le dentiste

Romain
l'épicier

Jules
le lycée

Anouck
sa copine

Hugues
le collège

Maud
les toilettes

Mme Gatiel : Chéri, où sont les enfants ?

M. Gatiel : **Stanislas est à la boucherie,** ....

....

.... !

Les enfants sont tous rentrés. Leur mère vérifie ce que lui a dit son mari.

Mme Gatiel : Les enfants, d'où venez-vous ?

Stanislas : **Je viens de la boulangerie.**   *Romain :* ....

Berthe : ....   *Jules :* ....

Léa : ....   *Hugues :* ....

Anouck : ....   *Maud :* .... !

• Localiser

1. Faites des phrases à l'aide des prépositions suivantes : *à côté de, derrière, dans, sous, devant, au-dessus de* **et** *sur* **(2 fois).**

1. Le vase est **sur** la table.

2. Les fleurs sont .... le vase.

3. La table est .... la chaise.

4. Le chat est .... la chaise.

5. La porte est .... la chaise.

6. La télévision est .... la chaise.

7. Les livres sont .... la télévision.

8. Le tableau est .... la télévision.

2. Indiquez la direction demandée à l'aide de : *à côté de* **(2 fois),** *dans, en face de, au milieu de* **et** *entre.*

1. Où se trouve la boulangerie, s'il vous plaît ? (*bar « La Savoie »*)

– **La boulangerie se trouve à côté du bar « La Savoie ».**

2. Je cherche l'école, savez-vous où elle se trouve ? (*rue Victor-Hugo*).

– ....

3. Est-ce qu'il y a une pharmacie dans le quartier ? (*bar « La Savoie »*)

– ....

4. Où se trouve le bar « La Savoie » ? (*rue Victor-Hugo*)

– ....

5. Pouvez-vous m'indiquer la pharmacie ? (*hôpital – école*)

– ....

2. Indiquez la direction demandée avec : *prendre, continuer tout droit, tourner à droite* **ou** *à gauche* **et** *traverser.*

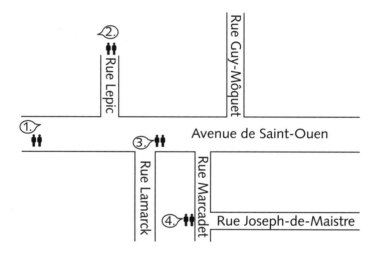

1. Où se trouve la rue Marcadet, s'il vous plaît ?
– Vous continuez tout droit, c'est la deuxième rue à droite.

2. – Où se trouve la rue Guy-Môquet, s'il vous plaît ?

– ....

3. – Où se trouve la rue Joseph-de-Maistre, s'il vous plaît ?

– ....

4. – Où se trouve la rue Lepic, s'il vous plaît ?

– ....

L'idée de quantité

• Les chiffres et les nombres

1. Récrivez les dates historiques suivantes comme dans l'exemple.

Ex. : *En sept cent sept, Charles Martel bat les Arabes à Poitiers.*
   → ***707 : Charles Martel bat les Arabes à Poitiers.***

1. En mille cinq cent quinze, François Ier bat les Italiens à Marignan.

....

2. En mille six cent dix, le roi Henri IV est assassiné par Ravaillac.

....

3. En mille sept cent quinze, le roi Louis XIV meurt.

....

4. Le quatorze juillet mille sept cent quatre-vingt-neuf, c'est le début de la Révolution française.

....

5. En mille neuf cent cinquante-huit, c'est la Cinquième République.

....

_____
* Le massacre de la Saint-Barthélemy : les catholiques ont assassiné des milliers de protestants à Paris.

2. Vous voulez téléphoner à des amis ; à l'aide du dessin, retrouvez les deux premiers chiffres de leurs numéros de téléphone et écrivez-les en toutes lettres, comme dans l'exemple.

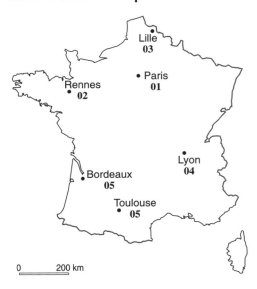

Ex. : *Mélanie habite à Bordeaux :*
... 39-41-03-23
   → *Mélanie : zéro cinq – trente-neuf – quarante et un – zéro trois – vingt-trois.*

1. Jacqueline habite à Rennes :

.... 44-24-23-77

....

2. Yannick habite à Lyon :

.... 71-77-09-05

....

3. Bernard habite à Paris :

.... 92-15-10-33

....

5. André habite à Toulouse :

.... 50-38-29-06

4. Évelyne habite à Lille :

.... 12-28-02-20

....

• Les nombres ordinaux

1. Où habitent-ils dans Paris ? Faites des phrases comme dans l'exemple.

➡ (Voir aussi les chapitre « Les prépositions » et « L'idée de lieu »)

Ex. : *Natacha, près de la tour Eiffel. (VIIIe arrondissement)*
   Natacha habite dans le huitième arrondissement, près de la tour Eiffel.

1. Louise, près de Notre-Dame de Paris. (IVe)

....

2. André, près des Halles. (Ier)

....

3. Catherine, près de la gare de l'Est. (Xe)

....

4. Sacha, près du Sacré-Cœur. (XVIIIe)

....

5. Marc, près du cimétière du Père-Lachaise. (XXe)

....

6. Karine, près de la tour Montparnasse. (XIVe)

....

• Fractions et nombres collectifs

1. Choisissez la bonne façon de lire les fractions suivantes.

1. Je voudrais 1/2 **pain** s'il vous plaît.
   ❑ un deuxième   ☒ un demi-   ❑ un quart

2. Je viens dans 1/2 heure.
   ❑ une demi-heure   ❑ un demi-heure   ❑ un deuxième d'heure

3. Ajoutez 1/3 de litre de lait.
   ❑ une tiers   ❑ un troisième   ❑ un tiers

4. Nous sommes arrivés il y a 1/4 d'heure.
   ❑ un huitième   ❑ un quatrième   ❑ un quart

5. Il a nagé le 100 mètres en 9 secondes 1/10.
   ❑ un dixième   ❑ un vingtième   ❑ un demi

2. Récrivez les phrases, comme dans l'exemple.

Ex. : *Nous partirons dans environ huit jours.*
   → **Nous partirons dans une huitaine de jours.**

1. J'ai vu Éléonore environ dix fois.

→ ....

2. Ils sont allés à Venise il y a à peu près douze ans.

→ ....

3. Il me faudrait environ cinquante feuilles.

→ ....

4. Les frères Lumière ont inventé le cinéma il y a à peu près cent ans.

→ ....

• Les quantités : *petite, suffisante, grande*

1. Reliez A et B pour faire des phrases.

A	B
1. Je reprendrais bien un peu de	a. peu, mais il mange beaucoup.
2. Il a téléphoné il y a seulement quelques	b. minutes.
3. Un peu de	c. un peu !
4. Ne partez pas ! Restez encore	d. amis.
5. Il parle	e. gâteau.
6. J'ai de la chance, j'ai plusieurs	f. silence, s'il vous plaît !

2. Complétez avec *beaucoup, beaucoup de, trop* ou *trop de*.

1. J'ai eu **beaucoup de** chance ; j'ai trouvé ce travail très vite.

2. Je n'ai pas du tout aimé ce film ; il y a .... scènes d'amour et ça ralentit l'action.

3. Il faut faire quelque chose tout de suite ; vous réfléchissez beaucoup .... !

4. Catherine aime .... Barbara, elle a .... disques d'elle.

5. Si tu mets autant de sel, ce sera .... salé !

6. Je ne veux plus t'écouter ; tu dis beaucoup .... bêtises ; et .... c'est .... !

• Les mots qui servent à mesurer

1. Choisissez la bonne réponse.

1. Dans mon café, je prends seulement ... de sucre.
☒ un morceau   ❑ un paquet   ❑ une tranche

2. Pour la Fête des mères, je vais offrir ... de fleurs à maman.
❑ un paquet   ❑ un bouquet   ❑ un morceau

3. Donnez-moi un peu de pâté et ... de jambon, s'il vous plaît.
❑ trois tas   ❑ trois tranches   ❑ trois bouquets

4. Pendant les vacances, j'ai fait ... de choses intéressantes.
❑ un morceau   ❑ un bouquet   ❑ un tas

5. Au Festival de Cannes, il y a toujours ... de gens qui attendent les stars.
❑ un bouquet   ❑ une tranche   ❑ une foule

6. Dis, tu veux bien m'acheter ... de bonbons ?
❑ un morceau   ❑ un paquet   ❑ une tranche

La caractérisation des choses et des personnes

• Caractériser quelque chose

1. De quel objet parle-t-on ? Répondez comme dans l'exemple.

1. C'est vert, ça a la forme d'une poire, ça se mange sans la peau, c'est un peu mou quand c'est mûr ; c'est **un avocat**.

2. C'est petit, c'est en fer ou en plastique, c'est rectangulaire et ça sert à allumer des cigarettes ; c'est ....

3. C'est jaune, c'est assez petit, c'est rond, on l'utilise souvent avec une raquette ; c'est ....

4. Ça peut être mince ou épais, ça peut être grand ou petit, ça ne se mange pas, c'est plein de mots ; c'est ....

5. C'est bleu, noir, rouge ou vert, c'est cylindrique, c'est souvent en plastique, ça laisse des traces sur le papier ; c'est ....

6. Ce n'est pas toujours bleu, c'est plat, c'est rectangulaire, ça se range dans un portefeuille, ça sert beaucoup ! C'est ....

7. C'est souvent blanc, c'est rectangulaire et plat, c'est en papier ; c'est ....

8. C'est conique, ça se mange froid, c'est sucré, ça sert à calmer les enfants quand on visite une ville ; c'est ....

2. Complétez les phrases avec les expressions suivantes : *coûtent, de la taille du, pèse, lourd, contient, cher, mesure* (2 fois).

1. – Qu'est-ce que tu as mis dans ta valise ? Elle **pèse** trois tonnes !
– Des livres !

2. Sophie est plus grande que Léna : elle .... un mètre soixante-dix, alors que Léna .... seulement un mètre soixante-six.

3. – S'il vous plaît, c'est combien ces boucles d'oreilles ?

– Elles .... soixante euros.

4. Cette bouteille d'eau minérale .... un litre et demi.

5. La réparation de la voiture m'a coûté ....

6. Ce sac n'est pas très ...., je peux le porter facilement.

7. La mouche est à peu près .... moustique.

• Caractériser une personne

1. De qui parle-t-on ? Répondez comme dans l'exemple.

Saekala   Philippe

Iéna

Léna

1. Elle a seulement trois mois mais elle est assez grande pour son âge ; elle a les cheveux noirs et raides. Elle est vraiment mignonne ! C'est **Léna**.

2. Elle est jeune, grande et mince. Elle a les cheveux mi-longs et elle porte des lunettes pour travailler. C'est ....

3. Il a trente-cinq ans, il est de taille moyenne, il a une moustache et il porte un uniforme pour travailler. C'est ....

4. Elle est vieille, elle a un long nez crochu avec une verrue, elle a les cheveux gris et elle porte un chapeau noir. C'est ....

2. Barrez l'intrus, comme dans l'exemple.

1. Quand il se lève, Valentin ne parle à personne, il ne sourit pas et, s'il est en retard, il se met en colère ; il est ~~adorable~~ ~~timide~~ insupportable .

2. Claire ne parle pas beaucoup ; parfois elle part quelques jours mais on ne sait jamais où elle va ; elle est heureuse mystérieuse courageuse .

3. Pauline aime bien écouter parler les adultes ; elle pose beaucoup de questions et regarde beaucoup d'émissions sur les animaux ; elle est curieuse idiote bavarde .

4. Hildebert n'écoute pas beaucoup les gens ; il a toujours une histoire à raconter et il ne supporte pas le silence ; il est bavard amusant parfait .

5. Colette a toujours le sourire avec tout le monde ; on ne la voit jamais de mauvaise humeur et elle adore rendre service ; elle est très étrange travailleuse aimable .

6. Quand on le regarde dans les yeux, Guillaume rougit, il baisse la tête ; et quand on lui pose une question, il a toujours peur de répondre ; il est ennuyeux timide poli .

7. Rachid comprend très vite, il n'a pas besoin de beaucoup de temps pour apprendre ses leçons ; il connaît plein de choses ; il est idiot intelligent gentil .

8. Éva est assez jolie, elle est souriante et plaît à tout le monde ; elle est ennuyeuse parfaite charmante .

L'idée de la comparaison, de la similitude et de l'opposition

• La comparaison

1. M. et Mme Dauvin ont neuf enfants. Décrivez Parfait avec *plus ... que* (ou *qu'*). (Attention à l'accord des adjectifs !)

> ### Il est parfait !
> Adeline est sympathique. Quentin est intelligent. Odile est drôle. Alexandre est grand.
> Marthe est gentille. Gilbert est bon en mathématiques. Solange est douée* en dessin.
> Tatiana est belle.

Parfait, le petit dernier, a de la chance ! Il est **plus sympathique qu'Adeline**, ...

....

....

_____
* Être doué : avoir des capacités naturelles.

2. Faites des phrases avec : *plus que, autant que, moins que, plus de ... que, moins de ... que* et *autant de ... que*.

Ex. : *Mon père parle beaucoup. (Ma mère / +)*
    Ma mère parle plus que mon père.

1. Françoise a beaucoup de charme. (*Sonia / –*)

....

2. Zola a beaucoup écrit. (*Balzac / +*)

....

3. Les voisins font beaucoup de bruit. (*Nous / =*)

....

4. Les enfants dorment beaucoup. (*Les adultes / –*)

....

5. Bianca a beaucoup d'humour. (*Bernard / +*)

....

6. Adrien bavarde beaucoup en classe. (*Tayeb / =*)

....

3. Faites des phrases avec des comparatifs, comme dans l'exemple.

Ex. : *Claire chante faux. Je chante encore plus faux.*
    Claire chante moins faux que moi.
    ou *Claire chante faux. Je chante moins faux.*
    Claire chante plus faux que moi.

1. Le prof de maths parle doucement. Le prof de français parle encore plus doucement.

....

2. Carl court vite. John court moins vite.

....

3. Le guitariste joue mal. Le pianiste joue aussi mal.

....

4. Les bijoux coûtent cher. Les fleurs coûtent moins cher.

....

5. Agathe danse bien. Joyce danse mieux.

....

6. La vedette du spectacle joue naturellement. Les autres comédiens jouent aussi naturellement.

....

4. Faites des phrases en utilisant les superlatifs de supériorité et d'infériorité.

Ex. : *Dans la classe : Damien est calme, Hervé n'est pas calme.*
Damien est le plus calme de la classe. Hervé est le moins calme de la classe.

1. Dans l'équipe de football : Passi est rapide. Guapé n'est pas rapide.

....

2. Dans l'orchestre : Le violoniste est bon. Le pianiste n'est pas bon.

....

3. Dans la troupe de théâtre : Loraine est douée. Raphaëlle n'est pas douée.

....

5. Virginie se plaint à sa mère. Elle pense que sa sœur aînée, Frédérique, est favorisée. Récrivez le texte en utilisant des superlatifs.

C'est pas juste !

Virginie : Frédérique a beaucoup de vêtements. En plus, moi, je n'ai pas une grande chambre ! Elle ne fait pas beaucoup la vaisselle. Et moi, je n'ai pas beaucoup d'argent de poche. Elle sort beaucoup. Et elle se couche tard ! Frédérique, tu l'aimes plus que moi, c'est pas juste !

C'est Frédérique qui a le plus de vêtements. ....

....

....

....

6. Reliez les deux phrases par le superlatif de supériorité *le plus*.

Ex. : *Gilbert déjeune en vingt minutes. Son frère déjeune en trente minutes.* (rapidement)
C'est Gilbert qui déjeune le plus rapidement.

1. Clara étudie dans le silence. Béa étudie en écoutant la radio. *(sérieusement)*

....

2. Les cheveux poussent d'un centimètre par mois. Les ongles poussent de deux centimètres par mois. *(rapidement)*

....

3. Les tulipes coûtent six euros. Les roses coûtent dix euros. *(cher)*

....

4. Léo est vêtu d'une chemise. Marc est vêtu d'un pull-over. *(chaudement)*

....

5. Le chat dort sur le lit. Le chien dort par terre. *(confortablement)*

....

6. La petite fille a répondu : « Non ! » Le petit garçon a répondu : « Non merci. » *(poliment)*

....

7. Faites des phrases en utilisant soit le comparatif, soit le superlatif.

Ex. : *Fred est plus gentil que les autres élèves.* / **Fred est le plus gentil des élèves.**
ou **Le labrador est plus beau que les autres chiens.** / *Le labrador est le plus beau des chiens.*

1. ....
Elvis Presley est le meilleurs des chanteurs.

2. Marie-José est moins jolie que les autres danseuses.

....

3. Bruno est plus courageux que les autres agents de police.

....

4. ....
Ces portraits sont les moins réussis des tableaux.

5. ....
Cette valise est la moins lourde des bagages.

6. Mon immeuble est plus ancien que les autres bâtiments.

....

• La similitude et l'opposition

1. Trouvez les ressemblances et les différences en utilisant *le même*, *la même* ou *les mêmes*.

deux voitures forme (≠) couleur (=) vitesse (=)	Elles n'ont pas la même forme, mais elles ont la même couleur et elles vont à la même vitesse.
deux sœurs yeux (=) sports (=) âge (≠)	....

deux footballeurs	
équipe (≠)	....
sport (=)	....
numéros de maillot (=)	....
	....

2. Complétez ce texte avec : *identiques, la même, Comme (2 fois), se ressemblent, les mêmes, semblables* **et** *le même.*

Un couple uni

Zita et Igor sont mariés depuis trente ans. Ils ont passé tant d'années ensemble que maintenant ils **se ressemblent** ! Ils ont .... taille, ... cheveux courts et gris et .... regard tendre et bleu. Leurs goûts sont presque .... Zita, Igor aime le théâtre. .... Igor, Zita adore la poésie. De dos, ils sont .... : deux grandes silhouettes qui se tiennent par la main.

3. Transformez les phrases.

Ex. : *Gautier* <u>ressemble à</u> *Joseph.* (se ressembler)
   Gautier et Joseph se ressemblent.

1. L'exercice 1 et l'exercice 2 <u>sont semblables</u>. *(être semblable à)*

....

2. Plus tu grandis, plus <u>tu ressembles</u> à ton père ! *(être comme)*

....

3. Le tableau d'origine et la copie <u>sont identiques</u>. *(être pareil à)*

....

4. Ferdinand et Louis ont <u>des</u> goûts <u>identiques</u>. *(les mêmes)*

....

5. Plus tu vieillis, plus tu <u>me rappelles</u> ta mère ! *(ressembler à)*

....

6. Ton manteau est <u>le même que</u> celui que j'ai acheté hier ! *(pareil que)*

....

4. Complétez le texte avec : *par contre, tandis que, opposés, mais, alors que, le même, contrairement à* **et** *se ressemblent.*

Les deux sœurs

Line et Mado sont sœurs **mais** elles ne .... pas du tout. Mado est brune .... Line est blonde, Mado est petite .... Line est grande. Leurs caractères sont .... : Line est bavarde et gaie, ... Mado qui est calme et triste.

Mado est sérieuse ; elle est la meilleure de sa classe. ...., Line ne pense qu'à s'amuser. Elles ont quand même un point en commun : elles ont .... amour l'une pour l'autre.

L'idée de la cause, de la conséquence et du but

• La cause

1. Reliez questions et réponses.

1. Pourquoi tu cours ?
2. Pourquoi le bus s'arrête ?
3. Pourquoi les enfants crient ?
4. Pourquoi on prend l'autoroute ?
5. Pourquoi Tom et Joan se séparent ?
6. Pourquoi les feuilles tombent des arbres ?
7. Pourquoi tu ne dis rien ?
8. Pourquoi vous ne restez pas ?

a. Parce qu'ils ont peur.
b. Parce qu'ils ne s'aiment plus.
c. Parce que je n'ai rien à dire.
d. Parce que c'est le terminus.
e. Parce que c'est l'automne.
f. Parce que je suis en retard.
g. Parce qu'il est tard.
h. Parce que c'est plus rapide.

2. Complétez les phrases avec : *à cause de, grâce à, à la suite de, pour* (2 fois) et *de*.

1. **À la suite d'**un accident sur la nationale 7, la circulation est ralentie.

2. .... tes précieux conseils, Bernard a pris la bonne décision.

3. L'actrice Brigitte Bardot a toujours été admirée .... sa grande beauté.

4. Les touristes sont bloqués à l'aéroport .... la grève des pilotes.

5. Antoine était fou .... joie quand il a retrouvé son chien.

6. La secrétaire a été renvoyée .... avoir commis une faute professionnelle.

• La conséquence

1. Reliez les phrases avec : *si* (ou *tellement*) ... *que* ou *tant de* (ou *tellement de*) ... *que* (ou *qu'*).

Ex. : *Octave est très méchant. Toute sa classe le déteste.*
    *Octave est **si** méchant **que** toute sa classe le déteste.*

1. Nous avons mangé beaucoup de gâteaux. Nous sommes malades.

....

2. Les voisins dormaient très profondément. Ils n'ont pas entendu les cambrioleurs.

....

3. Romy est très belle. Tous les hommes la regardent.

....

4. Il y a beaucoup de neige. On ne voit plus les toits des maisons.

....

5. Les musiciens jouent trop fort. Les spectateurs n'entendent plus le chanteur.

....

• La cause, la conséquence, le but

1. Dans le tableau, classez pour chaque phrase la cause et la conséquence.

1. Vanessa s'est moquée de José. C'est pour ça qu'il ne veut plus la voir.
2. Les agriculteurs sont inquiets. En effet, la météo annonce de fortes pluies.
3. Natacha a fait un gâteau sans regarder la recette. Résultat : le gâteau est raté.
4. Le brouillard est à l'origine des bouchons* sur la route.
5. Roselyne a pâli en apprenant la mort de sa grand-mère.
6. Les mauvais résultats de l'entreprise ont entraîné des licenciements.
7. William demande à sa femme de se taire car il a mal à la tête.
8. La fermeture de l'usine Renault est à l'origine des manifestations des ouvriers.

───────

Bouchons : véhicules arrêtés dans un embouteillage.

	Cause	Conséquence
1	Vanessa s'est moquée de José	Il ne veut plus la voir
2	....	....
3	....	....
4	....	....
5	....	....
6	....	....
7	....	....
8	....	....

2. Indiquez si les phrases suivantes expriment le but ou la conséquence.

Ex. : *L'équipe de Marseille s'entraîne pour être championne de France.* **(but)**

1. Pierre Arditi a été applaudi pour sa composition d'Arnolphe dans *L'École des femmes*. ....

2. La petite fille a été punie pour avoir menti à sa mère. ....

3. Jocelyne fait des économies pour partir en Inde l'été prochain. ....

4. Ce poète est célèbre pour la beauté de ses textes. ....

5. Josselin fait tout son possible pour rendre sa femme heureuse. ....

6. J'ai téléphoné à l'agence de voyages pour la réservation des billets d'avion. ....

7. Marc-Charles est admiré par ses collègues pour avoir courageusement répondu au directeur. ....

8. Nous connaissons un bon avocat pour la défense de votre fille. ....

L'idée de la concession

1. Passez de la conséquence à la concession en utilisant *mais*.

1. – Florent est très gentil.
– Donc <u>tout le monde</u> l'aime ? *(Yasmina)*
– Non, **Florent est très gentil mais Yasmina ne l'aime pas.**

2. – Le spectacle était long.
– Donc vous vous êtes <u>ennuyé</u> ? *(s'amuser)*

– Non, ...

3. – Il fait un soleil magnifique aujourd'hui ! *(froid)*
– Donc il fait <u>doux</u> ?

– Non, ...

4. – Lydie et Kévin se disputent tout le temps.
– Donc ils <u>ne</u> s'aiment <u>plus</u> ? *(toujours)*

– Si, ...

5. – Sophie s'est disputée avec son patron.
– Donc elle a <u>perdu</u> son emploi ? *(garder)*

– Non, ...

6. – Laurence était très fatiguée hier.
– Donc elle s'est couchée <u>tôt</u> ? *(tard)*

– Non, ...

2. Reliez les deux parties de phrases.

1. Solange mange beaucoup,	a. il va quand même skier avec sa copine.
2. Nous sommes fatigués	b. elle n'y voit quand même rien.
3. Arnaud déteste la montagne,	c. et pourtant nous ne nous comprenons pas !
4. Mon fils a de nombreux diplômes,	d. pourtant elle ne grossit pas.
5. Romain étudie sérieusement,	e. pourtant il ne trouve pas de travail.
6. Mémé a de nouvelles lunettes,	f. il est quand même célibataire.
7. Roméo est charmant,	g. mais nous allons quand même à cette soirée.
8. Nous parlons la même langue	h. pourtant il est le dernier de sa classe.

3. Mettez les verbes au présent ou à l'imparfait.

➜ (Voir aussi le chapitre « L'idée de la condition »)

Ex. : *Même si on (construire)* **construisait** *un mur, on serait dérangés par les voisins.*

1. Même si Martial *(s'excuser)* ...., je ne lui pardonnerais jamais.

2. Même si tu *(commencer)* .... enfin à travailler sérieusement,
tu n'auras jamais ton bac.

3. Même si nous *(se dépêcher)* ...., nous ne serons jamais à l'heure au rendez-vous.

4. Même si Justin *(avoir)* .... amour, santé et argent, il ne serait pas heureux.

4. Transformez la forme *malgré* + nom en *bien que (ou qu')* + subjonctif.

➜ (Voir aussi le chapitre « La construction du verbe »)

Ex. : *Malgré son travail, Rolande s'ennuie.*
 Bien qu'elle travaille, Rolande s'ennuie.
 ou *Malgré sa politesse, le directeur n'est pas apprécié par ses employés.*
 Bien qu'il soit poli, le directeur n'est pas apprécié par ses employés.

1. Malgré ses excuses, Léonce n'a jamais été pardonné par ses parents.

....

2. Malgré sa gentillesse, Julienne n'a pas beaucoup d'amis.

....

3. Malgré sa beauté, Valentin n'a pas de fiancée.

....

4. Malgré leurs voyages à l'étranger, les Gandilhon ne parlent que le français.

....

5. Malgré sa patience, le professeur a puni toute la classe.

....

6. Malgré son amour pour son fils, Macha ne lui pardonne pas ses erreurs.

....

5. Complétez le texte avec : *Malgré, quand même (2 fois), mais, Bien qu', Même s', pourtant.*

L'amour est aveugle

Ondine répond à sa sœur qui s'étonne qu'elle fréquente Antonin.

« C'est comme ça, je l'aime. Je sais qu'il n'est pas très intelligent **mais** je l'aime .... il ne soit pas très beau, il me plaît. Il n'a pas grand-chose à dire, ... j'adore parler avec lui. .... ses soixante ans, je le trouve séduisant. .... il était jeune et beau, je l'aimerais .... ! »

L'idée de l'ordre, de la suggestion et du conseil

➜ (Voir aussi les chapitres « Les pronoms personnels compléments », « L'impératif », « Le conditionnel présent », « Le subjonctif »)

• L'ordre

1. Transformez les phrases selon le modèle.

➜ (Voir aussi le chapitre « Les formes impersonnelles »)

Ex. : *L'arrêt aux feux rouges est obligatoire.*
   Il est obligatoire de s'arrêter aux feux rouges.

1. L'ouverture des portes est interdite quand le train est en marche.

....

2. Le port du casque est obligatoire en moto.

....

3. L'augmentation des impôts devient nécessaire.

....

4. Le respect de la loi est obligatoire.

....

5. L'entrée de ce cinéma est interdite aux mineurs.

....

6. Le brossage des dents est nécessaire au moins deux fois par jour.

....

2. Complétez les phrases en choisissant dans la liste d'ordres suivants : *couché ! – tes lacets ! – La porte ! – au lit ! – Du jambon ! – Silence ! Silence !! – Pas aussi vite !*

1. Il fait froid ici ! **La porte !**

2. – J'ai faim, moi. ....

– Tu peux être un peu plus poli ?

– Je voudrais du jambon, s'il te plaît, maman.

3. Oui, oui, tu es beau le chien ; maintenant, ...

4. Il est tard maintenant ; allez, ...

5. On ne s'entend plus ici ! ....

6. Combien de fois faudra-t-il te le répéter quand tu mets tes baskets :

....

7. .... On ne peut plus te suivre.

• L'ordre et le conseil

1. Cochez les phrases qui ont le même sens.

Ex. : a. *Va dans ta chambre !* ☒
    b. *Tu iras dans ta chambre.* ❑
    c. *Tu dois aller dans ta chambre.* ☒

1. a. On peut attacher sa ceinture. ❑
    b. Attachez vos ceintures ! ❑
    c. Il faut attacher sa ceinture. ❑

2. a. Il est interdit de fumer ici. ❑
    b. Ne fumez pas ici ! ❑
    c. Vous pouvez fumer ici. ❑

3. a. Tu devrais te reposer un peu. ❑
    b. Tu te reposeras un peu. ❑
    c. Repose-toi un peu ! ❑

4. a. Vous devez aller au guichet n° 3. ❑
    b. Allez au guichet n° 3. ❑
    c. Il faut aller au guichet n° 3. ❑

• L'ordre, la suggestion, le conseil

1. Les phrases suivantes sont-elles des ordres, des conseils ou des suggestions ?

Ex. : *Fais ton lit tout de suite.* → **ordre**

1. Ce serait bien de continuer comme ça ! → ....

2. Et si on allait en discothèque ? → ....

3. Tu ferais bien de remettre ta chemise dans ton pantalon ! → ....

4. Va présenter tes excuses à Romain. → ....

5. Moins fort ! → ....

6. Nous pourrions changer de disque ! → ....

7. Il faudrait que vous dormiez un peu plus ! → ....

8. Nous devons partir à cinq heures. → ....

2. Soulignez tous les mots qui expriment un ordre, une suggestion, un conseil.

C'est impératif !

Antoine, <u>il faut que tu m'écoutes</u> ! Ça fait trois jours que tu as de la fièvre. Tu dois être raisonnable maintenant. Tu dois aller chez le docteur. Ensuite, il faut que tu rentres chez toi et que tu prennes une douche bien chaude. Bois un thé avec du miel et prends tes médicaments. Tu devrais te mettre au lit et ne pas sortir pendant quelques jours. Et n'oublie pas de m'appeler pour me donner des nouvelles.

L'idée de la condition, de l'hypothèse et de la supposition

• Conseiller quelque chose, faire des projets

1. Conjuguez le verbe entre parenthèses au présent ou au futur.

Ex. : *Si tu téléphones demain, je ne* (être) ***serai*** *pas là.*

1. Si tu veux, pourquoi *(attendre)* ....-tu depuis deux mois ?

2. Véronique peut rester ici si tu *(avoir peur)* .... d'être seul.

3. Laure, si tu le fais attendre trop longtemps, Jean-Paul *(n'avoir plus envie)* .... de vivre avec toi.

4. Allons au restaurant s'il *(être trop tard)* .... pour aller au cinéma !

5. Si nous allons à Marseille la semaine prochaine, nous *(aller)* .... visiter le vieux port.

• Exprimer un désir non réalisable, un souhait, un regret

1. Conjuguez les verbes des phrases suivantes à l'imparfait ou au plus-que-parfait.

Ex. : *Si tu* (avoir plus de courage) ***avais eu plus de courage***, *tu l'aurais dit depuis longtemps et on n'en serait pas là !*

1. Si Béranger *(être)* .... plus gentil avec sa sœur, ce serait bien !

2. Si les poules *(avoir)* .... des dents, elles ne pondraient peut-être pas d'œufs !

3. Si Alexandre *(réfléchir)* .... un peu plus avant de dire cela, tout le monde serait resté.

4. Nous aurions pu aller à la piscine s'il *(faire beau)* .... !

5. On pourrait en faire des choses si on *(vouloir)* .... Mais il faut vouloir !

2. Dites si les phrases suivantes expriment un désir non réalisable, un souhait, ou un regret.

Ex. : *Elle aurait tant aimé partir au Pérou cette année ! **(regret)***

1. Je referais bien de la danse ! ....

2. Si son père était là, Isabelle serait plus heureuse. ....

3. – Tu pourrais passer me prendre au bureau et nous passerions la soirée ensemble, non ? ....

4. Si Patrick n'avait pas été professeur, il aurait fait de la politique.

....

5. Si j'avais su plus tôt que tu te mariais le 23, j'aurais réservé ma journée et ma soirée !

....

6. Si tu avais 16 ans, tu pourrais aller en discothèque ; mais tu n'en as que 14. Sois patient ! ....

3. Récrivez les phrases suivantes selon le modèle.

Ex. : *Si tu étais un peu plus attentif, tu réussirais mieux.* (attention)
Avec un peu plus d'attention, tu réussirais mieux.
Si tu n'avais pas été là, je n'aurais jamais plongé. (toi)
Sans toi, je n'aurais jamais plongé.

1. Si j'avais le mode d'emploi, je pourrais faire marcher cet appareil ! *(le mode d'emploi)*

....

2. Si j'ai un peu de chance, j'aurai tous les feux verts et je ne serai pas en retard. *(chance)*

....

3. S'il n'était pas blessé, Romain partirait faire du foot. *(sa blessure)*

....

4. Au xxie siècle, la vie à la campagne est un peu difficile si on n'a pas de voiture et si on n'a pas le téléphone. *(voiture – téléphone)*

....

• La supposition

1. Cochez la ou les phrases qui ont le même sens, comme dans l'exemple.

Ex. : *Il n'est pas venu. Il est peut-être malade.*

a. *Il n'est pas venu. Il est probable qu'il soit malade.*	☒
b. *Il n'est pas venu. Il est malade, j'en suis sûre.*	❑
c . *Il n'est pas venu. Il n'avait pas envie de nous voir.*	❑

1. Il est possible que Pierre soit à l'université maintenant.

a. Pierre n'est pas encore à l'université !	❑
b. Peut-être que Pierre est à l'université.	❑
c. Pierre est sans doute à l'université.	❑

2. Je suppose qu'il ne sait pas ce qu'il fait.

a. Je pense qu'il ne sait pas ce qu'il fait.	❑
b. Je souhaite qu'il ne sache pas ce qu'il fait.	❑
c. Mais si ! Il sait bien ce qu'il fait !	❑

3. Il se peut que Florence vienne un peu plus tard.

a. Florence ne viendra pas tard.	❑
b. Florence viendra peut-être un peu tard.	❑
c. Florence viendra probablement plus tard.	❑

4. Si je ne suis pas là, vous trouverez la clé chez la concierge.

a. Je ne suis pas là. Adressez-vous à la concierge.	❑
b. Au cas où je ne serais pas là, adressez-vous à la concierge ; elle vous ouvrira.	❑
c. Il se peut que je ne sois pas là. Dans cas, allez voir la concierge ; elle a les clés.	❑

Une opinion

• Parler de ses goûts

1. Inès et Léon viennent de se rencontrer chez des amis communs. Complétez le dialogue avec : *je n'aime pas trop, ça me plaît beaucoup, Je préfère, J'aime bien, C'est génial, je déteste, j'aime beaucoup* et *J'adore*.

Léon : Je trouve que c'est une soirée très sympathique. **J'adore** rencontrer des gens, discuter.

Inès : Moi, ... ça ! .... rester avec mes amis.

Léon : Vraiment ? .... connaître de nouvelles personnes. Pas toi ?

Inès : Disons que .... les rencontres. Je suis un peu timide.

Léon : L'aventure, la nouveauté, ... Et ....
les filles timides.

Inès : Ah bon ? .... !

2. Transformez les phrases comme dans l'exemple.

➔ (Voir aussi le chapitre « La construction du verbe »)

Ex. : *J'adore la lecture.* → *J'adore **lire**.*
      J'adore qu'on me fasse des compliments. → *J'adore **être complimenté**.*

1. Firmin est très paresseux, il déteste le travail.

→ ....

2. Ma femme n'aime pas trop qu'on lui donne des conseils.

→ ....

3. Mon mari n'aime pas beaucoup qu'on lui pose des questions.

→ ....

4. La danse, c'est super !

→ ....

5. Les enfants adorent les promenades en forêt.

→ ....

3. Complétez le texte avec : *n'aime pas du tout, ai horreur de, c'est super, adore, ça ne me plaît pas du tout* et *aime beaucoup*.

Vive la solitude !

Nina a quitté Tony. Elle explique pourquoi à sa copine.

« Ça ne pouvait plus durer. Nous sommes beaucoup trop différents ! Tu connais Tony, il **adore** le foot. Mais moi, j' .... ça ! Trois soirs par semaine, il voulait regarder les matchs à la télé. Moi, j' .... les sorties au cinéma, au théâtre mais comme lui, il .... sortir, on restait à la maison. On aurait dit un vieux couple ! Les soirées devant la télé, ... Mainte-nant, je vis seule, je fais ce que je veux, ... !

4. Lisez ce texte et dites si les affirmations proposées sont vraies ou fausses.

Maxence est un petit garçon de huit ans. Il aime beaucoup jouer au football ou s'amuser avec son chien Toubo, mais ce qu'il préfère, c'est lire des romans d'aventures. Sa mère a du mal à lui faire manger des légumes : il n'aime pas ça. Il préfère les pâtes et les pizzas. Il aime bien le jus d'orange mais il aime mieux le lait. Le café, ça ne lui plaît pas du tout ! À l'école, il est bon élève, il adore l'histoire et la géographie. Il n'aime pas trop les mathématiques. Mais ce qu'il préfère par-dessus tout à l'école, c'est Rosalie, une jolie petite fille de sept ans et demi !

	Vrai	Faux
1. Maxence déteste jouer au foot.	❑	☒
2. Maxence aime mieux lire des romans que jouer avec son chien.	❑	❑
3. Le petit garçon adore les légumes.	❑	❑
4. Il aime mieux les pâtes que les pizzas.	❑	❑
5. Il préfère le lait au jus d'orange.	❑	❑
6. Il aime bien le café.	❑	❑
7. L'histoire, ça lui plaît beaucoup.	❑	❑
8. Il préfère les mathématiques.	❑	❑

• Exprimer son opinion

1. Trouvez pour chaque question la bonne réponse.

1. Selon toi, qui va gagner le tournoi de rugby ? → **phrase c**

2. Que pensez-vous du dernier film de Scorsese ? → ....

3. Tu as aimé le roman que je t'ai prêté ? → ....

4. Moi, je pense que Simon devrait quitter Ariane, pas toi ? → ....

5. Qu'a pensé ton fils du dessin animé ? → ....

6. À mon avis, c'est Rassac qui va gagner l'élection. Et toi ? → ....

a. Oui, je l'ai trouvé passionnant.
b. Il n'a pas aimé. Selon lui, les personnages n'étaient pas amusants.
c. À mon avis, c'est l'Irlande qui va gagner.
d. Moi, je pense que tu devrais t'occuper de tes affaires !
e. D'après moi, il n'a aucune chance !
f. Selon moi, c'est son plus mauvais film.

2. Complétez le texte avec : *sont défavorables, désaccord, sont du même avis, partagés, sont opposés à* et *est favorable à.*

D'accord, pas d'accord

Le projet de construction d'un nouvel aéroport près de Toulouse provoque des avis **partagés**. Le PDG (président-directeur général) d'Air France ....
ce projet. Les habitants de la Ville rose* .... En revanche, les

habitants des villages voisins .... ce nouvel aéroport. Les agriculteurs et les vignerons de la région eux aussi y .... Villageois et agriculteurs ont fait une manifestation pour exprimer leur ....

* La Ville rose : Toulouse.

3. Ils ont des avis opposés. Faites les réponses en disant l'inverse.

1. – Dimanche dernier, j'ai voté pour Fernand Lenoir. Et toi ?
– **Moi, j'ai voté contre Fernand Lenoir.**

2. – Je pense que Malcolm partage l'avis de Patrick.

– Je pense au contraire que ....

3. – Nous, nous sommes favorables à un changement d'horaires. Pas vous ?

– Nous, ...

4. – Je suis contre la chasse !

– Moi, ...

5. – Gabriel a raison ! Je suis de son avis !

– Non, ...

6. – Vous êtes toujours du même avis que votre mari !

– Vous vous trompez, ...

4. Complétez le dialogue avec : *peut-être, je ne sais pas si..., tu crois, sûre* et *il n'est pas impossible que.*

Une bonne copine

Valérie : Écoute, Carine, je suis ta copine et ta vie me désole. Il n'y a aucun doute : tu dois tout changer dans ta vie !

Carine : .... ?

Valérie : Oui, j'en suis sûre ! D'abord tu dois démissionner. Tu vas me dire que tu as un bon boulot mais tu pourrais faire mieux. Dis à ton directeur ce que tu penses de lui et pars en claquant la porte !

Carine : .... ?

Valérie : Mais si ! Ensuite, tu dois quitter Gaëtan. Tu vas me répondre que vous êtes heureux ensemble, mais ça ne suffit pas !

Carine : Tu as .... raison.

Valérie : Bien sûr ! Tu dois également changer de look et de coiffure : regarde-toi !

Carine : Oui, ... ce soit une bonne idée.

Valérie : J'en suis certaine ! Ta vie est un échec, crois-moi !

Carine : Il y a au moins une chose dont je suis .... : je vais changer de copine !

CORRIGÉS

LE GROUPE DU NOM

Les articles définis et indéfinis

1. la maison – la voiture – le chien – la rue – l'exemple – la soirée – l'âge – la neige – l'homme – la table – le matin – le voisin – le bras – l'autoroute – le prénom – la salle – la pluie – le train – la couleur – le soleil – l'histoire – la société – l'île – le jour.

2. **1.** un café – **2.** une sœur – **3.** un livre – **4.** une nouvelle robe – **5.** une langue rare – **6.** une lettre – **7.** un camping – **8.** une discothèque – **9.** un concert – **10.** une bonne idée – **11.** une pomme – **12.** un verre de lait – **13.** un conseil – **14.** un écrivain – **15.** un examen – **16.** un voyage.

3. **une, la, l'** : amie, année, beauté, confiture, industrie, invitation, couleur, télévision, voiture, directrice, ambulance, émission, journée, main, entrée, société.
un, le, l' : journal, bâtiment, journalisme, carnaval, cambriolage, âge, pain, changement.

4. **1.** les ballons – **2.** des vestes – **3.** la chaussette – **4.** un docteur – **5.** les accidents – **6.** la ville – **7.** des enfants – **8.** une affiche.

5. **1.** un fruit – **2.** la vie – **3.** les chambres – **4.** un fils – **5.** des glaces – **6.** un hôtel – **7.** les serveurs – **8.** une fleur – **9.** la cravate – **10.** des étages – **11.** le cinéma – **12.** les restaurants – **13.** une école – **14.** le cocktail – **15.** un sourire – **16.** une histoire.

6. *L'*histoire se passe dans *une* forêt. Dans *la* forêt, il y a *un* château. Dans *le* château, il y a *un* groupe de quatre personnes. *Le* groupe se compose de trois filles et d'*un* garçon. *Le* garçon s'appelle Octave. Il a *un* chien. *Le* chien est noir comme *la* nuit. *Les* trois filles et *le* garçon sont en vacances. *Le* château est isolé. Tout à coup, *un* homme caché sous *un* grand chapeau entre dans *le* château.

7. 1f – 2e – 3g – 4h – 5c – 6d – 7b – 8a.

8. **1.** Fanny aime la *glace au chocolat* mais déteste la *charcuterie*. – **2.** Jean aime le *football* mais déteste le *golf*. – **3.** Marius aime l'*été* mais déteste l'*hiver*. – **4.** Mina aime les *chats* mais déteste les *chiens*.

9. **1.** le / un – **2.** une / la – **3.** La / un – **4.** les / les / le / l' – **5.** une / la – **6.** une / une / une / Une – **7.** une / le / un – **8.** les / un / un / des.

10. **1.** L'anniversaire de Lola se passe dans un restaurant. – **2.** Tous les amis de Lola sont invités. – **3.** Bob a acheté un livre à Lola. – **4.** Béa va offrir une chemise à Lola. – **5.** Tina et Théo sont la sœur et le frère de Lola. – **6.** Le cadeau des parents de Lola est un animal. – **7.** Le cadeau de Tina et Théo est le dernier CD de Noir Désir. – **8.** Chloé est la meilleure amie de Lola.

11. **1.** L' / le – **2.** Le / la – **3.** Les / l' – **4.** Le / le – **5.** Le / la – **6.** L' – **7.** Le – **8.** L' / l' / l'.

Les articles partitifs

1. du café – des gâteaux – de la bière – du jus d'orange – de l'eau – du jambon – de la confiture – de la glace – de la tarte aux pommes – des croissants – de l'argent – du thé – de la charcuterie – du champagne – du chocolat – de la crème.

2. des œufs mayonnaise – de la salade – des œufs / du poisson – des pommes de terre / des légumes – du riz / du fromage – Du camembert / de l'emmenthal / du roquefort – De l'emmenthal / des fraises – du vin – de l'eau minérale.

3. 1e – 2c – 3h – 4a – 5g – 6d – 7b – 8f.

4. **1.** glaces / gâteaux – **2.** lait / jus d'oranges / café – **3.** farine – **4.** eau / argent – **5.** patience / chance – **6.** vent / cidre / bon air – **7.** crêpes / gâteaux / fruits / sandwichs – **8.** bois / pain.

5. **1.** Le / du – **2.** le / de la / de l' – **3.** du / du / du / du / des / de la – **4.** des / du / de l' / la – **5.** le / du / de la / le / la – **6.** le / de la / des / du – **7.** l' / du / l' – **8.** la / le / la / l'.

6. **Boucherie** : Je voudrais du pâté, un petit saucisson, du jambon et des steaks.
Épicerie : Je voudrais des pâtes, du vin, de la bière, du fromage, du café, une boîte de thon, du chocolat, un litre de lait et de la moutarde.
Fruits et légumes : Je voudrais des tomates, des avocats, du raisin et des carottes.
Papeterie : Je voudrais des stylos, un cahier, des crayons et une paire de ciseaux.

7. **1.** Pour faire *une* omelette, il faut *des œufs*. – **2.** Pour faire *une* salade de tomates, il faut *des tomates*. – **3.** Pour faire *des* poires au chocolat, il faut *des poires* et *du chocolat*. – **4.** Pour faire *un* bouquet, il faut *des fleurs*. – **5.** Pour faire *de la* confiture, il faut *des fruits* et *du sucre*.

8. **1.** *du* : article partitif – **2.** *du* : article défini contracté – **3.** *du* : article défini contracté – **4.** *du* : article partitif – **5.** *des* : article indéfini – **6.** *des* : article défini contracté – **7.** *des* : article indéfini – **8.** *des* : article défini contracté.

Les articles contractés

1. **1.** au – **2.** à l' – **3.** à la / au – **4.** à la – **5.** au – **6.** aux – **7.** aux – **8.** à l'.

2. **1.** à la casquette – **2.** au chapeau – **3.** aux cheveux longs – **4.** à l'imperméable – **5.** aux cheveux très courts.

3. **1.** du – **2.** de l' – **3.** du / de la – **4.** de l' – **5.** des / du – **6.** de la – **7.** des – **8.** du.

4. **1.** du – **2.** de – **3.** du / de – **4.** de l' – **5.** des – **6.** de la – **7.** du.

5. 1d – 2c – 3g – 4b – 5a – 6h – 7f – 8e.

6. **Texte 1** : au – de la – de la – aux – au – des – au – à la.
Texte 2 : au – à la – du – des – des – de l' – du – des.

7. au – à l' – à la – de l' – de la – du – du – au – de – du.

8. **1.** Natacha travaille *au* Canada – **2.** Natacha travaille *au* Portugal. – **3.** Natacha travaille *en* France. – **4.** Natacha travaille *aux* Philippines. – **5.** Sa famille arrive *des* États-Unis. – **6.** Sa famille arrive *du* Zaïre. – **7.** Sa famille arrive *de* Belgique. – **8.** Sa famille arrive *d'*Espagne.

9. **1.** Mon cousin est *en* Thaïlande. – **2.** Nous voulons aller *aux* États-Unis. – **3.** Les Duchemin sont *en* Écosse. – **4.** Mon cousin vient *du* Mexique. – **5.** Karl habite *en* Suisse. – **6.** Ma famille est *de* Corée. – **7.** J'arrive *du* Mozambique. – **8.** Kader vit *au* Maroc.

Les adjectifs démonstratifs

1. **1.** ce – **2.** Cet – **3.** cette – **4.** Ces – **5.** cette – **6.** cet – **7.** ce – **8.** cet.

2. l' – la – cet – la – la – le – l' – l' – le – la – le – cet – l'.

3. **1.** ce – **2.** le / ce – **3.** la / cette – **4.** cette / les – **5.** la / ce – **6.** cet / le / le – **7.** Cet / l'.

Les adjectifs possessifs

1. 1, 2, 3, 7, 8 : le ou les objets sont à plusieurs personnes.
4, 5, 6 : le ou les objets sont à une seule personne.

2. 1. notre fils et notre belle-fille – notre fille – nos amis – nos cousins – **2.** votre nouvelle adresse – votre numéro de téléphone – votre e-mail – vos clés – **3.** leur – leurs – leurs – **4.** leur – leurs – leurs – leur.

3. 1. ma / mes / mon – **2.** sa / son / ses – **3.** leurs / leur / leur – **4.** vos / votre / mon – **5.** mes / tes – **6.** leur / leur.

4. ta – les – le – les – ton – ta.

5. 1. la / mon / tes – **2.** ton / ta / ton – **3.** mon / ma / mon / ses – **4.** mes / mon / ma / mon / mon / ma.

Les adjectifs indéfinis

1. 1c – 2b – 3e – 4f – 5d – 6a.

2. 1. toute cette semaine – **2.** tous les trois jours – **3.** tout le monde – **4.** toute l'année – **5.** chaque jour – **6.** tous les meubles – **7.** toutes les heures – **8.** chaque personne.

3. **Règlement de l'hôtel** : Aucun bruit n'est accepté après 22 h 30. – Aucun animal n'est accepté dans l'hôtel.
Règlement de l'examen : Aucun dictionnaire n'est autorisé pendant l'examen. – Aucun bavardage n'est autorisé pendant l'examen.

4. 1. quelques – **2.** quelques – **3.** plusieurs – **4.** quelques – **5.** quelques – **6.** plusieurs – **7.** plusieurs – **8.** quelques.

5. Propositions : **Un quai de métro à 7 heures 30** : *Tout* le monde attend le métro ; *quelques* personnes sont assises ; *plusieurs* femmes sont debout. Deux lycéens parlent de leurs cours ; ils ont *le même* cartable. À *l'autre* bout du quai, *un autre* lycéen révise sa leçon. Sur *chaque* quai, on voit *les mêmes* affiches : une publicité pour un grand magasin, un publicité pour *un autre* grand magasin, l'annonce d'un spectacle. Il n'y a *aucune* affiche de cinéma.

Une plage au mois de juillet : *Tous* les gens sont en maillot de bain ; *quelques* enfants jouent dans le sable. Deux femmes portent *le même* maillot de bain. *Plusieurs* personnes dorment et on ne voit *aucun* animal.

Les adjectifs interrogatifs et exclamatifs

1. 1. quel – **2.** quelles – **3.** quel – **4.** quels – **5.** quels – **6.** quelle – **7.** quels – **8.** quelle.

2. 1. Quel est votre prénom ? – **2.** Quelle est votre nationalité ? – **3.** Quel est votre métier ? – **4.** Quels sont vos musiciens préférés ? – **5.** Quelles sont vos heures de travail ? – **6.** Quels sont vos projets ? – **7.** Quelles sont les dates ? – **8.** Quel est ce morceau de piano ?

Bilan 1 : les déterminants du nom

1. des œufs – un verre – un croissant – le bus – la pluie – un jeune homme – le jeune homme – un long imperméable – des bottes – le jeune homme – *le Parisien* – un café – le temps – un rendez-vous – le soir – les retards.

2. une – le, le, de la – à la, des – un, au – l', de l', à la, des, à la, à la, au – de la, du, de l', des – la, à l', une – le, les, le – au.

3. 1. mon / l' / les – **2.** le / ce / la / des – **3.** les / des / un / une – **4.** un / des – **5.** ton / cette / mon – **6.** une / la / l' / la – **7.** votre / votre / votre / ces / **8.** le / ce / leur / la *ou* cette.

4. 1. cette – **2.** du – **3.** quelle – **4.** au – **5.** les – **6.** leurs – **7.** un – **8.** tous.

5. chaque – même – quelques – aucun – toutes – tout – autre.

Le nom

1. Joséphine Brédoux – la concierge – les locataires – l'entrée – l'immeuble – Lorenzo Pierdoni – l'Italien – l'avion – pour Rome – les Santini – la montagne – Jean-Pierre Virniès – le célibataire – le Maroc – les étudiantes – Mexico.

2. 1. espagnol / Madrid / Espagnol / Séville – **2.** français / Victor Hugo – **3.** L'auberge espagnole / Cédric Klapisch / européens – **4.** Renault / BMW – **5.** parisiens / Mouffetard – **6.** Français / Cambodgiens / russe / Italiens / espagnole.

3. **Noms masculins :** 1 – 4 – 5 – 7 – 9 – 11 – 12.
Noms féminins : 2 – 3 – 6 – 13.
Noms masculins ou féminins : 8 – 10.

4. 1. une mère – **2.** une nièce – **3.** un chat – **4.** une chienne – **5.** un directeur – **6.** une serveuse – **7.** une sœur.

5. **La prononciation est la même au masculin et au féminin** : un ami / une amie – un pianiste / une pianiste – un architecte / une architecte – un retraité / une retraitée.
La prononciation est différente au masculin et au féminin : un boulanger / une boulangère – un cousin / une cousine – un marchand / une marchande – un infirmier / une infirmière.

6. 1. des Irlandais et des Espagnols – **2.** les gâteaux / les journaux – **3.** des cheveux / les plats – **4.** Mesdemoiselles, mesdames, messieurs – **5.** des pommes de terre – **6.** des Italiens / des Français – **7.** ces chevaux / des concours.

Les adjectifs qualificatifs

1. 1. grande – **2.** malade – **3.** ronde – **4.** seule – **5.** simple – **6.** blonde – **7.** vide – **8.** calme.

2. 1. mais la maison est vieille – **2.** mais sa copine est ennuyeuse – **3.** mais la chienne est blanche – **4.** mais la crème est bonne – **5.** mais la pièce de théâtre est intéressante – **6.** mais la tortue est lente – **7.** mais sa sœur est malheureuse – **8.** mais la route est dangereuse.

3. Lola est jeune. Elle a vingt ans. Elle est grande et mince. Elle a les cheveux blonds et les yeux verts. Elle est belle. Elle est aussi intelligente et drôle. Non, elle n'est pas parfaite ! Elle a un caractère difficile. Elle est parfois têtue et paresseuse. En plus, elle est souvent triste. Mais elle est si charmante ! Et pourtant, Lola est toujours seule… C'est vrai qu'elle est très timide. Peut-être aussi aime-t-elle la solitude.

4. beau – publique – neuve – ancienne – magnifique – française – traditionnelle – japonaise – turque – grecque – italienne – africaine – nombreux – tranquille – grande – moderne – pleine – folle – intéressantes – originales – nouvel – vieil.

5. 1. des histoires mystérieuses – **2.** des journaux hebdomadaires – **3.** des ambassades américaines – **4.** des vies normales – **5.** des changements brutaux – **6.** des garçons doux – **7.** des femmes âgées – **8.** des jardins japonais.

6. 1. meilleure / nouvel – **2.** hollandais / beaux – **3.** gaies / gentilles / amusantes – **4.** brunes / blanche – **5.** étrangères / internationaux – **6.** heureux / nouveaux – **7.** sociaux / vieil / malade – **8.** inquiète / dangereuses.

7. 1. sales – **2.** gris / noirs / bas – **3.** mauvais / timides – **4.** heureux / anglais – **5.** courts / fériés / ensoleillés – **6.** faux / faciles – **7.** délicieux / secs – **8.** larges.

8. 1. Nous avons vu un opéra italien et une pièce suédoise. – **2.** Je vais mettre ma chemise bleue et mon pantalon noir. – **3.** Viviane a acheté un beau bureau ancien. – **4.** Ma mère nous prépare un bon petit déjeuner. – **5.** Le professeur des étudiants américains et australiens. – **6.** Je n'aime plus mon vieux manteau rouge. – **7.** Nous voyons de gros nuages noirs dans le ciel. – **8.** Xavière est une grande et belle jeune fille.

9. 1. ton air étonné – **2.** une table ronde – **3.** une belle fille – **4.** un garçon brun – **5.** les vieux films – **6.** un monsieur très élégant – **7.** un bel orage.

10. 1. C'est un homme grand. – **2.** C'est une fille seule. – **3.** C'est une simple dispute. – **4.** C'est un pantalon propre. – **5.** C'était un grand homme. – **6.** C'est un exercice simple. – **7.** J'ai une seule fille. – **8.** Il y raconte sa propre vie.

11. grande – claire – jeunes – étrange – étonnés – triste – rouges – heureux – premier.

12. 1. à / d' – 2. à – 3. de / de – 4. de – 5. de / de – 6. de / à – 7. d' / à – 8. à.

13. seul – idéale – timide – petites – grandes – blondes – brunes – minces – importante – gentille – douce – intelligentes – bon – étonnée – différents – bons – petits – sympathique – mariée.

Le complément du nom

1. 1. Je ne vois pas la voiture de mes cousins. – 2. Le fils des Bressange va acheter une moto. – 3. Je voudrais un verre d'eau s'il vous plaît. – 4. Lise et François habitent dans un immeuble de quinze étages. – 5. Elle ne trouve pas sa brosse à cheveux. – 6. Je voudrais un kilo de pommes. – 7. Cette couverture de laine est très chaude. – 8. Mon mari adore les cravates à rayures.

2. de – à – de – à – à – à – à – de – de.

Bilan 2 : le nom et ce qui le complète

1. un, étrange – une, étroite, sombre – une, haute – la, les, nombreuses – des, vertes, jaunes, bleues, les, sales – une, lourde – la, des, des, étranges, une, grande, carrée – un, vieil, une, blanche, une, mystérieuse, une, longue, noire, de jeunes, grands, minces – une, petite, doux, des.

2. 1. leurs neveux anglais – 2. des hôpitaux très modernes – 3. Mesdames, messieurs, les gâteaux – 4. des fils courageux – 5. ses vieux bateaux – 6. de mauvais acteurs.

3. 1. le mur bleu / de grandes affiches – 2. une petite table ronde / de vieux magazines – 3. une femme blonde et un petit garçon – 4. un long manteau marron / des gants noirs – 5. un vieil homme fatigué – 6. un homme maigre / de petites lunettes / une blouse blanche – 7. La jeune femme / le petit garçon.

4. 1. de lait / à vin – 2. de Balzac / facile – 3. des voisins / à vendre / rouge – 4. de trois heures / italien / moderne – 5. des Mariani.

Les pronoms personnels sujets

1. 1c – 2d – 3a – 4e – 5b – 6g – 7f.

2. **on** = *les autres* : 1 - 5
on = *nous les Français* : 2 – 3
on = *nous, toi et moi* : 4

3. je – j' – tu – on – on – il – vous – nous.

Les pronoms toniques

1. 1. Lui / toi – 2. Moi – 3. Nous / vous – 4. Nous – 5. Elles / eux – 6. Eux – 7. Moi / Moi – 8. toi.

2. 1. elle – 2. soi – 3. eux – 4. moi – 5. lui – 6. toi – 7. vous – 8. nous.

3. 1e – 2g – 3b – 4h – 5a – 6c – 7d – 8f.

Les pronoms des verbes pronominaux

1. 1. vous / vous / te – 2. se / se – 3. t' / t' – 4. s' / m' – 5. te / nous – 6. vous / s' – 7. se / s' – 8. te / t' / te.

2. 1. Nous ne nous intéressons pas aux anciennes églises. – 2. Ils ne se sont pas promenés dans les bois hier. – 3. Barbara ne s'habille pas toujours en noir. – 4. Tu ne vas pas te battre avec lui ? ! – 5. Nous ne nous trompons pas de chemin. – 6. Elles ne se sont pas mariées le même jour. – 7. Vous ne vous êtes pas amusés à la fête ? – 8. Je ne me suis pas garé devant le théâtre.

3. 1. Taisez-vous ! – 2. Dépêchons-nous ! – 3. Lève-toi – 4. Débrouillons-nous – 5. Occupez-vous de vos affaires ! – 6. Couche-toi de bonne heure ! – 7. Décidons-nous rapidement – 8. Inscrivez-vous à l'université !

4. se – se – ce – se – le – ce – ce – se – se – ce – se – se.

Les pronoms personnels COD (compléments d'objet direct)

1. m' – t' – t' – vous – vous – nous – t'.

2. 1. mes papiers / mes clés – 2. Sylvain – 3. mon copain / ma sœur – 4. la France / l'Allemagne – 5. le film – 6. les enfants / Sandra et Anne – 7. l'exercice / le cours – 8. les chaussures / les gants.

3. 1. l' – 2. l' – 3. les – 4. l' – 5. le – 6. le – 7. les.

4. 1. je ne la prends pas – 2. je ne l'emmène pas – 3. je ne l'emporte pas – 4. je ne les veux pas – 5. je ne les mettrai pas – 6. je ne la prends pas – 7. je ne le lirai pas – 8. je ne les appellerai pas.

5. 1. les fruits – 2. le directeur – 3. les enveloppes – 4. monsieur – 5. la météo – 6. vos amis – 7. votre agenda – 8. Céline et Laurence.

6. 1. Je l'ai beaucoup aimé. – 2. L'histoire m'a intéressée. – 3. La fin m'a étonnée. – 4. Catherine Deneuve, je l'ai adorée. – 5. Gérard Depardieu, je l'ai trouvé excellent. – 6. Mais la musique, je l'ai détestée. – La personne qui parle est une fille. – Elle parle d'un film.

7. **Bonnes réponses : 1.** rencontrée – **2.** suivis – **3.** croisés – **4.** conseillé – **5.** prises – **6.** trouvés – **7.** retrouvé / donnés – **8.** invité.

8. **Bonnes réponses :** appelé – retrouvées – cherché – vu.

9. je t'ai invitée – je t'ai attendue – je t'ai écoutée – tu as aperçu – je les as invités – je vous ai écoutés – j'ai payé – nous sommes sortis – tu les as accompagnés – tu m'as laissé.

10. 1. je ne les ai pas postées. – 2. je ne l'ai pas acheté. – 3. je ne l'ai pas préparé. – 4. je ne l'ai pas mise. – 5. je ne l'ai pas sorti. – 6. je ne les ai pas appelés. – 7. je ne l'ai pas regardée.

11. 1. les envoyer lundi / envoyez-les lundi. – 2. l'acheter mardi / achetez-le mardi – 3. l'apporter à la laverie / apportez-le à la laverie – 4. les inviter mercredi / invitez-les mercredi – 5. l'appeler jeudi / appelez-le jeudi – 6. la ranger vendredi / rangez-la vendredi – 7. les faire samedi / faites-les samedi – 8. le prendre dimanche / prenez-le dimanche.

12. 1. asseyez-vous – 2. écoute-nous – 3. lève-toi – 4. accompagne-moi – 5. écoutez-moi – 6. suivez-moi – 7. repose-toi – 8. attends-moi.

13. 1. ne me regarde plus – 2. ne m'attends plus le soir – 3. ne m'accompagne plus à la maison – 4. ne m'invite plus – 5. ne m'appelle plus.

14. 1. le / le – 2. les / la – 3. la / la.

15. 1. Je voudrais les visiter – 2. J'irais le promener. – 3. Je recommencerais à les lire – 4. J'aimerais les préparer – 5. Je finirais de les peindre. – 6. J'aimerais les regarder.

Les pronoms personnels COI (compléments d'objet indirect)

1. 1. Oui, il lui parle. – 2. Oui, il lui plaisait. – 3. Oui, il leur rendra visite. – 4. Oui, elle leur sourit. – 5. Oui, ils lui écrivent. – 6. Oui, nous leur écrirons. – 7. Oui, il lui téléphone. – 8. Oui, je lui répondrai.

2. 1. La petite fille lui a fait peur. – 2. L'agent de police leur a dit bonjour. – 3. Je lui ai souhaité un joyeux anniversaire. – 4. Je leur ai apporté des bonbons. – 5. James lui a juré qu'il reviendrait. – 6. Elle leur avait montré la tour Eiffel. – 7. Cet appartement leur a plu. – 8. Tim leur avait promis une surprise.

3. lui – lui – lui – m' – te – m' – lui – leur – m' – nous – nous – m' – t' – me – me.

4. 1. Oui, elle veut lui offrir un bouquet. – 2. Non, il ne va pas leur donner l'autorisation de fumer. – 3. Non, il ne peut pas lui téléphoner. – 4. Oui, elle va lui ressembler. –

5. Oui, elle peut lui répéter la question. – **6.** Oui, je veux bien lui répondre. – **7.** Non, ils ne vont pas lui rendre ses livres. – **8.** Non, ils ne veulent pas lui rendre visite.

5. **1.** Oui, écrivez-leur ! – **2.** Non, ne lui souriez / sourions pas ! – **3.** Oui, dis-leur bonjour ! – **4.** Non, ne lui téléphonons / téléphonez pas ! – **5.** Non, ne me / nous parlez pas ! – **6.** Oui, réponds-moi. – **7.** Oui, faites / faisons lui confiance – **8.** Non, ne leur faites pas peur !

6. **1.** Je ne lui ai jamais dit la vérité. – **2.** John ne devrait pas lui prêter sa voiture. – **3.** Nora t'envoyait des lettres ou des e-mails ? – **4.** Je crois que nous ne leur pardonnerons jamais. – **5.** Sais-tu quel cadeau ils vont m'offrir ? – **6.** Vous êtes sûr que Boris leur a donné son adresse ? – **7.** Ne m'écrivez plus et ne me téléphonez plus ! – **8.** Sois gentil, réponds-nous et souris-nous.

Le pronom complément « en »

1. 1d – 2f – 3b – 4h – 5a – 6e – 7c – 8g.

2. **1.** du sel – **2.** de mes vacances – **3.** des baguettes – **4.** des yaourts – **5.** des disques – **6.** de tes problèmes – **7.** des steaks.

3. **1.** 23 % de Français en ajoutent, mais 77 % n'en ajoutent pas. – **2.** 15 % de Français en boivent, mais 85 % n'en boivent pas. – **3.** 75 % de Français en mangent, mais 25 % n'en mangent pas. – **4.** 25 % en boivent, mais 75 % n'en boivent pas. – **5.** 11 % de femmes en boivent, mais 89 % n'en boivent pas. – **6.** 28 % d'hommes en boivent, mais 72 % n'en boivent pas.

4. **1.** il en a parlé hier. – **2.** il en a fait six pellicules. – **3.** il en a visité quelques-uns. – **4.** il en a rapporté trois bouteilles. – **5.** il en a rapporté plusieurs. – **6.** il en a dépensé beaucoup.

5. **1.** Du champagne, on n'en a pas bu. – **2.** De la tarte, on n'en a pas goûté. – **3.** Du vin, il n'en a jamais bu. – **4.** De la charcuterie, elle n'en a pas acheté. – **5.** Des légumes, je n'en ai jamais vendu.

6. **1.** Non, je ne veux pas en acheter. – **2.** Non, elle n'a pas le temps de s'en occuper. – **3.** Non, je ne désire pas en reprendre. – **4.** Non, ils n'ont pas envie d'en manger.

7. **1.** parles-en – **2.** demandez-en – **3.** reprends-en – **4.** donnes-en – **5.** raconte-en – **6.** prends-en – **7.** ajoutes-en – **8.** sors-en.

Le pronom complément « y »

1. **1.** Oui, nous y allons (*ou* j'y vais) tous les jours en autobus. – **2.** Non, il n'y rentre pas. – **3.** Oui, elle y retourne. – **4.** Non, il n'y sera pas. – **5.** Non, nous n'y restons (*ou* je n'y reste) pas longtemps. – **6.** Oui, ils y seront. – **7.** Non, il n'y va pas. – **8.** Oui, j'y retourne.

2. **1.** Émilie ne veut plus y croire. – **2.** Ma fille ne s'y est pas habituée. – **3.** Nous ne pouvons pas y croire. – **4.** Vous allez vous y habituer. – **5.** Tu n'y as pas pensé. – **6.** Je m'y suis toujours intéressé. – **7.** Mon grand-père ne veut plus y penser. – **8.** Tu ne peux pas y croire !

3. **1.** Habituez-vous-y ! – **2.** Restes-y ! – **3.** Retournons-y ! – **4.** Croyons-y ! – **5.** Intéressez-vous-y ! – **6.** Vas-y !

4. **1.** à l'église / au cinéma – **2.** à acheter le pain / à mon anniversaire – **3.** au supermarché / chez le boucher – **4.** au Père Noël / à tes mensonges / à l'amour – **5.** à ta nouvelle coiffure / à ce travail – **6.** à leur devoir de maths – **7.** à la fac / en Australie – **8.** à partir / au passé.

Bilan 3 : les pronoms personnels

1. **1.** l' / lui – **2.** leur / les – **3.** lui – **4.** l' / lui – **5.** lui / l' – **6.** lui / l' / l' – **7.** lui / l'. – **8.** lui / l'.

2. **1.** Blaise l'a vendue aux voisins. – **2.** L'étudiant l'a donnée au professeur. – **3.** Vous l'avez demandée au serveur ? – **4.** Clémence les a envoyées aux voisins. – **5.** Il les a expliqués à sa fille. – **6.** Elle l'a lancée au chien. – **7.** Nous les avons montrées à nos grands-parents. – **8.** Bénédicte l'a présenté à ses sœurs.

3. **1.** y / en – **2.** en / y / y – **3.** y / en – **4.** y / en / y / 5. y / en – **6.** en / y / en – **7.** y / en – **8.** en / en.

4. **1.** dépêche-toi / tu vas / je ne trouve / Ne les cherche / ils sont / J'arrive – **2.** Je m'habille / il fait / chez eux / je ne l'aime pas / elle – **3.** et toi / oh moi / Tu es / c'est / elle est / ça va me coûter cher – **4.** je peux / passe-moi / je vais te servir / je pourrais / n'en mets – **5.** pouvez-vous me dire / Elle est / Vous prenez / vous la reconnaîtrez / c'est – **6.** Tu as / je les ai appelés / Je leur ai écrit / ils ne m'ont pas répondu / je suis allé / chez eux / il n'y avait / Je ne comprends pas / c'est.

Les pronoms démonstratifs

1. **1.** Celui de Lilas – **2.** Celle de Louis – **3.** Ceux de Paul. – **4.** Celles des Fayard – **5.** Celui de mon frère – **6.** Ceux de Fanny.

2. **1.** Celui – **2.** Celle / celle – **3.** celle – **4.** celui / celui / celui – **5.** ceux – **6.** celui / celui / Celui – **7.** celles – **8.** celui / Celui.

3. 1g – 2e – 3h – 4b – 5c – 6a – 7f – 8d.

Les pronoms possessifs

1. **1.** La nôtre / la vôtre – **2.** Les vôtres / le nôtre – **3.** le sien / le mien – **4.** La mienne / la tienne – **5.** les vôtres / les leurs – **6.** Le mien / le sien – **7.** la vôtre / la nôtre – **8.** le sien / le leur.

2. **1.** Oui, ce sont les leurs. – **2.** Oui, c'est la sienne. – **3.** Oui, c'est le nôtre. – **4.** Oui, ce sont les siennes. – **5.** Oui, ce sont les nôtres. – **6.** Oui, ce sont les siennes. – **7.** Oui, c'est le sien. – **8.** Oui, ce sont les miens !

3. celle / le tien / C' / c' – ce – Ça – ce / le mien – Ça – ça – ce – Celui – celui – Celui / la nôtre – Ça / les tiens / ça.

Les pronoms indéfinis

1. 1f – 2d – 3a – 4g – 5b – 6h – 7e – 8c.

2. **1.** Personne ne va en discothèque avec Morgane. – **2.** Elle voulait y aller avec n'importe qui. – **3.** Elle ne rencontre personne dans la discothèque. – **4.** Elle décide d'aller voir un film de Stephen Frears. – **5.** Elle choisit ce film parce qu'elle en a vu plusieurs et qu'elle les a appréciés. – **6.** Elle n'achète rien au cinéma. – **7.** Elle va ensuite dans un café parce qu'elle a envie de boire quelque chose. – **8.** Oui, elle y rencontre Arthur.

3. **1.** personne – **2.** Rien – **3.** aucune – **4.** Rien – **5.** quelque chose – **6.** quelqu'un – **7.** quelque chose / chacun – **8.** quelqu'un.

4. **1.** toutes / quelques-unes – **2.** un autre – **3.** d'autres – **4.** tout – **5.** la même – **6.** tous – **7.** plusieurs – **8.** les mêmes.

Les pronoms interrogatifs

1. 1d – 2h – 3b – 4f – 5a – 6g – 7e – 8c.

2. **1.** Lequel ? – **2.** Lesquelles ? – **3.** Laquelle ? – **4.** Lesquels ? – **5.** Laquelle ? – **6.** Lesquelles ?

3. **1.** Qu'apportez-vous à la fête ? – **2.** Que mets-tu ce soir ? – **3.** Qu'est-ce qu'elle a oublié chez Victor ? – **4.** Que prépares-tu pour le dîner ? – **5.** Qu'est-ce que tu désires pour Noël ?

Bilan 4 : les pronoms démonstratifs, possessifs, indéfinis, interrogatifs

1. **1.** De qui Alix est-elle amoureuse ? – **2.** À qui écrit-elle ? – **3.** Avec qui se marie-t-elle ? – **4.** Chez qui le mariage d'Alix aura-t-il lieu ? – **5.** Chez qui vit Ida ? – **6.** Avec qui Ida viendra-t-elle au mariage ? – **7.** Pour qui Ida veut-elle acheter un cadeau ? – **8.** À qui Ida a-t-elle téléphoné ?

2. **1.** Oui, c'est le leur. – **2.** Non, ce n'est pas le sien. – **3.** Non, ce ne sont pas les siens. – **4.** Oui, c'est le sien. – **5.** Non, ce ne sont pas les leurs. – **6.** Oui, ce sont les miennes. – **7.** Oui, c'est le nôtre. – **8.** Non, ce ne sont pas les nôtres / les miens.

3. **1.** Ce dont / ce que – **2.** celui qui / celui qui – **3.** Ce dont / ce que – **4.** Celle qui / celle où – **5.** ce que / ceux dont – **6.** celles que – **7.** Ce que / celle où – **8.** celle dont / celle que.

4. 1a – 2b – 3a – 4c – 5a – 6b – 7a – 8a.

5. 1. Oui, celui-là, c'est le mien. – 2. Non, celle-là, ce n'est pas la nôtre. – 3. Oui, ceux-là, ce sont les leurs. – 4. Non, celles-là, ce ne sont les miennes. – 5. Oui, celui-là, c'est le sien. – 6. Oui, celle-là, c'est la leur. – 7. Non, celles-là, ce ne sont pas les siennes. – 8. Non, celle-là, ce n'est pas la mienne.

Les pronoms relatifs

1. 1. antécédent de **qui** : le pianiste – 2. antécédent de **où** : les salles – 3. antécédent de **qui** : les musiciens – 4. antécédent de **que** : la femme – 5. antécédent de **qui** : l'homme – 6. antécédent de **dont** : le compositeur – 7. antécédent de **où** : les soirées – 8. antécédent de **dont** : la façon.

2. 1. La cathédrale qui se trouve près de l'école est très ancienne. – 2. Les lunettes qui sont sur le bureau appartiennent au professeur. – 3. Le paquet qui est chez la concierge est pour M. Michat. – 4. Le comédien qui sort du théâtre est très célèbre. – 5. J'aperçois une femme qui est penchée à sa fenêtre. – 6. Le docteur a une BMW qui est garée devant chez mes voisins. – 7. J'admire les bijoux qui sont dans la vitrine. – 8. Tara s'est battue avec une petite fille qui s'appelle Adèle.

3. que – qu' – que – que – que – qu' – qu' – qu' – que.

4. 1. Dans le film, elle travaille dans un bar, c'est une serveuse que les clients apprécient. – 2. Le bar est à Paris dans le quartier Montmartre que beaucoup de Parisiens apprécient. – 3. Amélie vit à Paris dans un petit appartement qu'elle a décoré. – 4. Elle rend souvent service aux gens qu'elle aime voir heureux. – 5. La concierge de l'immeuble, qu'elle écoute avec patience, parle souvent de ses problèmes à Amélie. – 6. C'est un album photo qu'un jeune homme a perdu qui va lui apporter le bonheur. – 7. En retrouvant l'album grâce à Amélie, ce jeune homme, qu'elle aime en secret, va tomber amoureux d'elle. – 8. Le film *Le Fabuleux Destin d'Amélie Poulain*, que Jean-Pierre Jeunet a réalisé, a eu un énorme succès.

5. 1. L'appartement que Maurice a acheté est immense. – 2. L'appartement qui est près du nôtre est vide. – 3. L'émission que nous regardons est passionnante. – 4. L'émission que je préfère passe le mercredi soir. – 5. Le garçon qui est assis là-bas a un visage triste. – 6. Le garçon que tu nous as présenté hier est sympathique. – 7. Le bureau qui est à droite est celui du directeur. – 8. Le bureau qui est dans votre chambre est ancien.

6. 1. qui / que / qui – 2. qui / qu' – 3. qu' / qui – 4. qui / qui – 5. que / qui – 6. que / qui – 7. qui / que – 8. qu' / qui.

7. 1. Le château de Vaux-le-Vicomte, dont Louis Le Vaux est l'architecte, a été construit en 1656. – 2. Le parc de ce château, dont André Le Nôtre a dessiné les plans, est au milieu d'un bois. – 3. André Le Nôtre, dont le père était jardinier au jardin des Tuileries à Paris, est né en 1613. – 4. Dans le parc, dont les allées sont larges, il y a beaucoup de statues. – 5. En août 1653, Nicolas Fouquet invite Louis XIV dont il est le ministre des Finances. – 6. Le soir, Nicolas Fouquet donne une fête magnifique dont Louis XIV est jaloux. – 7. Le lendemain de la fête, Louis XIV ordonne de mettre en prison Nicolas Fouquet, dont il a peur. – 8. Le roi fait ensuite apporter à Versailles beaucoup d'objets précieux dont Nicolas Fouquet était le propriétaire.

8. 1. La fille dont tu parles habite à Paris. – 2. Ce tableau dont les couleurs sont gaies représente un paysage. – 3. C'est une histoire dont je me souviens très bien. – 4. Je te présente Isabelle et Patrice dont les parents vivent à Lyon. – 5. Le manteau dont Claire a envie coûte cher. – 6. Ma voiture, dont je suis content, est une Peugeot. – 7. Le chien dont les enfants ont peur est gentil. – 8. Daphné est une jeune fille dont tous les hommes sont amoureux.

9. 1. L'opéra où Justin va tous les mois est très moderne. – 2. La piscine où j'allais toutes les semaines est maintenant fermée. – 3. Le théâtre où mes parents vont ce soir est ancien. – 4. La bibliothèque où les étudiants vont tous les jours ferme à vingt heures. – 5. Quentin adore la Lozère où il a acheté une maison. – 6. Marcel cherche un parking où il pourrait garer sa voiture pour la nuit. – 7. Mon amie travaille dans une agence de voyage, où les billets d'avion sont à des prix intéressants. – 8. Mon grand-père habite un immeuble où il n'y a pas de concierge.

10. 1. Simon et Clarisse n'oublieront jamais la nuit d'été où ils se sont rencontrés. – 2. Je n'étais pas présent le matin où ils sont partis. – 3. Mon grand-père se souvient bien de l'époque où Paris était occupé. – 4. Vous vous souvenez du jour férié où on a travaillé ? – 5. Nous sommes allés nous promener dans les bois un après-midi où le temps était magnifique. – 6. Elle a écouté les problèmes de Sacha pendant la soirée où elle avait rendez-vous avec Hyacinthe. – 7. Il y a eu beaucoup de pluie l'été où Edmond n'a pas pris de vacances. – 8. Joséphine est partie au moment où Armand est arrivé.

11. 1. les spectateurs qui ont vu – 2. les gants que Nicole a achetés – 3. la jupe qu'elle a mise – 4. le disque que tu lui as prêté – 5. Jeanne, qui s'est couchée – 6. Cédric, qui a monté – 7. Les personnes qu'André et Jeannine ont invitées – 8. Romane et Camille, qui sont montées.

12. 1. ce qui / ce que – 2. ce dont / ce que – 3. ce que / ce dont – 4. ce qui / ce qui.

13. 1. chez qui – 2. à qui – 3. pour qui – 4. pour qui – 5. à qui – 6. pour qui – 7. à qui – 8. chez qui.

Bilan 5 : les pronoms relatifs

1. que – que – où – que – que – que – que – que – où – que – où – où.

2. 1. qui / qui / que – 2. que / dont / qui – 3. qui / qu' / qui – 4. dont / qui.

3. 1. Son jardin, dont il s'occupe tous les jours, est magnifique. – 2. Quand il est dans son jardin, Thomas parle souvent avec son voisin Jérôme Planin dont il a fait la connaissance l'année dernière. – 3. Quelquefois, Jérôme, qui est plus riche que Thomas, lui donne ses vieux outils dont il n'a plus besoin. – 4. Les bons outils, dont Thomas a envie, coûtent cher. – 5. Tous les deux adorent les roses dont ils parlent souvent. – 6. Mais je ne sais pas pourquoi il a planté des pommes de terre dont il a horreur !

4. où – qui – dont – qu' – qui – où – que – où – où – dont.

LE GROUPE DU VERBE

L'accord du sujet et du verbe

1. 1. V = pouvez, S = vous / V = est, S = le bureau de poste – 2. V = repartent, S = Emma et son fils – 3. V = plairait, S = partir un an aux États-Unis – 4. V = sais, S = tu / V = vient, S = qui – 5. V = vois, S = je - V = veux, S = tu / V = donne, S = je – 6. V = se promenait, S = un jeune homme brun, très élégant, à l'air un peu triste.

2. 1. voit – 2. prenons – 3. rends *ou* rendrai – 4. permettent – 5. invite.

3. 1d – 2c – 3f – 4e – 5a – 6b.

Le présent : « être », « avoir », « faire », « aller »

1. *être* : 4 / 5 / 7 – *avoir* : 1 / 6 – *faire* : 2 / 8 – *aller* : 3.

2. 1c – 2h – 3a – 4f – 5b – 6e – 7g – 8d.

3. 1. vous faites / je suis / je suis – 2. nous allons / tu as / où il est / c'est – 3. ils vont / il n'y a – 4. où sont – 5. j'ai un peu / tu fais / on a – 6. tu vas / j'y vais / je ne fais pas – 7. c'est / il a / il va – 8. où es-tu / je suis / tu fais.

4. Éva est polonaise, elle a dix-sept ans, elle est lycéenne ; elle a un vélo, elle fait du tennis et elle va souvent au cinéma. – Esteban et Manuela sont espagnols, ils sont mariés, ils ont deux enfants ; ils ont une grande maison et ils vont souvent à la campagne. – Sophie est française, elle a vingt-cinq ans, elle est étudiante, elle fait de la danse et elle va souvent au théâtre.

Le présent : les verbes du 1er groupe

1. 1. tu cries – 2. je commande – 3. ils demandent – 4. elle continue – 5. elles étudient – 6. vous admirez – 7. tu remercies – 8. j'habite.

2. 1. Non, ils n'arrivent pas ce soir, mais cet après-midi. – 2. Non, je ne parle pas l'italien, mais l'espagnol. – 3. Non, d'habitude elle ne reste pas au bureau jusqu'à dix-neuf heures trente, mais jusqu'à dix-huit heures. – 4. Non, ils n'habitent pas à Paris mais à Nantes. – 5. Non, je n'invite pas les voisins ce soir, mais demain. – 6. Non, il ne téléphone pas à Pétra, mais à Sandra. – 7. En général, nous ne dînons pas à dix-neuf heures, mais à vingt heures.

3. 1. Le mois prochain, nous déménageons à Marseille. – 2. Nous nageons assez bien, mais nous ne plongeons jamais. – 3. Comment nous plaçons les invités ce soir ? – 4. Nous partageons le gâteau ? – 5. Nous commençons les cours aujourd'hui.

4. 1. on amène – 2. on lui répète – 3. on se lève – 4. on a / on vous appelle – 5. on s'inquiète – 6. nous, on jette – 7. on amène / on espère – 8. on préfère.

5. Je paie ou je paye – j'essaie ou j'essaye – j'envoie – tu essuies – tu essaies ou tu essayes – tu nettoies – vous essayez – vous les envoyez – personne ne s'ennuie.

6. 1. nous ne bougeons / nous restons / nous mangeons – 2. nous achetons / tu apportes / je préfère / j'achète / vous apportez – 3. tu penses / il commence / il s'ennuie / il me téléphone / il ne parle / il crie – 4. nous commençons / je m'habille / j'arrive / vous commencez – 5. tu jettes / je ne les aime plus / tu me les donnes.

Le présent : les verbes du 2e groupe

1. 1. maigrir – 2. mincir – 3. blondir – 4. brunir – 5. vieillir – 6. rougir – 7. jaunir – 8. bleuir.

2. 1. *maigrir :* je maigris / il maigrit / nous maigrissons – 2. *mincir :* tu mincis / elle mincit / vous mincissez – 3. *blondir :* il blondit / nous blondissons / elles blondissent – 4. *bleuir :* tu bleuis / vous bleuissez / ils bleuissent.

3. 1. vous dormez : dormir – 2. ils partent : partir – 3. tu remercies : remercier – 4. je m'ennuie : s'ennuyer – 5. nous devenons : devenir – 6. elle remercie : remercier – 7. il court : courir – 8. ils s'ennuient : s'ennuyer.

4. 1. nous finissons / nous jouons – 2. tu choisis – 3. je vieillis / je grossis / je m'ennuie – 4. vous choisissez / vous préférez / je choisis – 5. les feuilles jaunissent / rougissent / ne bleuissent pas – 6. vous réussissez / je choisis – 7. ils blondissent – 8. je remplis / je te remercie.

Le présent : les verbes du 3e groupe, les verbes en -ir

1. *se conjuguent comme « offrir » :* découvrir – cueillir. *se conjuguent comme « venir » :* se souvenir – tenir – venir. *se conjuguent comme « sortir » :* partir – servir – dormir.

2. 1. partez – 2. dormons – 3. deviens – 4. cueillez – 5. sortent – 6. souviennent – 7. pars.

3. 1. j'offre – 2. je vous sers – 3. nous tenons / nous nous souvenons – 4. comment te sens-tu / je me sens / je dors / quand sors-tu / tu viens – 5. vous venez / nous sortons – 6. il dort / il devient / il ne se souvient – 7. tu tiens – 8. viennent / nous servons / je pars.

4. *les intrus sont :* 1. ils jaunissent : jaunir – 2. tu maigris : maigrir – 3. nous réussissons : réussir – 4. il mincit : mincir – 5. vous rougissez : rougir.

Le présent : les verbes du 3e groupe, les verbes en -re

1. *se conjuguent comme « prendre » :* comprendre – apprendre. *se conjuguent comme « attendre » :* entendre – répondre – perdre. *se conjuguent comme « éteindre » :* peindre – repeindre – dépeindre.

2. 1. prends – 2. comprends – 3. prenez – 4. apprends – 5. comprennent – 6. comprends – 7. prenez – 8. prends / comprends.

3. 1. défends / comprenez / répondez – 2. attendent / prennent – 3. prenez / descendez – 4. perd / prend.

4. 1d – 2e – 3h – 4g – 5f – 6b – 7c – 8a.

5. 1. elle interdit / nous interdisons – 2. nous nous taisons / elles se taisent – 3. je traduis / nous traduisons – 4. je vis / vous vivez – 5. il cuit / ils cuisent – 6. je relis / tu relis – 7. tu écris / vous écrivez – 8. il croit / nous croyons.

6. *se conjuguent comme « mettre » :* se battre – promettre – débattre – permettre. *se conjuguent comme « connaître » :* naître – reconnaître – renaître.

7. 1. tu bois / nous buvons / ils en boivent / vous buvez – 2. écrivez-vous / j'écris / ils écrivent – 3. dites-vous / nous disons / disent – 4. nous connaissons / je ne les connais pas / mes nouveaux collègues connaissent – 5. tu mets / vous mettez / ils mettent – 6. je vis / il vit / les gens vivent – 7. je ne lis pas / vous lisez / ils lisent – 8. tu me promets / je te le promets / les hommes politiques promettent / nous vous promettons.

Le présent : les verbes du 3e groupe, verbes en -oir

1. tu dois – ils doivent – vous devez : **devoir**. elles reçoivent – nous recevons : **recevoir**. je sais – vous savez – elles savent : **savoir**.

2. 1. il doit – 2. il reçoit – 3. nous recevons – 4. vous devez – 5. je reçois – 6. ils doivent – 7. nous devons – 8. il doit.

3. 1. tu sais – 2. vous connaissez – 3. ils connaissent – 4. je ne sais pas – 5. Nous ne connaissons pas bien – 6. Ils savent.

4. 1. vous pouvez / ils peuvent – 2. il voit / ils voient – 3. vous vous asseyez (vous vous assoyez) / ils s'asseyent (ils s'assoient) – 4. je vaux / nous valons – 5. je revois / tu revois – 6. je veux / nous voulons – 7. elle aperçoit / ils aperçoivent.

5. 1. vous ne pouvez pas – 2. tu peux / tu veux – 3. tu veux / je veux – 4. elles veulent – 5. vous voulez – 6. je peux / tu veux – 7. tu peux – 8. ils n'en peuvent plus.

6. *expression d'une action récente :* 5 – 7. *expression d'une action en train de se passer :* 2 – 3 – 6. *expression d'une action qui va se passer :* 1 – 4.

7. 1. Il est en train de réfléchir à ce qu'il va écrire. – 2. Nous sommes en train de regarder la télé. – 3. Si, mais ils sont en train de dormir. – 4. Je suis en train de travailler.

Le futur

1. 1. je vais être – 2. Tu vas quitter / nous allons nous séparer – 3. Ils vont faire – 4. Vous allez adorer – 5. il va acheter – 6. nous allons nous coucher – 7. Je vais demander.

2. je vais avoir – je vais partir – on va aller – On va rester – je vais rentrer – je vais chercher – je vais devoir.

3. 1. je vais manger – 2. Je vais me lever – 3. Je vais arrêter – 4. il va partir – 5. je vais recommencer – 6. Je vais préparer – 7. Mon grand-père va passer – 8. on va s'amuser.

4. 1. se couchera – 2. descendrons – 3. joueront – 4. me préparerai – 5. penserez – 6. appelleras – 7. aideront – 8. expliquera.

5. 1. irons – 2. seront – 3. faudra – 4. aurai – 5. saurez – 6. feras – 7. devront – 8. verras.

6. 1g – 2e – 3a – 4b – 5h – 6c – 7d – 8f.

7. **Scorpion** : Vous aurez – Vous réussirez – vous ferez – Vénus sera – Vous rencontrerez – vous passerez.
Lion : Vous connaîtrez – Vous serez – Vous devrez – Vos amis et vos collègues ne vous comprendront pas – ça ira.
Capricorne : La semaine sera – Vous vous sentirez – Vous n'aurez pas – vous vous ennuierez – vous ne le regretterez pas – Vous aurez.

8. 1. vais boire – 2. auras – 3. allez tomber – 4. va partir – 5. sera – 6. allez vous marier.

Bilan 6 : le présent et le futur

1. Tu sais – je veux bien – Tu vois – je mets – il sonne – je l'éteins – je me lève – je ne sais pas – C'est – tu travailles – tu te couches – tu ne dors pas – Tu dois – je pars – je saute – je cours – je prends – je suis – c'est – Je réussis – je me dis – J'arrive – Les élèves viennent – Je monte – je m'aperçois – je n'ai pas – je dois – Tu ne vas pas – C'est – ça t'arrive.

2. 1. Antoine va partir. – 2. Elle vient de revenir. – 3. Je suis en train de me coiffer – 4. Je suis en train de travailler. – 5. Je viens d'arriver.

3. mon avenir – demain – allez faire – va vous aider – avenir – faudra – la semaine prochaine – allez recevoir – va tomber – bientôt – guérira – va s'arranger – mois à venir – avenir lointain – vais me marier – marierez – aurez – dans deux ou trois ans – dans une dizaine d'années – aurez – serez.

Le passé composé avec l'auxiliaire *avoir* : verbes des 1er et 2e groupes

1. 1c – 2g – 3f – 4b – 5h – 6d – 7a – 8e.

2. 1. faux – 2. faux – 3. faux – 4. vrai – 5. faux – 6. vrai – 7. vrai.

3. 1. Fernando a habité – 2. j'ai rêvé – 3. vous avez maigri – 4. ils ont choisi / ils l'ont acheté / ils l'ont payé – 5. tu as retrouvé / j'ai cherché.

Le passé composé avec l'auxiliaire *avoir* : les verbes du 3e groupe

1. 1. ils ont eu soif – 2. nous avons eu froid – 3. elle a été contente – 4. vous avez eu chaud.

2. **participe passé en -*eint*** : éteint : éteindre.
participe passé en -*i* : souri : sourire – suivi : suivre – sorti : sortir – servi : servir.
participe passé en -*it* : interdit : interdire – fait : faire – écrit : écrire.
participe passé en -*is* : pris : prendre – mis : mettre – compris : comprendre – promis : promettre.
participe passé en -*u* : défendu : défendre – voulu : vouloir – pu : pouvoir – descendu : descendre – vu : voir – perdu : perdre – répondu : répondre.
participe passé en -*ert* : découvert : découvrir.

3. 1. je t'ai déjà dit – 2. on nous a servi – 3. nous avons fait – 4. il a cueilli / il en a fait / il a mis – 5. tu as conduit – 6. elle n'a pas pris !

4. 1. je l'ai bien connu / nous avons fait – 2. tu as cru – 3. José t'a offert / tu ne l'as même pas ouvert / je ne l'ai pas vu – 4. j'ai conduit / j'ai fait – 5. j'ai ouvert – 6. tu ne m'as pas dit / j'ai voulu / tu n'as rien entendu.

5. 1. j'ai dû – 2. il l'a lu – 3. elle a su – 4. j'ai tout bu – 5. j'ai cru – 6. tu as pu – je n'ai pas pu – 7. j'ai tout vu.

6. 1. regardée – 2. j'ai achetées – 3. tu ne l'as pas reconnue – 4. je l'ai appelé – 5. je t'ai prêtés / je les ai tous lus.

Le passé composé avec l'auxiliaire *être*

1. 1. Nous avons raté le train et pourtant, nous nous sommes dépêchés. – 2. Je me suis coiffée rapidement ce matin – 3. Raphaël s'est bien habillé aujourd'hui – 4. Juliette avait besoin d'air ; elle s'est promenée en forêt. – 5. Michel, pourquoi tu t'es garé si loin ? – 6. Vous êtes contents ? Vous vous êtes bien amusés ? – 7. Vous semblez fatigué ; vous vous êtes couché tard ? 8. Les filles se sont inquiétées.

2. 1d – 2f – 3h – 4a – 5g – 6e – 7c – 8b.

3. 1. vrai – 2. faux – 3. vrai – 4. faux.

4. **Louise** : Lundi, Louise s'est réveillée à sept heures, elle s'est levée à sept heures trente, elle est sortie de la maison à huit heures quinze, elle est allée au cinéma à quatorze heures, elle est rentrée à la maison à dix-huit heures, elle s'est couchée à vingt-deux heures quarante-cinq.
Vincent et Paul : Lundi, Vincent et Paul se sont levés à sept heures trente, ils sont partis de la maison à huit heures cinq, ils sont montés dans le bus à huit heures dix, ils sont arrivés à l'école à huit heures vingt, ils sont allés à la cantine à onze heures quarante-cinq, ils sont rentrés à la maison à seize heures cinquante, ils se sont douchés et se sont mis en pyjama à vingt heures et ils se sont couchés à vingt heures quarante-cinq.

Le passé composé : auxiliaire *avoir* ou auxiliaire *être*

1. 1. les enfants ont monté – 2. les enfants sont montés – 3. tu es descendu – 4. tu as descendu – 5. Alain est retourné – 6. Alain a retourné – 7. vous avez rentré – 8. nous sommes rentrés / nous avons sorti.

2. **André Malraux :** En 1901, André Malraux est né en banlieue parisienne ; en 1921, il a écrit son premier livre, *Lunes en papier* ; en 1923, il est parti au Cambodge pour découvrir l'art khmer ; en 1925, à Saigon, il est devenu le directeur d'un journal : *L'Indochine* ; en 1931, il est allé en Amérique ; en 1933, il a reçu le prix Goncourt pour son roman *La Condition humaine* ; en 1936, il s'est battu contre le général Franco, en Espagne ; en 1944, il est devenu résistant et s'est fait arrêter par les Allemands ; en 1945, il a rencontré le général de Gaulle ; de 1959 à 1969, il a été ministre de la Culture ; en 1979, il est mort à Verrières-le-Buisson, près de Paris.
Colette : En 1873, Colette est née à Saint-Sauveur-en-Puisaye, en Bourgogne ; en 1893, elle s'est mariée avec Henry Gauthier-Villars, un journaliste parisien ; en 1900, elle a écrit son premier roman : *Claudine à l'école* ; en 1916, elle a quitté son mari ; de 1910 à 1916, elle a fait du théâtre ; en 1912, elle s'est mariée avec Henry de Jouvenel et a recommencé à écrire ; en 1913, elle est devenue mère d'une petite fille ; en 1935, elle s'est mariée une troisième fois avec Maurice Goudeket et a continué à écrire ; elle s'est installée au Palais-Royal, un quartier parisien ; en 1954, elle est morte au Palais-Royal.

Le passé composé : les formes négative et interrogative

1. 1. Non, ils n'ont rien vu de bien au cinéma. – 2. Non, nous n'avons rencontré personne pendant notre promenade. – 3. Non, je n'ai jamais eu d'accident de voiture. – 4. Non, nous ne nous sommes plus revus – 5. Non, elles n'ont pas fini les exercices. – 6. Non, elle ne s'est pas ennuyée pendant les vacances. – 7. Non, nous n'avons téléphoné à personne.

2. 1. Avez-vous bien compris cette leçon ? – 2. Est-ce que tu as eu peur en voyant ce film d'horreur ? – 3. Avez-vous fini votre travail ? – 4. Est-ce qu'ils sont repartis contents ? – 5. Est-ce que vous vous êtes bien réveillée ?

L'imparfait

1. tu étais / nous étions / vous étiez – tu prenais / nous prenions / vous preniez – tu commençais / nous commencions / vous commenciez – tu finissais / nous finissions / vous finissiez – tu buvais / nous buvions / vous buviez – tu connaissais / nous connaissions / vous connaissiez – tu t'ennuyais / nous nous ennuyions / vous vous ennuyiez – tu faisais / nous faisions / vous faisiez.

2. **1.** nous ne payions pas par chèque – **2.** vous n'étudiiez pas l'anglais – **3.** nous n'appréciions pas sa présence – **4.** vous n'oubliiez pas de m'écrire – **5.** vous ne faisiez pas bien la cuisine – **6.** il ne fallait pas connaître l'informatique.

3. **1.** était / avait – **2.** avions / avions / étions – **3.** avais / étais / avais – **4.** aviez / étiez – **5.** étaient / avaient – **6.** était / avait – **7.** était / avait – **8.** étions / avions.

4. t'asseyais – m'asseyais – faisais – faisais – arrivais – arrivais – parlais – parlais.

5. était – travaillions – avions – respectaient – regardions – lisions – discutions – étudiions – savions – était – aviez – existaient – payiez – envoyiez – fallait – faisiez.

6. **1.** avait – faisait – s'éclairait – utilisait – **2.** regardions – lisions – mangions – allions – **3.** habitaient – conduisaient – venaient.

7. **1.** désir – **2.** habitude – **3.** description – **4.** politesse – **5.** hypothèse – **6.** politesse – **7.** description – **8.** désir.

8. **1.** allait / regardait / dépensaient / fallait / restait – **2.** entrait / disait / ouvrait / s'asseyait / dérangeait / riait / s'en allait – **3.** sortait / faisait / étais / avais / avais – **4.** allumait / s'allumait / était / avait / avait / partageait / avait / était / était.

L'imparfait et le passé composé

1. **1.** est allé – **2.** allait – **3.** chantais – **4.** ai chanté – **5.** tombait / soufflait – **6.** s'est mise – **7.** mangions – **8.** avons mangé.

2. **1.** se levait / était / s'est levé – **2.** riaient / criaient / est entré / se sont tus – **3.** était / sortait / a rencontré – **4.** dormaient / jouait / est arrivé / a disparu.

3. était – était – portais – étais – buvais – es entré – as souri – as regardé – as dit – t'es assis – semblais – étais – étais.

4. Il avait froid. – Il neigeait, la rue était déserte. – Comme il était en avance à son rendez-vous, – 10 heures et demie ! À présent il était presque en retard, comme le temps passait vite ! – Il se sentait nerveux à l'idée de la revoir. – elle n'était plus là.

5. était – avançait – profitabait – dînaient – se reposaient – admiraient – se reflétait – est descendue – a pris – s'est allongée – a entendu – est sortie – couraient – pleuraient – est montée – coulait – s'est réveillée.

6. s'est rencontrés – ai remarquée – portais – tirais – tombaient – lisais – était – t'es approchée – as demandé – pouvais – a discuté – as dit – partais – semblais – souriais – as bu – es partie.

7. 1b – 2d – 3f – 4h.

8. Le séminaire s'est ouvert à neuf heures. C'était très ennuyeux. Le professeur Clavier a fait un discours d'introduction, il avait une drôle de tête ! À onze heures, M. Friloux a fait un exposé sur les spécialités régionales. C'était idéal pour mettre en appétit. À midi, il y a eu des dégustations. C'était délicieux. À treize heures, on a déjeuné, c'était très mauvais. À quatorze heures, le chef cuisinier Arthur Arama a fait une intervention, il était sympathique et amusant. À quinze heures, il y a eu un débat sur le thème « La nouvelle cuisine ». À seize heures trente, Mme Loubet a fait un exposé sur la cuisine traditionnelle. C'était très instructif. À dix-sept heures trente, le professeur Dauguin a fait un discours de clôture, c'était trop long.

Le plus-que-parfait

1. s'étaient réunis – avaient fait – étaient arrivés – avaient prononcé – avaient éclaté – avaient tenté – s'étaient séparés – avaient opposé.

2. **1.** avais présentée – **2.** avaient fini – **3.** était partie – **4.** avais essayées – **5.** avait détruit – **6.** avaient cueillies – **7.** avait déposé – **8.** avait repris.

3. **1.** Quand le réveil a sonné, Mireille s'était déjà levée. – **2.** Quand Jean-Pierre a invité Didier à dîner, Didier avait déjà terminé son repas. – **3.** Quand la pluie s'est mise à tomber, les enfants étaient déjà sortis de l'école. – **4.** Quand les agents de police sont arrivés, le cambrioleur s'était déjà enfui. – **5.** Quand le coq a commencé à chanter, l'agriculteur s'était déjà réveillé. – **6.** Quand la mère a éteint la lumière, l'enfant s'était déjà endormi.

4. **1.** cause – **2.** antériorité – **3.** cause – **4.** regret – **5.** antériorité – **6.** regret.

Bilan 7 : le passé composé, l'imparfait et le plus-que-parfait

1. ce que vous avez fait – je suis rentrée – j'ai regardé – j'ai préparé – j'ai mangé – je me suis mise – j'ai dû – vous n'êtes pas sortie ? – j'ai passé – personne ne vous a téléphoné ? – vous n'avez rien entendu.

2. C'était le 24 décembre. Il faisait froid. La neige recouvrait les maisons. Comme les autres passants, je me dépêchais de rentrer chez moi. Les sapins de Noël brillaient derrière les fenêtres. Tout le monde se préparait à fêter Noël. Vous étiez assis sur un banc. Je ne vous connaissais pas. Vous me regardiez mais vous ne me voyiez pas. Peut-être vous rappeliez-vous le temps où vous aviez une famille et des amis. Mais vous étiez seul, assis près du métro, un soir de Noël, pendant que les passants se dépêchaient de rentrer chez eux.

3. tu es parti – je suis allé – il a plu – nous avons eu / il a plu / c'était / tu as fait – nous avons décidé – c'était / nous nous levions / nous allions courir / nous visitions / j'en ai bien profité.

4. **1.** sommes arrivés / était parti – **2.** ai rencontré – **3.** avait aimé – **4.** s'étaient endormis / sommes rentrés – **5.** avaient fini – **6.** a téléphoné – **7.** as achetée – **8.** avait neigé.

Le discours indirect et la concordance des temps

1. 1d – 2b – 3f – 4a – 5g – 6c – 7h – 8e.

2. **Bonnes réponses : 1.** que – **2.** si – **3.** qu' – **4.** de – **5.** qu'il – **6.** de – **7.** que – **8.** de.

3. d' – **2.** que – **3.** si – **4.** que – **5.** ce que – **6.** qu'elle / qu'elle – **7.** de / qu'elle – **8.** quand / que.

4. Serge a téléphoné aujourd'hui. Il demande comment tu vas, ce que tu deviens, si tu es toujours content de ton travail, quand tu viendras le voir, si tu as eu des nouvelles de Renaud. Il dit que tout va bien pour lui, qu'il va bientôt partir au Chili, qu'il a bien reçu ta dernière lettre, qu'il t'embrasse et qu'il espère te voir à son retour.

5. **LIBÉRATION : 1.** Pourquoi la météo n'a pas prévu les chutes de neige de samedi ? – **2.** Grève générale au Venezuela depuis deux mois. – **3.** Va-t-il y avoir une guerre contre l'Irak ? *ou* Est-ce qu'il va y avoir une guerre contre l'Irak ? – **4.** En 2002, il y a eu 18 % de visiteurs en moins au Futuroscope de Poitiers.
LE PARISIEN : 5. Il y a encore eu un attentat hier à Tel Aviv. – **6.** Quand va-t-on nettoyer les plages polluées par le pétrole ? *ou* Quand est-ce qu'on va nettoyer les plages polluées par le pétrole ? – **7.** Le prix des cigarettes augmente aujourd'hui. – **8.** Jacques Chirac doit présenter ses vœux aujourd'hui aux syndicats et au patronat.

6. Arthur a dit qu'une Peugeot 406 était sortie d'un parking, qu'au même moment, une BMW était arrivée assez vite, que la BMW était violemment rentrée dans

la Peugeot, que le conducteur de la BMW était sorti de sa voiture très en colère et qu'il avait insulté la conductrice de la Peugeot.
Il a ajouté qu'elle avait eu peur, qu'il était allé calmer le chauffeur de la BMW et que, finalement, ils avaient fait un constat à l'amiable.

7. **Karine** : On devrait aller à Center Park ; Marine m'a dit que cela faisait beaucoup de bien, qu'on pouvait se baigner jusqu'à dix heures du soir, qu'il y avait des vagues toutes les heures, que les bungalows étaient très agréables et qu'il fallait le faire une fois dans sa vie.
Armand : En tout cas, ce n'est pas ce que m'a dit Julien ! Lui, il m'a dit que c'était peut-être agréable, mais que cela coûtait cher, que quand tu faisais des courses, les prix étaient doublés, que si tu voulais faire du golf ou du cheval, ça coûtait les yeux de la tête, qu'il y avait beaucoup de monde le week-end et que ce n'était pas vraiment indispensable.

8. **Félix** : Sébastien m'a dit de ne pas m'inquiéter, que tout se passerait bien, que quand je serais en haut du pont, on attacherait bien les élastiques, qu'ensuite, j'irais sur la rambarde, mais que je ne devrais pas regarder en bas.
Il m'a promis que personne ne me pousserait et qu'on me laisserait le temps de me préparer.
Il m'a conseillé de fermer les yeux au moment de plonger dans le vide.
Il m'a juré que j'aurais l'impression de voler pendant quelques secondes. Mais je suis quand même mort de peur !

9. **Bonne reponse** : Vous dansez avec moi – Excusez-moi, mais je ne sais pas danser la valse – Mais c'est pas vrai, ça ! Je te plais pas moi ! – Mais lâchez-moi à la fin ! – Voyons monsieur, laissez cette jeune fille ! – Je suis vraiment désolée mademoiselle ! Je ne savais pas ce que je faisais.

Les modes autres que l'indicatif

L'impératif

1. **1.** Buvons ! Buvez ! – **2.** Choisis ! Choisissons ! – **3.** Dors ! Dormez ! – **4.** Explique ! Expliquons !

2. Prends quatre poires, épluche-les et laisse la queue ; cuis-les dans le sirop pendant deux minutes ; ensuite mets-les dans un saladier. Fais la crème anglaise. Fais fondre le chocolat et ajoute-le à la crème anglaise froide. Quand ta crème au chocolat est froide, verse-la sur les poires. Mets le saladier au réfrigérateur et laisse-le deux heures.

3. **1.** Parles-en – **2.** vas-y – **3.** penses-y – **4.** achètes-en !

4. **1.** ne pleure pas – **2.** ne venez pas – **3.** ne mange pas – **4.** ne jouez pas – **5.** ne chante pas – **6.** ne sortez pas.

5. secoue-toi – réveille-toi – Bats-toi – Écoute – lève-toi – habille-toi – Tais-toi – Débrouille-toi – dépêche-toi – Souviens-toi.

6. **1.** phrase d – **2.** phrase f – **3.** phrase b – **4.** phrase h – **5.** phrase a – **6.** phrase g – **7.** phrase e – **8.** phrase c.

7. **1.** N'y allons pas ! – **2.** Ne t'en occupe pas ! – **3.** Ne vous garez pas là-bas ! – **4.** N'y va pas ! – **5.** Parles-en ! – **6.** Ne t'amuse pas ! – **7.** Écoutez-les ! – **8.** Ne nous installons pas ici !

8. **1.** Ne regardez pas la télé trop tard, éteignez-la à 10 heures. – **2.** Faites réchauffer le plat et mangez-le bien chaud. – **3.** Enlevez les assiettes et mettez-les dans le lave-vaisselle. – **4.** Soyez sages. – **5.** Fermez la porte à clé, ne l'ouvrez pas si on sonne. – **6.** Lavez-vous les dents. – **7.** Ne vous battez pas. – **8.** N'oubliez pas la lampe, éteignez-la à dix heures et demie.

9. **En avion** : En cas d'incendie, attachez vos ceintures, éteignez vos cigarettes, ne paniquez pas, ne criez pas, ne vous levez pas, suivez les instructions des hôtesses.

En classe : Dans la salle de cours, asseyez-vous, ne vous levez pas, taisez-vous, restez tranquilles, ne buvez pas, ne mangez pas.
Chez le docteur : Pour vous sentir mieux, buvez beaucoup d'eau, mangez des fruits et des légumes, reposez-vous, faites du sport, arrêtez de fumer, ne vous inquiétez pas.
Une séparation : Tu veux me quitter ? Ne pars pas, écoute, aie de la patience, rappelle-toi les bons souvenirs, aie pitié, reste.

Le conditionnel

1. **1.** je voudrais – **2.** vous ne pourriez pas – **3.** je serais / tu ferais / je ferais / tu serais – **4.** Arthur et Margot me prêteraient / il faudrait – **5.** tu voudrais / ça me ferait – **6.** j'aimerais / ce serait.

2. 1d – 2f – 3b – 4c – 5a – 6e.

3. **1.** Pourquoi ne ferais-tu pas un petit voyage ? – **2.** Tu pourrais te reposer un peu. – **3.** On pourrait aller au cinéma. – **4.** Pourquoi ne viendriez-vous pas dormir à la maison ?

4. Marc **aimerait bien** ou **voudrait bien** faire du cheval. – Je **voudrais bien** ou J'**aimerais bien** gagner la course. – Ludivine **aimerait bien** ou **voudrait bien** se marier avec Antoine. – André et Luc **aimeraient bien** ou **voudraient bien** prendre un bain.

5. **1.** Si la pluie s'arrêtait, nous irions nous promener. – **2.** Si Stéphanie me demandait un service, j'accepterais tout de suite. – **3.** S'ils voulaient, ils partiraient maintenant. – **4.** Si Robert me parlait, je l'écouterais.

6. **Ylan** : J'aurais dû aller la voir ; elle se serait peut-être souvenue de moi. Je lui aurais rappelé comment on s'est rencontrés. Cela l'aurait certainement fait rire. Et alors je l'aurais invitée à boire quelque chose. Nous aurions discuté. Elle aurait peut-être accepté un rendez-vous. J'aurais aimé qu'elle me regarde, juste une seconde !… Cela m'aurait donné un peu de courage.

7. **1.** Maman m'a répondu que nous n'irions pas à la piscine demain. – **2.** Bernard et Catherine m'ont annoncé qu'ils déménageraient bientôt. – **3.** Patrick m'a dit que tu pourrais venir avec lui. – **4.** Ils ont annoncé qu'ils achèteraient une maison au bord de la mer.

8. Samantha pense : « Si j'étais Dominique, je relèverais la tête, je le regarderais droit dans les yeux, j'attendrais la fin de son discours, je lui ferais un grand sourire, je jetterais le dossier sur son bureau et je lui dirais : « Vous n'avez qu'à le faire vous-même », je ferais demi-tour et je sortirais la tête haute.

Le subjonctif

1. sois / soit / soyons / soyez – aies / ait / ayons / ayez – fasses / fasse / fassions / fassiez – finisses / finisse / finissions / finissiez – prennes / prenne / prenions / preniez – partes / parte / partions / partiez – ailles / aille / allions / alliez – puisses / puisse / puissions / puissiez – veuilles / veuille / voulions / vouliez – saches / sache / sachions / sachiez.

2. **1.** nous rentrions – **2.** vous étudiiez sérieusement – **3.** ils fassent leurs devoirs – **4.** j'aie la moyenne – **5.** tu ailles à l'école – **6.** il sache la vérité – **7.** vous soyez sages – **8.** Nous ayons de la patience.

3. tu achètes des glaces – il revienne – il continue à jouer – elle reste à la maison – ils dorment à la maison – nous allions au zoo.

4. **1.** pleuve – **2.** sache – **3.** sois – **4.** se taise – **5.** sache – **6.** puissions – **7.** acceptiez – **8.** te mettes.

5. **1.** que tu aies rangé ta chambre, que tu aies fini tes devoirs, que tu aies pris ta douche et que tu aies mis ton pyjama – **2.** que vous ayez fini les exercices 1 et 2, que vous ayez lu le chapitre 4, que vous ayez ramassé les papiers, que vous ayez effacé le tableau – **3.** que tu sois

partie sans me prévenir, que tu n'aies pas écrit, que tu sois restée si longtemps à l'étranger, que tu n'aies pas prévenu de ton retour – **4.** que vous ayez obtenu ces diplômes, que vous ayez eu une mention, que vous ayez trouvé un bon travail, que vous soyez devenus indépendants

6. **1.** sera là – **2.** réussisse – **3.** veniez – **4.** viendra – **5.** est parti – **6.** allions – **7.** ai – **8.** pleuvra.

7. **1.** souhait – **2.** doute – **3.** ordre – **4.** sentiment – **5.** ordre – **6.** souhait – **7.** sentiment – **8.** doute.

8. **1.** qu'Yvan parte – **2.** partir – **3.** que tu rentres tout de suite – **4.** rentrer tout de suite – **5.** que les enfants se couchent tôt – **6.** se coucher tôt – **7.** que vous preniez des vacances – **8.** prendre des vacances.

Les modes impersonnels

L'infinitif

1. **Verbes du 1ᵉʳ groupe** : répéter – aller – remercier – téléphoner – jeter.
Verbes du 2ᵉ groupe : grandir – finir – jaunir.
Verbes du 3ᵉ groupe : vouloir – savoir – mentir – mettre – rire – partir – venir – sortir.

2. être sortie – avoir fait – avoir marché – l'avoir bu – avoir regardé – l'avoir appelée – nous être installées – avoir vu.

3. **1.** Ne pas parler avec ma voisine. – **2.** Ne pas jeter mon cartable dans la cour. – **3.** Ne plus dessiner pendant les cours. – **4.** Ne plus faire le clown pour faire rire mes copines. – **5.** Ne jamais oublier de faire mon travail. – **6.** Ne jamais aller au collège avec mon walkman.

4. 1c – 2d – 3a – 4b – 5f – 6e.

Le gérondif

1. **1.** En marchant tranquillement, nous regardions les vitrines. – **2.** En démolissant la cheminée, nous avons trouvé un passage secret. – **3.** En voulant lui faire une farce, nous lui avons fait peur. – **4.** En faisant les courses, nous avons rencontré Maryse. – **5.** En sortant du parking, nous n'avons pas vu la voiture qui arrivait.

2. **1.** Victor fait son travail en écoutant la radio. – **2.** Ils mangent en regardant la télé. – **3.** Je prends ma douche en chantant. – **4.** Elle boit un café en lisant le journal.

3. **1.** en me levant – **2.** en s'habillant – **3.** en t'en allant – **4.** en vous battant – **5.** en s'excusant – **6.** en nous croisant.

4. **1.** En sachant – **2.** En ayant – **3.** En vous avançant – **4.** en voyant – **5.** en rougissant – **6.** en plongeant.

Bilan 8 : les modes autres que l'indicatif

1. Étudie sérieusement ! Révise tes cours tous les soirs. La veille de l'examen, détends-toi. Regarde la télévision, lis ou écoute de la musique. Couche-toi tôt. Repose-toi bien. Le matin de l'examen, prépare-toi un bon petit déjeuner et prends des vitamines. Reste calme. Ne t'énerve pas. Pars en avance. N'arrive pas en retard. Lis bien le sujet et garde ton calme. Tout ira bien !
Il faut que tu étudies sérieusement. Il faut que tu révises tes cours tous les soirs. La veille de l'examen, il faut que tu te détendes. Il faudrait que tu regardes la télévision, que tu lises ou que tu écoutes de la musique. Il faut que tu te couches tôt. Il faut que tu te reposes bien. Le matin de l'examen, il faudrait que tu te prépares un bon petit déjeuner et que tu prennes des vitamines. Il faut que tu restes calme. Il ne faut pas que tu t'énerves. Il faudrait que tu partes en avance. Il ne faut pas que tu arrives en retard. Il faut que tu lises bien le sujet et que tu gardes ton calme. Tout ira bien !

2. **1.** aie – **2.** que tu aies – **3.** avoir – **4.** en ayant – **5.** que vous parliez – **6.** parlez – **7.** parler – **8.** en parlant.

3. **1.** En voyant – **2.** Voir – **3.** vois – **4.** que tu voies – **5.** que tu finisses – **6.** finir – **7.** Finis – **8.** en finissant.

4. **1.** Il désirerait que vous le laissiez tranquille. – **2.** Nous aurions envie que vous vous fassiez plaisir. – **3.** Je voudrais que vous écoutiez Mozart. – **4.** Tu souhaiterais qu'ils se calment un peu. – **5.** Ils voudraient que tu sois plus simple. – **6.** Je souhaiterais que tu ranges tes affaires. – **7.** Vous désireriez qu'il travaille un peu plus. – **8.** Vous souhaiteriez que nous soyons heureux.

Les formes
(ou voix) du verbe

La forme passive

1. **1.** Le chêne est déraciné par le vent – **2.** L'agneau est emporté par le loup. – **3.** Le corbeau est flatté par le renard. – **4.** Le lion est tué par le moucheron. – **5.** Le lièvre est battu par la tortue.

2. **1.** Un million de téléspectateurs regardent le match. – **2.** L'arbitre M. Suertez donne le coup d'envoi. – **3.** Les journalistes Lorand et Karlé commentent la rencontre. – **4.** Le joueur rennais Patrick Lennec marque le premier but. – **5.** Le joueur marseillais Kassou tire un penalty. – **6.** Kassou rate le penalty. – **7.** Un joueur marseillais blesse un joueur rennais. – **8.** L'équipe de Rennes gagne finalement le match.

3. **1.** De nombreux romans ont été écrits au XVIIIᵉ siècle. – **2.** Les rumeurs les plus incroyables sont entendues sur la reine d'Angleterre. – **3.** Les nouvelles lois du gouvernement sont beaucoup critiquées. – **4.** Des millions de CD de Joe Dassin ont été vendus.

4. **1.** Les témoins sont interrogés par l'agent de police. – **2.** Plus de vingt romans policiers ont été publiés par cet éditeur. – **3.** Beaucoup de voitures automatiques sont fabriquées par l'usine. – **4.** Toutes les bouteilles de Coco-Colo ont été achetées par les clients. – **5.** Des fleurs sont cueillies par la petite fille. – **6.** Un bijou d'une grande valeur a été volé par les cambrioleurs. – **7.** La nouvelle est apprise par le journaliste. – **8.** La parole est prise par le président de la République.

5. Albert Putois naît en 1959. Il est abandonné et est placé par sa mère à l'orphelinat. En 1961, Putois est adopté par la famille Sembon. En 1970, Albert est envoyé par les Sembon au pensionnat. En 1974, il est renvoyé par le directeur. En 1975, il est chassé par la famille Sembon. En 1977, à la suite d'un cambriolage, Albert est arrêté par la police et condamné à cinq ans de prison. En 1982, Albert est relâché. Il est embauché par le directeur d'une usine. En 1985, Albert vole dans la caisse ; il est renvoyé par le patron. En 1987, Albert rencontre Ernestine Tinne : elle l'encourage à devenir honnête. En 1988, Albert demande Ernestine en mariage, on n'entend plus parler de lui.

6. j'ai été séduite – J'ai été aveuglée – j'ai été flattée – j'ai été prévenue – j'étais trompée – j'étais déshonorée – J'ai été déçue – J'ai été conseillée – j'ai été consolée.

7. des fantômes l'habitaient… – cette présence tourmentait les gens de BrechtUhr… – les habitants ne l'avaient pas prévenu… – une épaisse couche de neige a soudain recouvert la maison… – la neige bloquait les portes… – des mains invisibles ont alors touché et poussé le couple… – on n'a jamais retrouvé le couple.

8. **voix active** : 1, 4, 7 – **voix passive** : 2, 3, 5, 6, 8.

9. **1.** non – **2.** oui – **3.** oui – **4.** non – **5.** non – **6.** oui – **7.** non – **8.** oui.

La forme pronominale

1. vous – nous – s' – se – me – vous – te – s' – se – se – s' – m'.

2. **1.** passé / battus – **2.** assise / levée / penchée – **3.** couchés / endormis / reposée / ennuyée – **4.** amusés.

3. **1.** vus – **2.** douchée / lavé / séché / coiffée / maquillée – **3.** téléphoné / parlé – **4.** ennuyés / amusée – **5.** dit.

4. **1.** Tu es tout propre, ne te salis pas. – **2.** Vous arriverez à la gare à l'heure, ne vous inquiétez pas. – **3.** Nous devons courir encore cinq minutes, ne nous arrêtons pas maintenant. – **4.** Reste ici, ne t'en va pas.

Les verbes impersonnels

1. Je pense à une maison qui vous plairait ; elle se trouve dans un tout petit village, on a une vue magnifique sur la montagne et elle est à dix kilomètres de la mer. Au rez-de-chaussée, il y a un salon, une salle à manger, une cuisine, une salle de bains. Au premier étage, il y a cinq chambres, un petit salon, une salle de bains, des W.C. Il n'y a pas de jardin, il y a une terrasse assez grande et il y a un garage à cinq mètres de la maison.

2. **1.** Il y a une heure que nous te répétons la même chose. – **2.** Il y a longtemps que je t'attends. – **3.** Il y a longtemps que je suis revenue. – **4.** Il y a une heure que Marc a trouvé la solution de ce problème. – **5.** Il y a plus de dix ans que les Langlois habitent ici.

3. **1.** il faut des avocats et des crevettes – **2.** il faut manger pour vivre – **3.** il faut que je parte maintenant – **4.** il faudrait saler un peu plus – **5.** il faut que vous finissiez – **6.** il faudrait une deuxième lampe ici.

4. **1.** Il est onze heures moins le quart. – **2.** Il est huit heures et quart. – **3.** Il est midi. – **4.** Il est onze heures et demie.

5. **1.** il y a / c'est – **2.** il est / il y a – **3.** c'est *ou* il est / il y a / c'est – **4.** il y a / il y a / c'est – **5.** c'est.

6. il y aura – il pleuvra – il y aura – il neigera – il y aura – il fera – il fera.

La construction du verbe

1. 1d – 2e – 3i – 4h – 5a – 6c – 7g – 8f – 9b.

2. **1.** je lui demande si – **2.** je demande que – **3.** je demande – **4.** je demande de – **5.** Adrien pense que – **6.** Adrien pense à – **7.** Adrien pense à – **8.** Adrien pense – **9.** tu sais – **10.** tu sais – **11.** tu sais si – **12.** tu sais – **13.** j'écrivais – **14.** j'écrivais à – **15.** j'écrivais que – **16.** j'écrivais.

3. **1.** corrections – **2.** départ – **3.** mariage – **4.** ouverture – **5.** interdiction.

4. de – à – de – à – de – d' – de – à – à – de – de – à – à – à.

5. **1.** fatiguée – **2.** la voiture au garage – **3.** à la maison – **4.** elle passe devant moi – **5.** à se regarder dans les miroirs – **6.** les affaires qui ne me vont plus.

6. **1.** partir – **2.** déplacer – **3.** aller dans un endroit – **4.** être – **5.** faire une chute.

7. **1.** te taises – **2.** est coupable – **3.** mens – **4.** mentes – **5.** réussisse – **6.** rende – **7.** pleut – **8.** est.

8. **1.** si – **2.** que – **3.** si – **4.** que – **5.** si – **6.** que – **7.** si – **8.** qu'.

LES MOTS INVARIABLES

Les prépositions : « à », « de », « en »

1. **1.** Barbara est toujours habillée en noir. – **2.** D'habitude, Patrice revient à la maison à dix-neuf heures. – **3.** Cette émission est intéressante à écouter. – **4.** Je préfère me déplacer en métro à Paris. – **5.** Au mariage d'Anne et Robert, il y avait une centaine de personnes. – **6.** Patricia et Michel reviennent bientôt du Maroc. – **7.** Cette table de cuisine est trop petite. – **8.** Camille a pris le vélo de son frère.

2. 1b – 2f – 3g – 4a – 5e – 6d – 7h – 8c.

3. **1.** joues du piano – **2.** beaucoup de bruit – **3.** contents de toi – **4.** une coupe de champagne – **5.** Un kilo de tomates – **6.** quelqu'un de sûr – **7.** revenu du Japon – **8.** a grandi de dix centimètres.

4. **1.** Je n'aime pas le train, je préfère voyager en voiture. – **2.** Raconte-moi ce qui s'est passé en quelques mots. –

3. En août, beaucoup de gens partent en vacances. – **4.** Naples ? Mais voyons, c'est en Italie ! – **5.** Je suis contente ; j'ai retrouvé ma bague en or. – **6.** Aurélia crie très fort quand elle se met en colère. **7.** José a repeint toute sa chambre en vert.

5. de – de – du – en – à – du – de – au – des – au – de – de – en – en – en – de – à – à.

Les prépositions : « dans », « en », « par », « pour »

6. **1.** en / dans – **2.** dans / en – **3.** dans / en – **4.** en / en / dans – **5.** pour / par – **6.** pour / par / par / par – **7.** par / pour – **8.** par / pour.

Les adverbes

1. **1.** difficilement – **2.** franchement – **3.** gratuitement – **4.** bizarrement – **5.** lentement – **6.** simplement – **7.** tristement – **8.** librement.

2. **1.** Ravi de vous rencontrer, Jean m'a beaucoup parlé de vous. – **2.** Les enfants sont déjà sortis de l'école ? – **3.** On s'est bien amusés au cirque, on a beaucoup ri ! – **4.** Nathalie a grossi. C'est normal : elle mange, elle mange, elle mange tout le temps. – **5.** Vous avez assez travaillé : amusez-vous maintenant ! – **6.** Vous vous êtes trop amusés : il est temps de travailler !

3. **1.** forts – **2.** fort – **3.** cher – **4.** chère – **5.** clair – **6.** claire – **7.** fausse – **8.** faux – **9.** haut – **10.** haute.

4. en ce moment – hier – demain – passionnément – à la folie – tant – Parfois – trop – toujours.

5. **1.** par hasard *(adverbe de manière)* – **2.** assez *(adverbe de quantité)* – **3.** ailleurs *(adverbe de lieu)* – **4.** bientôt *(adverbe de temps)* – **5.** dehors *(adverbe de lieu)* – **6.** courageusement *(adverbe de manière)* – **7.** peu *(adverbe de quantité)* – **8.** plus tard *(adverbe de temps)*.

LES DIFFÉRENTS TYPES DE PHRASES

La phrase négative

1. **1.** Non, il n'y travaille plus – **2.** Non, il ne l'a pas eu – **3.** Elle n'est allée nulle part – **4.** Non merci, je ne bois jamais d'alcool – **5.** Non, on ne les a pas encore vus – **6.** Non merci, je ne veux rien – **7.** Non, je n'en ai aucun – **8.** Non, elle ne voit personne.

2. **1.** Virginie ne se lève jamais tôt le matin. – **2.** Ne nous levons pas encore ! – **3.** Nous n'avons rien mangé chez les parents de mon fiancé. – **4.** Léon ne veut jamais aller en discothèque. – **5.** N'écoutez pas ce que dit Pierre. – **6.** Nadia ne fait plus ses courses chez l'épicier de son quartier. – **7.** Ma fille ne sait pas encore compter jusqu'à cent.

3. **1.** Mon fils a cinq ans : il ne sait ni lire ni écrire. – **2.** Marie ne veut ni café ni thé. – **3.** Pauvre Antonin ! Il n'est ni beau ni intelligent ! – **4.** Ce chauffeur de bus ne conduit ni lentement ni prudemment. – **5.** Ce magasin n'accepte ni les chèques ni les cartes bleues. – **6.** Le mari de Jacqueline ne veut ni faire la cuisine ni faire le ménage.

4. **1.** Les Quignard ne vont jamais nulle part le week-end. – **2.** L'entreprise n'a jamais plus embauché personne. – **3.** Je ne veux plus jamais te voir ! – **4.** N'achète plus rien dans cette boucherie ! – **5.** Théo ne veut jamais inviter personne. – **6.** L'école n'accepte plus aucun élève. – **7.** Nous n'avons plus jamais revu Johanne et José. – **8.** Ne mange jamais rien après dix heures.

5. **1.** Non – **2.** non – **3.** oui – **4.** Si – **5.** Non – **6.** si.

6. Moi aussi – Moi non – Moi non – Moi si – Moi non plus.

7. Le voyage en avion ne coûtait que deux cents euros. – Dans l'hôtel, il n'y avait que nous et un autre couple de touristes. – Il n'a fait beau que le premier jour. – Ils ne parlent que l'anglais là-bas ! – On n'a visité que Westminster Abbey et Piccadilly Circus.

La phrase interrogative

1. 1. Est-ce que – 2. vous – 3. il – 4. Tu – 5. nous – 6. Est-ce qu' – 7. elles.

2. 1. Sophie Marceau joue-t-elle dans le film de ce soir ? – 2. Lucie et Romane achètent-elles beaucoup de bonbons ? – 3. Pierre et François aiment-ils faire du ski ? – 4. Mathieu va-t-il au cinéma ce soir ?

3. 1. Quelles villes de France connaissez-vous ? – 2. Quelles affaires est-ce que j'emporte pour les vacances ? – 3. Quel est le dernier film de Maurice Pialat ? – 4. Quelle chanson est-ce que tu vas chanter maintenant ?

4. 1g – 2h – 3f – 4d – 5a – 6b – 7c – 8e.

5. 1. pourquoi – 2. quand – 3. Comment – 4. combien – 5. Qui – 6. quoi.

6. 1. As-tu bien fermé la porte avant de partir ? – 2. Tu n'as pas vu le dernier film de Luc Besson ? – 3. Vous n'avez pas regardé l'émission sur les oiseaux ? – 4. A-t-il pris son manteau et son écharpe ? – 5. Elle n'a pas allumé la télévision ? – 6. Avez-vous attendu Éric longtemps ?

La phrase exclamative

1. 1. Qu'est-ce que j'aimerais être loin d'ici ! – 2. Qu'il est mignon, ce bébé ! – 3. Que tu es belle aujourd'hui ! – 4. Comme le temps passe vite !

2. 1. Nous sommes si tristes de te voir partir ! – 2. Je voudrais tellement que tu voies cet endroit avec moi ! – 3. Il y aurait tant de choses à dire ! – 4. Victor était si heureux de t'entendre ! – 5. Roxane aimerait tant partir en Irlande !

3. 1e – 2d – 3a – 4b – 5g – 6c – 7f.

La mise en relief

1. 1c – 2a – 3b – 4f – 5e – 6d.

2. 1. C'est vous qui avez téléphoné hier ? – 2. C'est Philippe qui t'a donné un rendez-vous, pas Jean-Paul. – 3. C'est l'espagnol que tu apprends ? – 4. C'est à Séville que nous partons l'année prochaine. – 5. C'est de nos vacances dont je te parle. – 6. C'est de Laure qu'il est amoureux.

3. 1. C'est à Barcelone que je veux aller. – 2. C'est normal que tu sois en colère. – 3. C'est ici que j'ai passé mon enfance. – 4. C'est en rangeant le bureau que j'ai trouvé cette photo.

COMMENT EXPRIMER...

L'idée de temps

Le moment

1. 1. moment imprécis – 2. moment précis – 3. moment précis – 4. moment imprécis – 5. moment imprécis – 6. moment précis.

2. 1. le / à – 2. En / en – 3. au / en / le – 4. au.

3. 1. dimanche 20/11/1802 – lundi 21/11/1802 – mardi 22/11/1802 – mercredi 23/11/1802 – 2. jeudi 6/10/1954 – vendredi 7/10/1954 – samedi 8/10/1954 – dimanche 9/10/1954 3. dimanche 16/08/2000 – lundi 17/08/2000 – mardi 18/08/2000 – mercredi 19/08/2000.

La durée

1. en – en – De... à – pendant – en – En – En – pendant – En – pendant – de... à – en.

2. 1. depuis un quart d'heure. – 2. il y a longtemps. – 3. il y a une semaine. – 4. depuis deux jours. – 5. il y a un mois.

3. 1. Ça fait une demi-heure que j'attends Marie. – 2. Ça fait seulement six mois que la nouvelle directrice est là ! – 3. Ça fait déjà dix ans que nous habitons ici ! – 4. Ça fait trois jours qu'il n'arrête pas de pleuvoir !

4. 1. Il y a... que / Il y a – 2. il y a – 3. il y a / Il y a... que – 4. Il y a.

La fréquence

1. 1e – 2a – 3d – 4c – 5b.

2. n'... jamais – Été comme hiver – le matin à sept heures – était debout – déjeunait – mettait – partait – Quelquefois – faisait – souvent – restait – descendait – allait – trouvait à chaque fois – venait tous les jeudis – s'asseyait toujours – se reposer.

La simultanéité

1. phrases non barrés : 1b – 2a – 3a – 4a.

2. 1. Pendant que / Depuis qu' – 2. depuis qu' – 3. depuis que / pendant que – 4. Pendant qu' / depuis qu'.

L'antériorité – La postériorité

1. 1. avant – 2. après – 3. avant – 4. avant – 5. après.

2. 1. Après ses examens, Mathieu partira en vacances – 2. Après le film, tu vas te coucher. – 3. Après le musée du Louvre, ils vont voir Notre-Dame de Paris. – 4. Après être restés deux jours à Paris, nous sommes partis à Lyon. – 5. Après être rentrée à la maison, j'ai pris un bain. – 6. Après avoir posé ses clefs sur la cheminée, Sandra les a oubliées.

3. 1. avant de – 2. avant que – 3. Avant que – 4. avant de.

L'idée du lieu

Le lieu où on est, où on va, d'où on vient

1. 1. Où allez-vous ? – 2. D'où est Karl ? – 3. Où travaille Julie ? – 4. Où habite ton père ? – 5. D'où vient cet avion ? – 6. Où es-tu né (ou D'où es-tu ?)

2. 1. Desmond vit à Londres. – 2. Mes parents habitent en Bretagne. – 3. Nous partons aux Philippines. – 4. Christian travaille au Mexique. – 5. Je vais en Irlande. – 6. André et Christine habitent dans le Puy-de-Dôme. – 7. Jacques Chirac va en Corrèze. – 8. Ton cousin est à Cuba.

3. Stanislas est à la boucherie, Berthe est à la bibliothèque, Léa est chez le dentiste, Anouck est chez sa copine, Romain est chez l'épicier, Jules est au lycée, Hugues est au collège et Maud est aux toilettes !
Stanislas : Je viens de la boulangerie. *Berthe :* Je viens de la bibliothèque. *Léa :* Je viens de chez le dentiste. *Anouck :* Je viens de chez ma copine. *Romain :* Je viens de chez l'épicier. *Jules :* Je viens du lycée. *Hugues :* Je viens du collège. *Maud :* Et moi, je viens des toilettes !

Localiser

1. 1. sur – 2. dans – 3. devant – 4. sur – 5. derrière – 6. à côté – 7. sous – 8. au-dessus de.

2. 1. La boulangerie se trouve à côté du bar « La Savoie ». – 2. Oui, l'école se trouve dans la rue Victor-Hugo (ou rue Victor-Hugo). – 3. Oui, elle se trouve en face du bar « La Savoie ». – 4. Le bar « La Savoie » se trouve au milieu de la rue Victor-Hugo. – 5. La pharmacie se trouve entre l'hôpital et l'école.

3. 1. Vous continuez tout droit, c'est la deuxième rue à droite. – 2. Vous continuez tout droit, vous tournez à gauche, vous prenez l'avenue de Saint-Ouen, c'est la première rue à gauche. – 3. Vous continuez tout droit, vous prenez la rue Marcadet à droite, vous traversez la rue Marcadet et c'est la première rue à gauche. – 4. Vous continuez tout droit, vous tournez à gauche, vous traversez l'avenue de Saint-Ouen et c'est la première rue à droite.

L'idée de la quantité

Les chiffres et les nombres

1. **1.** 1515 : François Ier bat les Italiens à Marignan. – **2.** 1610 : le roi Henri IV est assassiné par Ravaillac. – **3.** 1715 : Louis XIV meurt. – **4.** Le 14/7/1789 : c'est le début de la Révolution française. – **5.** 1958 : c'est la Cinquième République.

2. **1.** zéro deux – quarante-quatre – vingt-quatre – vingt-trois – soixante-dix-sept – **2.** zéro quatre – soixante et onze – soixante-dix-sept – zéro neuf – zéro cinq – **3.** zéro un – quatre-vingt-douze – quinze – dix – trente-trois – **4.** zéro trois – douze – vingt-huit – zéro deux – vingt – **5.** zéro cinq – cinquante – trente huit – vingt-neuf – zéro six.

Les nombres ordinaux

1. **1.** Louise habite dans le quatrième arrondissement, près de Notre-Dame de Paris. – **2.** André habite dans le premier arrondissement, près des Halles. – **3.** Catherine habite dans le dixième arrondissement, près de la gare de l'Est. – **4.** Sacha habite dans le dix-huitième arrondissement, près du Sacré-Cœur. **5.** Marc habite dans le xxe arrondissement, près du cimetière du Père-Lachaise. **6.** Karine habite dans le xive arrondissement, près de la tour Montparnasse.

Fractions et nombres collectifs

1. **1.** un demi – **2.** une demi-heure – **3.** un tiers de litre – **4.** un quart – **5.** un dixième.

2. **1.** J'ai vu Éléonore une dizaine de fois. – **2.** Ils sont allés à Venise il y a une douzaine d'années. – **3.** Il me faudrait une cinquantaine de feuilles. – **4.** Les frères Lumière ont inventé le cinéma il y a une centaine d'années.

Les quantités : petite, suffisante, grande

1. 1e – 2b – 3f – 4c – 5a – 6d.

2. **1.** beaucoup de – **2.** trop de – **3.** trop ! – **4.** beaucoup / beaucoup de – **5.** trop – **6.** trop de / trop / trop !

Les mots qui servent à mesurer

1. **1.** un morceau – **2.** un bouquet – **3.** trois tranches – **4.** un tas – **5.** une foule – **6.** un paquet.

La caractérisation des choses et des personnes

Caractériser quelque chose

1. **1.** un avocat – **2.** un briquet – **3.** une balle de tennis – **4.** un dictionnaire – **5.** un stylo – **6.** une carte bleue – **7.** une enveloppe – **8.** une glace.

2. **1.** pèse – **2.** mesure / mesure – **3.** coûtent – **4.** contient – **5.** cher. – **6.** lourd. – **7.** de la taille du.

Caractériser une personne

1. **1.** Léna – **2.** Céline – **3.** Philippe – **4.** Saekala.

2. **1.** insupportable – **2.** mystérieuse – **3.** curieuse – **4.** bavard – **5.** aimable – **6.** timide – **7.** intelligent – **8.** charmante.

L'idée de la comparaison, de la similitude et de l'opposition

La comparaison

1. Il est plus sympathique qu'Adeline, plus intelligent que Quentin, plus drôle qu'Odile, plus grand qu'Alexandre, plus gentil que Marthe, meilleur que Gilbert en mathématiques, plus doué que Solange en dessin et plus beau que Tatiana.

2. **1.** Sonia a moins de charme que Françoise. – **2.** Balzac a plus écrit (*ou* a écrit plus) que Zola. – **3.** Nous faisons autant de bruit que les voisins. – **4.** Les adultes dorment moins que les enfants. – **5.** Bernard a plus d'humour que Bianca. – **6.** Tayeb bavarde autant qu'Adrien en classe.

3. **1.** Le prof de maths parle moins doucement que le prof de français. – **2.** Carl court plus vite que John. – **3.** Le guitariste joue aussi mal que le pianiste. – **4.** Les bijoux coûtent plus cher que les fleurs. – **5.** Agathe danse moins bien que Joyce. – **6.** La vedette du spectacle joue aussi naturellement que les autres comédiens.

4. **1.** Passi est le plus rapide de l'équipe. Guapé est le moins rapide de l'équipe. – **2.** Le violoniste est le meilleur de l'orchestre. Le pianiste est le moins bon de l'orchestre. – **3.** Loraine est la plus douée de la troupe. Raphaëlle est la moins douée de la troupe.

5. C'est Frédérique qui a le plus de vêtements. C'est moi qui ai la moins grande chambre. C'est elle qui fait le moins la vaisselle. C'est moi qui ai le moins d'argent de poche. C'est elle qui sort le plus. Et c'est elle qui se couche le plus tard. C'est Frédérique que tu aimes le plus, c'est pas juste !

6. **1.** C'est Clara qui étudie le plus sérieusement. – **2.** Ce sont les ongles qui poussent le plus rapidement. – **3.** Ce sont les roses qui coûtent le plus cher. – **4.** C'est Marc qui est vêtu le plus chaudement. – **5.** C'est le chat qui dort le plus confortablement. – **6.** C'est le petit garçon qui a répondu le plus poliment.

7. **1.** Elvis Presley est meilleur que les autres chanteurs. **2.** Marie-José est la moins jolie des danseuses. **3.** Bruno est le plus courageux des agents de police. **4.** Ces portraits sont moins réussis que les autres tableaux. **5.** Cette valise est moins lourde que les autres bagages. **6.** Mon immeuble est le plus ancien des bâtiments.

La similitude et l'opposition

1. **Deux voitures :** Elles n'ont pas la même forme, mais elles ont la même couleur et elles vont à la même vitesse.
Deux sœurs : Elles ont les mêmes yeux, elles font les mêmes sports, mais elles n'ont pas le même âge.
Deux footballeurs : Ils ne sont pas dans la même équipe, mais ils font le même sport et ils ont les mêmes numéros de maillot.

2. se ressemblent – la même – les mêmes – le même – identiques – Comme – Comme – semblables.

3. **1.** L'exercice 1 est semblable à l'exercice 2. – **2.** Plus tu grandis, plus tu es comme ton père ! – **3.** Le tableau d'origine est pareil à la copie. – **4.** Ferdinand et Louis ont les mêmes goûts. – **5.** Plus tu vieillis, plus tu ressembles à ta mère ! – **6.** Ton manteau est pareil que celui que j'ai acheté hier.

4. mais – se ressemblent – tandis que (*ou* alors que) – alors que (*ou* tandis que) – opposés – contrairement à – par contre – le même.

L'idée de la cause, de la conséquence et du but

La cause

1. 1f – 2d – 3a – 4h – 5b – 6e – 7c – 8g.

2. **1.** À la suite d' – **2.** Grâce à – **3.** pour – **4.** à cause de – **5.** de – **6.** pour.

La conséquence

1. **1.** Nous avons mangé tant (*ou* tellement) de gâteaux que nous sommes malades. – **2.** Les voisins dormaient si (*ou* tellement) profondément qu'ils n'ont pas entendu les cambrioleurs. – **3.** Romy est si (*ou* tellement) belle que tous les hommes la regardent. – **4.** Il y a tant (*ou* tellement) de neige qu'on ne voit plus les toits des maisons. – **5.** Les musiciens jouent si (*ou* tellement) fort que les spectateurs n'entendent plus le chanteur.

La cause, la conséquence, le but

1. **1.** cause – conséquence – **2.** conséquence – cause – **3.** cause – conséquence – **4.** cause – conséquence – **5.** conséquence – cause – **6.** conséquence – cause – **7.** conséquence – cause – **8.** cause – conséquence.

2. **1.** conséquence – **2.** conséquence – **3.** but – **4.** conséquence – **5.** but – **6.** but – **7.** conséquence – **8.** but.

L'idée de la concession

1. **1.** Non, Florent est très gentil mais Yasmina ne l'aime pas. – **2.** Non, le spectacle était long mais je me suis amusé. – **3.** Non, il fait un soleil magnifique mais il fait froid. – **4.** Si, Lydie et Kévin se disputent tout le temps mais ils s'aiment toujours. – **5.** Non, Sylvie s'est disputée avec son patron mais elle a gardé son emploi. – **6.** Non, Laurence était très fatiguée hier mais elle s'est couchée tard.

2. 1d – 2g – 3a – 4e – 5h – 6b – 7f – 8c.

3. **1.** s'excusait – **2.** commences – **3.** nous dépêchons – **4.** avait.

4. **1.** Bien qu'il se soit excusé, Léonce n'a jamais été pardonné par ses parents. – **2.** Bien qu'elle soit gentille, Julienne n'a pas beaucoup d'amis. – **3.** Bien qu'il soit beau, Valentin n'a pas de fiancée. – **4.** Bien qu'ils voyagent à l'étranger, les Gandilhon ne parlent que le français. – **5.** Bien qu'il soit patient, le professeur a puni toute la classe. – **6.** Bien qu'elle aime son fils, Macha ne lui pardonne pas ses erreurs.

5. mais – quand même – Bien qu' – pourtant – Malgré – Même s' – quand même.

L'idée de l'ordre, de la suggestion et du conseil

L'ordre

1. **1.** Il est interdit d'ouvrir les portes quand le train est en marche. – **2.** Il est obligatoire de porter le casque en moto. – **3.** Il devient nécessaire d'augmenter les impôts. – **4.** Il est obligatoire de respecter la loi. – **5.** Il est interdit aux mineurs d'entrer dans ce cinéma. – **6.** Il est nécessaire de se brosser les dents au moins deux fois par jour.

2. **1.** la porte ! – **2.** Du jambon ! – **3.** couché ! – **4.** au lit ! – **5.** Silence ! Silence !! – **6.** tes lacets ! – **7.** Pas aussi vite !

L'ordre et le conseil

1. **Les phrases qui ont le même sens :** **1.** b / c – **2.** a / b – **3.** a / c – **4.** a / b / c.

L'ordre, le conseil, la suggestion

1. **1.** conseil – **2.** suggestion – **3.** conseil – **4.** ordre – **5.** ordre – **6.** suggestion – **7.** conseil – **8.** ordre.

2. il faut que tu m'écoutes – Tu dois être raisonnable – Tu dois aller – il faut que tu rentres – que tu prennes – bois – prends – Tu devrais te mettre au lit et ne pas sortir – Et n'oublie pas de m'appeler.

L'idée de la condition, de l'hypothèse et de la supposition

Conseiller quelque chose, faire des projets

1. **1.** attends-tu – **2.** tu as peur – **3.** n'aura plus envie – **4.** s'il est trop tard – **5.** nous irons.

Exprimer un désir non réalisable, un souhait, un regret

1. **1.** était – **2.** avaient – **3.** avait réfléchi – **4.** s'il avait fait beau – **5.** voulait.

2. **1.** un souhait – **2.** désir non réalisable – **3.** souhait – **4.** regret – **5.** regret – **6.** désir non réalisable.

3. **1.** Avec le mode d'emploi – **2.** Avec un peu de chance – **3.** Sans sa blessure – **4.** sans voiture et sans téléphone.

La supposition

1. 1b / c – 2a – 3b / c – 4b / c.

Une opinion

Parler de ses goûts

1. J'adore – je déteste – Je préfère – J'aime bien – je n'aime pas trop – ça me plaît beaucoup – j'aime beaucoup – C'est génial.

2. **1.** Firmin est très paresseux, il déteste travailler. – **2.** Ma femme n'aime pas trop être conseillée. – **3.** Mon mari n'aime pas beaucoup être questionné. – **4.** Danser, c'est super ! – **5.** Les enfants adorent se promener en forêt.

3. adore – ai horreur de – aime beaucoup – n'aime pas du tout – ça ne me plaît pas du tout – c'est super.

4. 1 : faux – 2 : vrai – 3 : faux – 4 : faux – 5 : vrai – 6 : faux – 7 : vrai – 8 : faux.

Exprimer son opinion

1. 1 : phrase c – 2 : phrase f – 3 : phrase a – 4 : phrase d – 5 : phrase b – 6 : phrase e.

2. partagés – est favorable à – sont du même avis – sont opposés à – sont défavorables – désaccord.

3. **1.** Moi, j'ai voté contre Fernand Lenoir. – **2.** Je pense au contraire que Malcolm ne partage pas l'avis de Patrick. – **3.** Nous, nous sommes opposés (*ou* nous ne sommes pas favorables) à un changement d'horaires. – **4.** Moi, je suis pour la chasse ! – **5.** Non, Gabriel a tort ! Je ne suis pas de son avis ! – **6.** Vous vous trompez, je ne suis jamais du même avis que mon mari !

4. Tu crois – Je ne sais pas si… – peut-être – il n'est pas impossible que – sûre.

N° d'éditeur : 10100039 – CGI – juillet 2003

Imprimé en France par MAME

(n° 03062280)